MEHER ROSHANI

THE EFFULGENCE OF MEHER

Bhau Kalchuri

मेहेर

I have come not to teach but to awaken
나는 가르치러 온 것이 아니라 깨우러 왔다
- Avatar Meher Baba(아바타 메허바바) -

메허 로샤니
Meher Roshani

Meher Roshani Korean edition, translated by Babana with permission. Copyright © 2021 by Mehernath Kalchuri and Sheela Kalchuri Fenster. Meher Roshani English language edition copyright © 2013 by Mehernath Kalchuri and Sheela Kalchuri Fenster. Original copyright © 1984 by Bhau Kalchuri.

All rights reserved, No part of this publication may be reproduced, distributed, or transmitted in any form or by any means, including photocopying, recording, or other electronic or mechanical methods, without the prior written permission of the publisher copyright holder, except in the case of brief quotations embodied in critical reviews and certain other noncommercial uses permitted by copyright law.

For permission requests or inquiries please contact either:
Mehernath Kalchuri
Meher Nazar, Ahmednagar, MS, India
or (mothersunmedia@gmail.com)

발행일   2021년 1월 29일
말   씀   메허 바바
가   잘   바우 칼추리
옮긴이   김석조
디자인   김철성
펴낸곳   존재의 향기
주   소   경기도 광주시 초월읍 산이리51번길 26
전   화   031-8028-7652
등록일   2004.7.30. 제2015-19
대표사이트 https://meherbabakorea.co.kr

ISBN 978-89-955593-9-0

Meher Roshani
The Effulgence Of Meher

Bhau Kalchuri

Oh Meher, God-Incarnate
these ghazals inspired by You
are dedicated to the longing
of the love of your lovers,
inspired by You.

1984 © Bhau Kalchuri. All rights reserved.

메허 로샤니
메허의 광휘

바우 칼추리

오~ 메헤르, 성육신의 하나님
당신에게 영감을 받은 이 시들은
오로지 당신에 대한 갈망을 부릅니다
당신의 러버들의 사랑을 위하여,
당신에게 영감을 받았습니다

1984년 © 바우 칼추리. 모든 권리 보유.

CONTENTS

ACKNOWLEDGEMENTS

MY WISH(MEHER BABA)

INTRODUCTION

FORWARD

INDEX TO GHAZALS

MEHER ROSHANI GHAZALS

COMMENTARY ON GHAZALS

BACK COVER

목차

감사의 말

나의 소망(메허바바)

소개글

서문(들어가기 앞서)

가잘의 목차

메허 로샤니 가잘

메허 로샤니 첨언

뒷면 커버

ACKNOWLEDGEMENTS

The source of Meher Roshani is Avatar Meher Baba, the Beloved of all. And to acknowledge the Source is to remain bowed down at His feet. He is all great — all mighty — and He is above all praise.

For Meher Roshani David Fenster, Peter Booth and Lawrence Reiter took great care in editing the English translation and in typing the manuscript, assisted by Eric Nadel and Ralph Brown. Lawrence Reiter also organized the final manuscript for publication, helped select many of the titles for the ghazals, and designed the book. Lois Breger and Nancy Wurzel did the final copyediting; Dede Eaton did the proofreading.

It is difficult for me to acknowledge those who helped, as they have made these efforts to please their Beloved. I therefore salute their love for Him and I also salute the love of the Baba-lovers who urged me to translate the ghazals into English.

Appreciation and gratitude is expressed, as always, to the supporters of Manifestation, Inc., and to all readers who will enjoy the language of wine which came from the Source, Avatar Meher Baba.

Bhau Kalchuri
Ahmednagar, India
July, 1984

감사의 말

메허 로샤니(Meher Roshani)의 출처는 모든 사람의 비러벳인 아바타 메허바바(메헤르 바바)입니다. 그리고 그의 발아래 계속 머리숙여 있음을 통해서 그것이 사실임을 인정할 수 있습니다. 그는 모든 위대함이며, 전지전능이며, 모든 찬양의 너머에 계십니다.

메허 로샤니를 위해 힘써 주신 데이비드 펜스터, 피터 부스를 비롯 로렌스 레이터는 영어 번역을 편집하였고 에릭 나델과 랄프 브라운의 도움을 받아 원고를 타이핑하는데 많은 노력을 기울였습니다. 로렌스 레이터는 또한 출판을 위한 최종 원고를 정리하고 가잘(ghazals, 시)에 대한 많은 제목들을 고르는 것을 도왔고 그 책을 디자인했습니다. 로이스 브리거와 난시 우르젤이 최종본 편집작업을 수행했습니다. 데데 아톤은 교정을 했습니다.

그들이 비러벳을 기쁘게 하기 위해 이러한 노력을 한 것처럼, 도움을 준 사람들을 내가 다 인용하는 것은 어렵습니다. 그러므로 나는 그분을 향한 그들의 사랑에 경의를 표하며 나에게 가잘을 영어로 번역하도록 권유한 바바-러버들의 사랑에 경의를 표합니다. 항상 그렇듯이 주식회사 광휘의 지지자들과 메허 로샤니의 출처인 아바타 메허바바의 사랑의 언어를 음미할 모든 독자들에게 감사와 고마움을 드립니다.

바우 칼추리
아메드나가르, 인도
1984년 7월

『My Wish』

What I want is this. Listen carefully; it is very important for my lovers:
The lover has to keep the wish of the Beloved. My wish for my lovers is as follows:

1. Do not shirk your responsibilities.

2. Attend faithfully to your worldly duties, but keep always at the back of your mind that all this is Baba's.

3. When you feel happy, think: "Baba wants me to be happy." When you suffer, think: "Baba wants me to suffer."

4. Be resigned to every situation, and think honestly and sincerely: "Baba has placed me in this situation."

5. With the understanding that Baba is in everyone, try to help and serve others.

I say with my divine authority to each and all that whosoever takes my name at the time of breathing his last comes to me. So do not forget to remember me in your last moments. Unless you start remembering me from now on, it will be difficult to remember me when your end approaches. You should start practicing from now on. Even if you take my name only once every day, you will not forget to remember me in your dying moments.

-Meher Baba(Lord Meher Online, p4380)

『 나의 소망 』

제가 원하는 것은 이것입니다. 잘 들으세요; 그것은 제 러버들에게 매우 중요합니다. 러버는 비러벳의 소망을 늘 마음에 새겨야 합니다. 제 러버들을 위한 소망은 다음과 같습니다:

1. 여러분의 책임을 회피하지 마세요.

2. 여러분의 세속적인 의무에 충실하되, 이 모든 것이 바바의 것이라는 것을 항상 항상 마음속에 새겨두세요.

3. 여러분이 행복할 때, '바바는 내가 행복하기를 원한다'고 생각하세요. 여러분이 고통받을 때, "바바는 내가 고통받기를 원한다'라고 생각하세요.

4. 모든 상황을 있는 그대로 받아들이고 정직하고 진실되게 '바바가 나를 이 상황에 들게 하셨다'고 생각하세요.

5. 바바가 모든 사람 안에 있다는 것을 이해하면서, 다른 이들을 돕고 섬기도록 노력하세요.

나는 나의 '신성한 권위'로 모두에게 말합니다, 자신의 마지막 숨을 쉴 때 내 이름을 부르는 자는 누구든 나에게 옵니다. 그러니 여러분의 마지막 순간에 나를 기억하는 것을 잊지 마세요. 여러분이 지금부터 나를 기억하는 것을 시작하지 않는다면, 마지막 순간에 나를 기억하기가 어려울 것입니다. 여러분은 지금부터 가르침의 실천을 시작해야 합니다. 비록 하루에 단 한 번만 나의 이름을 불러도, 여러분은 임종의 순간에 나를 기억하는 걸 잊지 않을 것입니다.

-메허바바(로드메허 온라인, 4380페이지)

INTRODUCTION

The one hundred and seventeen ghazals of Meher Roshani by Bhau Kalchuri contain numerous lines from Meher Baba (italicized below) which reflect the force of the sound of Meher Baba's breaking of His Silence. The force of this sound, out of the vacuum of Silence, then establishes the forces of His manifestation.

"The world is dancing every moment to the signs of Your fingers."

"Everyone says that You are here, there, everywhere,
 And that only You exist."

"Life is from Him and for Him;
 He is the only support of every life."

The manifestation of Meher Baba comes from within, by the very power of longing to realize who Meher Baba is. This power of longing is the only power left to the helpless. This longing is the only thing of value left to the hopeless. This longing is the longing for Reality since one is helpless to escape illusion by oneself, and it is hopeless to try to escape without Meher. Longing erupts out of this situation of helplessness and hopelessness and makes one seek the Goal of Life; that is, to realize God and be united with the Infinity of the Eternal One — the Ocean

소개글

　　바우 칼추리가 쓴 메허로샤니의 117개의 가잘(시)에는 메허바바(대문자로 표기된 제목 아래)의 수많은 대사가 담겨 있으며 여기에는 메허바바(메헤르 바바)의 그의 침묵을 깨뜨리는 소리의 힘이 반영되어 있습니다. 침묵의 진공에서 나온 이 소리의 힘은 그때 그의 발현의 힘들을 확고히 할 것입니다.

"세상은 매 순간 당신의 손가락 신호에 맞춰 춤을 추어요"

"모두가 말하길 당신은 여기에도, 저기에도,
 그 어디에도 있으며, 오로지 당신만이 존재한다고"

"삶은 그로부터 그에게로 가는 것이며;
 그는 모든 삶의 유일한 후원자입니다"

　　내면으로부터 발현된 메허바바는 그가 누구인지를 깨닫고자 갈망하는 바로 그 힘에 의해서 나오는 것입니다. 이 갈망의 힘은 무력한 이들에게 남은 유일한 힘입니다. 이 갈망은 절망적인 이들에게 남겨진 유일한 가치입니다. 이 갈망은 현실에 대한 갈망입니다. 그것은 스스로 환상에서 벗어날 수 없기에 메헤르 없이 탈출하려는 것은 절망적이기 때문입니다. 갈망은 이 무력함과 절망의 상황에서 분출하여 삶의 목표를 찾게 합니다. 즉 신을 깨닫고 영원한 하나, 즉 무한한 대양과 하나가 되기 위함입니다.

"If I have a pure heart I am certain I will see You."

"Oh Beloved, appear for all eternity before my eyes."

"I make my birth and death one to find Him."

Love is fire, and longing is the fuel that keeps it burning. During the process of Realization of God, this longing is unfulfilled until the ultimate Union reaches levels of intensity and suffering that bring forth the new consciousness that is the result of the manifestation of Meher Baba.

"If it was easy to find God, who would face such calamities?"

"What a desolate life is this without You!"

"How to see you in this darkness is my sole concern these days."

While reading these poems, one discovers that the Beloved's manifestation is first felt in our hearts. Then gradually, through the awakening of the Beloved in our hearts, we see Him manifesting in the world.

"When Your remembrance fills the heart,
  light is found in darkness."

"I asked Him, 'Where are You?' and He said,
 'Look within, You are your own veil.
 Wipe out your self and see your Self as Me.'"

"만약 내가 순수한 가슴을 가졌다면 당신을 볼 것이라 확신해요"
"오~ 비러벳, 내 눈 앞에 영원히 나타나세요."
"나는 그를 만나기 위해 나의 탄생과 죽음을 만들어요"

　　사랑은 불이고, 갈망은 그것을 계속 타오르게 하는 연료입니다. 이 갈망은 메허바바의 발현에 따른 새로운 의식을 이끌어 내는 궁극적 합일이 강렬함의 강도와 고통의 수준에 도달할 때까지 신성실현의 과정은 성취되지 않습니다.

"만약 신을 찾기가 수월하다면 과연, 누가 재앙에 직면할 수 있을까요?"

"당신이 없다면 이 얼마나 황량한 삶인가요!"

"내 유일한 고민은 이 어둠 속에서 당신을 어떻게 볼 수 있는가 하는 거죠"

　　이 시를 읽는 동안, 비러벳의 표현이 우리 가슴속에 처음으로 느껴진다는 것을 발견하게 됩니다. 그런 다음 점차적으로 우리의 가슴속에 있는 비러벳의 일깨움을 통해 그분이 세상에 나타나는 것을 보게 됩니다.

"여러분의 기억이 가슴을 채울 때,
 빛은 어둠 속에서 드러나게 되죠"

"당신은 어디 있나요? 내가 물었을 때 그가 말하길
 '내면을 봐요, 그대 자신이 장애물이에요
 그대 자신을 지워내고 그대를 나처럼 보세요' "

Those who are looking for a change in the world before there is a change in themselves — in their consciousness — are not only fooling themselves but will also find that this attitude obstructs the purpose of all consciousness, the "I am God" state.

"Know well that you are shedding tears
   at just the beginning of love!"

"Drunkards are lying at Your threshold shedding tears."

"My tears shed in love alone express my condition."

Bhau tells us that during Meher Baba's manifestation the veil is gradually lifted, and the Beloved cannot be compared to anything previously conceived.

"There are thousands of veils,
   but none can ever veil You!"

"Oh veil-less Beloved, what do You expect from me?
What can I give you but my veil?
You have such veil-lessness that it has become a veil for me!"

Although Meher Baba is no longer physically present on earth, He lives on! He lives on in the world by living in the hearts of the lovers of God. This

자기 자신에게 변화가 있기 전에 세상의 변화를 먼저 찾는 사람들은 - 그들의 의식속에서 - 자신을 속이고 있을 뿐만 아니라 이러한 태도가 모든 의식의 목적인 "나는 신이다"라는 상태를 방해한다는 것을 알게 될 것입니다.

"눈물을 흘리고 있다는 것은
 사랑의 시작일 뿐임을 아세요!"

"술에 취한 사람들이 당신의 문지방에 누워 눈물을 흘리네요"

"사랑 속에서 흘린 눈물은 내 상태를 표현하죠"

   바우지(Bhau)는 메허바바가 모습을 드러내는 동안 베일이 점차 벗겨지고 비러벳을 이전에 구현된 어떤 것과도 비교될 수 없다고 우리에게 말합니다.

"수없이 많은 베일(장막)이 있지만
 누구도 당신을 가릴 수는 없어요!"

"오~ 베일이 없는 비러벳, 저에게 무엇을 기대하나요?
 나의 베일 이외에 무엇을 줄 수 있나요?
 당신은 그런 베일이 없기에 그것은 저를 위한 베일이 되었죠!"

   메허바바(Meher Baba)는 더 이상 땅에 육신으로 존재하지 않지만 살아 계십니다! 그는 신을 사랑하는 사람들의 마음속에 살면서 세상에서 살아 갑

is His manifestation and He will continue to live on until, in Bhau's words, "His love floods the world."

The ghazals of Meher Sarod gave the key to His manifestation, while the ghazals of Meher Roshani open the door to His manifestation. These profound verses usher in the feelings of love that Meher Baba worked for in such unfathomable ways to prepare the world to accept His Being.

"Where is there any drop in the Ocean?
When the shore is removed, this secret is revealed.
The drop then hears the Ocean, 'You are not different from Me
and I am not different from You!' "

During Meher Baba's manifestation, the world will gradually accept Him as the Avatar (the Incarnation of God) and as Absolute God (the Impersonal, Infinite, Eternal Being — the Soul of souls) who has no equal, yet whose infinite attributes are revealed through the inspiration of poetic utterances. This inspiration, which reveals both the Personal and Impersonal God, is the breath that turned to fire in Meher Sarod and continues in Meher Roshani.

"Bhau has surrendered himself to You;
You are the traceless print."

니다. 이것이 그분의 표현이며 바우지가 말하는 "그의 사랑이 세상에 차오름" 할 때까지 계속 살 것입니다.

　　메허 사롯의 가잘들은 그의 발현의 열쇠를 주었고, 메허 로샤니의 가잘들은 당신의 발현의 문을 열어주었습니다. 이 심오한 구절들은 메허바바가 세상을 그분의 존재를 받아들이도록 준비시키기 위해 헤아릴 수 없는 방식으로 작업한 사랑의 느낌으로 안내합니다.

"바다에 떨어진 물방울은 어디 있나요?
 해안이 제거되면 이 비밀은 드러나지요
 물방울은 바다의 소리를 들어요, '당신은 나와 다르지 않네요
 그리고 나는 당신과 다르지 않네요' "

　　메허바바가 발현하는 동안, 세상은 점차 그를 아바타(신의 화신)로, 그리고 절대적인 신(비인격적, 무한함, 영원한 존재-영혼들의 대영혼)으로 받아들일 것입니다. 그는 동일하지는 않지만 시적 발음의 영감으로 무한한 속성을 드러냅니다. 인격적이자 비인격적인 신을 모두 드러내는 이 영감은 메허 사롯(Meher Sarod)에서 불길로 번져 메허 로샤니(Meher Roshani)에서 계속 숨쉬고 있습니다.

"바우는 당신에게 그 자신을 항복했지요
 당신의 자취는 그 흔적이 없어요"

"Catch hold of the Perfect Master's feet
 and the angel of death can do you no harm.

"You have shaped destiny so that
 it can never be changed unless You wish it."

There is profound sorrow expressed in Meher Roshani since most of the ghazals were composed after Meher Baba dropped His physical form. But a profound joy is also expressed in these ghazals, for one discovers that Meher Baba is manifesting, and the points that Bhau Kalchuri was inspired to express about Meher Baba's manifestation lay in the depths of the lines directly from Meher Baba Himself.

"You are manifest in every particle and thus I am attracted
 toward Your beauty."

"You are manifest in every particle and grain in creation."

"You are the Question and the Answer,
 both manifest and unmanifest."

Meher Roshani means the Effulgence of Meher. It is the Effulgence of Meher Baba that will erase the darkness of our ignorance during His manifestation, and it is the sound of His Sarod that has produced this Effulgence, giving us a glimpse of Reality.

"완전한 스승의 발을 붙드세요
 죽음의 천사도 당신에게 해를 끼칠 수 없어요"

"당신은 자신이 바꾸기를 원하지 않는 한은
 바뀔 수 없는 운명을 만들었다오"

　　메허바바가 그의 육신을 떨어뜨린 후 대부분의 가잘이 구성되었기 때문에 메허 로샤니 안에는 깊은 슬픔이 표현되어 있습니다. 그러나 이 가잘들에는 깊은 기쁨이 표현되어 있습니다. 이는 메허바바가 발현하고 있음을 말하며 바우 칼추리(Bhau Kalchuri)가 메허바바의 발현에 대해 표현하기 위해 메허바바 그 자신으로부터 영감을 얻은 점들을 직접적으로 행간에 깊이 있게 암시하고 있습니다.

"모든 입자속에 나타나는 당신에게 끌려가네요
 당신의 아름다움을 향해"

"모든 입자와 티끌 속에서 당신의 창조가 드러나네요"

"질문이자 답변인 당신
 드러나지만 나타나지 않네요"

　　메허 로샤니는 메허의 광휘(Effulgence-눈부시도록 찬란한 번영)를 의미합니다. 그가 발현하는 동안 우리의 무지의 어둠을 지우는 것이 바로 메허바바의 광휘입니다. 그리고 그의 사롯의 소리는 우리가 참다움을 엿볼 수 있게 해 줍니다.

"Oh Bhau, you are ready; now listen to what the Beloved speaks through His Silence!"

"The universes and worlds do not exist. They are illusory."

"There is one thing which cannot be forgotten — You!"

Bhau Kalchuri, writing in the language of wine, ushers in Meher Baba's manifestation and turns our eyes toward the Wineshop at Meherabad, urging us to drink, as he does, the wine of Meher. In the words of the poet, "This consciousness is nothing but intoxication!"

Lawrence Reiter
Myrtle Beach, South Carolina
July, 1984

"오~ 바우여, 준비 되었나요; 이제 비러벳의 말을 들어 보세요
 그의 침묵을 통해서!"

"세상과 우주는 존재하지 않아요
 그것은 환상일 뿐"

"잊을 수 없는 오직 하나 – 바로 당신!"

    바우 칼추리는 사랑(와인)의 언어로 글을 쓰면서 메허바바의 발현을 안내하고 메허라바드(Meherabad)의 와인 샵을 향해 눈을 돌려 그가 하는 대로 메허의 와인(사랑)을 마시라고 재촉합니다. 시인의 말에 따르면, "이 의식은 단지 취하는 것 외에 아무것도 아니에요!"

로렌스 레이터
머틀 비치, 사우스 캐롤라이나
1984년 7월

메허 로샤니 한글판 서문

　메허 로샤니 표지에 있는 매스터리 인 서비튜드(Mastery In Servitude-섬김의 달인) 마크는 메허바바로부터 주어진 인류를 위한 자신의 에고(자아, 자존심)를 내려놓은 사심 없는 봉사에 대한 상징 마크입니다. 사심 없는 봉사에 관해 바바께서 바우지에게 영적으로 직접 전달하시는 말씀은 책 뒷부분에 별도로 첨부했습니다. 참고로 메허 로샤니의 금색 테두리 마크 안에 있는 글씨 'मेहेर'는 메허의 광휘(메허 로샤니)-로샤니(रोशनी)는 찬란한 빛(광휘)-를 뜻하는 힌디어입니다.

　메허 로샤니(Meher Roshani-메허의 광휘)는 메허바바(Meher Baba)로부터 직접 지시된 가잘의 라인들을 바우 칼추리(Bhau Kalchuri)가 직접 엮어서 만든 117편의 가잘(시)집입니다. 여기서 영어 원문에 있는 가잘들 중에 이탤릭체의 기울임꼴로 되어 있는 행들은 모두 바바가 직접 쓰신 부분이며 같은 라인에 한글 번역 글에는 한글 공개 버전 폰트로 되어 있으니 읽으실 때 참고해서 보시면 좋겠습니다.

　한국어판 메허 로샤니에는 바바의 가잘 3편을 비롯해 바우지의 가잘 원문을 수록하였고 원서에는 없는 사진들과 주석(remark)을 추가하였으며 주석 부분은 가잘과 관련된 바바의 말씀들을 그 출처와 함께 첨부하고 가잘 뒷부분에 있던 가잘에 대한 해설들(Commentary on Ghazals)은 가잘의 빠른 이해를 돕기 위해 각기 가잘들 밑으로 배열했습니다.

　본래 번역 작업은 아마르티티 50주년(Amartithi 2019)을 다녀온 뒤 수잔님(Mother Sun, Queen of Korea)댁에 모임을 갔던 날 우연히 메허 로샤니 책을 발견하고 아무 생각 없이 책을 펼쳤는데 그때 보인 99편 가잘, "당신의 다만이 내 손에 잡힐 때(WHEN YOUR DAAMAN CAME INTO MY HAND)"를 접하고, 이때 보이지 않는 힘의 에너지가 가슴에 꽂혀 그 뒤로 번역기를 이용해 읽어 보며 감동의 충격을 받았습니다. 그날로부터 매일 번역을 하며 근 1년간의 작업을 하였습니다. 작업이라기보다는 오히려 하루일과의 일기장 정도로 적어 두었던 것을 이번에 다시 편집해서 책으로 출간하게 되었습니다.

영어 원문의 의미를 최대한 왜곡되지 않고 본래의 뜻과 어긋나지 않도록 시간 날 때마다 사전을 뒤져가며 검토하였으며 한국어로 자연스럽게 표현되도록 한 단어 한 문장의 구성과 의미를 되뇌어 보고 최대한 의역하지 않고 직역에 충실히 하고자 애를 썼으며 메허바바의 사랑의 메시지를 세상에 전하고자 처음 가슴을 열어 주신 그 힘을 전하고픈 마음이 앞서 책을 출간하게 되었습니다. 영어 실력이 되시는 러버님들은 좌측 영어 원문을 직접 보시면 좋겠습니다.

원래 가잘은 바바의 지시로 처음 힌디어로 작업이 된 것을 바바 사후에 바우지에 의해 영어작업으로 집대성되었습니다. 힌디어와 한국의 문법체계는 유사한 점이 많습니다. 현재 힌디어 버전 가잘들이 영어로 번역되고 있는 시점이며 머지않아 힌디어의 한글 번역도 직접 이루어질 것입니다.

메허바바는 자비로운 아버지란 뜻이 담겨 있지만 사실 그 본연의 의미는 하나님, 비러벳, 태초의 말씀, 생명의 로고스, 본질의 빛, 영혼들의 대영혼, 근원의 에너지, 빛의 주님, 아미타불, 신들의 신, 왕중의 왕, 고대의 그,, 등등 너무 많아서 모두 열거할 수 없을 정도입니다. 그것은 나라마다 종교마다 언어마다 이해와 발음이 각기 다르지만, 각자의 부르는 사람들의 생각이 다를 뿐 원래 가리키고 있는 그분은 결코 다르지 않습니다. 메허바바는 모든 사람들의 가슴에서 느끼는 사랑이며 각자가 부르고 있는 바로 그분입니다.

우선 메허 로샤니에 대해서 간략히 설명 드리자면, 바바께서 육신을 벗으시기 이틀전인 1969년 1월 29일까지 작업이 진행 되었고 바우지와 바바와의 마지막 대화가 담긴 비러벳의 간곡한 지시 사항이 담긴 책입니다. 바바 생전인 1968년 7월에 바우지는 메허 사롯(Meher Sarod)이라는 170편의 가잘집을 먼저 내었고 이후 바바와 함께 작업한 메허 로샤니는 1969년 1월 29일에 마지막 117편을 끝으로 이틀 뒤 바바께서 육신을 벗으시기 전까지의 모든 대화가 가잘에 잘 수록되어 있습니다. 비록 대화는 단절되었지만, 마지막 침묵의 눈빛에서 바우지와 고통의 시간을 나누었으며 육신을 벗는 바로 그 순간 마지막으로 입을 여시고 침묵의 타파를 성취하신 그 중요한 시간과 상황을 생생히 묘사하고 있습니다.

그렇게 바바의 가잘들은 1970년대까지 가잘집 '메허 다르샨(Meher Darshan)'을 비롯해 주로 힌디어로 작업이 진행되었습니다. 참고로 메허 다르샨은 바바께서 육신을 벗기 일주일 전인 1월 24일에 힌디어 운문으로 된 바바의 전기를 바우지께 지시한 책입니다. 이 책에는 직접 사마디에 오지 못하더라도 바바의 가잘 한 구절만 읽어도 그 글의 뜻이 가슴에 담기는 순간 곧장 바바 옆인 사마디로 온 것과 같은 힘을 얻는다고 러버들을 사랑하시는 바바의 간절한 말씀이 담겨 있습니다.

평소 바바께서는 바우지를 예수님의 제자인 요한에 비하였고 바우지는 마지막 만달리(바바의 직계제자들)로서 바바의 사명을 완수하기 위해 메허바바의 자서전인 로드메허(Lord Meher)를 비롯해 수많은 바바 말씀의 서적

들을 번역과 함께 출간하였습니다. 어떻게 보면 메허 로샤니에는 로드메허에 나오는 바바의 핵심 가르침을 이해하기 쉽게 주요 말씀들이 잘 정리되어 있습니다. 가잘 한 행에 담긴 시구절이 구구절절 심금을 울리고 있으며 러버들의 머릿속 이해가 아닌 가슴으로 곧장 파고드는 아주 독특한 전개의 구성요소를 모두 갖추고 있습니다.

메허 로샤니는 바우지에 의해 처음 영어본이 1984년 7월 편집하여 8월에 책으로 출간되었으며 함께 작업한 로렌스 레이터는 편집과 제목선정 디자인을 하였습니다.

메허 로샤니는 가잘의 한 구절 한 구절 그 문맥과 단어가 내포하고 있는 함축된 의미가 너무 심오하고 또한 간결하여 모든 러버들의 가슴을 열게 하여 바바의 임재함을 느낄 수 있게 하는 힘이 있습니다.

한마디로 말해 러버라면 누구든 꼭 한 번 읽어 봐야 할 소중한 책이라 사료되며 여느 책들을 읽을 때처럼 처음부터 끝까지 쭈욱 읽어 나가도 좋지만 특히 가잘만의 장점인 하루 한 가잘을 읽거나 무작위로 펼친 가잘을 읽어도 되고 그때그때 상황에 맞는 가잘을 선택해도 된다는 장점이 있습니다. 중요한 것은 바바의 에너지를 직접 가슴으로 받아들이고 읽어 내려갈 수 있다는 점입니다. 물론 한글번역을 읽으실 때도 영어 원문의 내용을 음미하면서 전체 문맥이 가리키고 있는 가잘의 핵심을 제목과 더불어 곱씹어 되뇌이고 느끼신다면 바바의 침묵의 목소리가 가슴 안에서 들려 올 것임을 확신합니다.

끝으로 바바의 침묵의 말씀을 전해 드립니다.

So Let Us Love
Love Me and let God love us.
That is what I want.

부디 우리를 사랑합시다.
나를 사랑하고 하나님이 우리를 사랑하게 하세요.
그것이 내가 원하는 것입니다.

Merry Christmas
2020. 12. 25. Servant of Baba.

FORWARD

Meher Baba's Compassion and Love are so great that all His lovers desire to remain bowed down at His feet with the longing to clean His threshold with our very eyelashes. He is great and mighty, and His Compassion is beyond our imagination.

I recall the following ghazal which Baba dictated to me in 1960 when I was on nightwatch:

『 ALWAYS REMEMBER THIS SECRET 』

Do not attach yourself with Maya; it makes you a grimy beggar.
Maya keeps you away from love divine and turns you into a pauper.

Catch hold of the Perfect Master's feet;
His is the One who will make your life Real Life.
The Perfect Master will adorn you with the jewels of spirituality
and make you infinitely wealthy.

Catch hold of the Perfect Master's feet
and the angel of death can do you no harm.
Oh Bhau, it is befitting for you to always remember this secret.

들어가는 글

　메허바바의 연민과 사랑은 너무나 위대해서 그의 모든 러버들은 우리의 속눈썹으로 그의 문지방을 빗질하여 닦으려는 갈망과 함께 모두 그의 발 앞에 엎드려 있고 싶어합니다. 그는 위대하고 강렬하며, 그의 연민은 우리의 상상을 초월합니다.
　나는 바바의 야간 불침번을 서던 1960년에 바바께서 나에게 지시한 다음의 가잘을 기억합니다.

『 이 비밀을 항상 기억하세요 』

마야에게 그대 자신을 의지하지 마세요 그것은 당신을 서글픈 거지로 만들어요
마야는 당신을 신성한 사랑에서 멀게 하고 그대 자신을 극히 빈곤하게 만든답니다

완전한 스승의 발을 붙잡으세요
당신의 삶을 참된 삶으로 만드실 바로 그분
완전한 스승은 영성의 보석으로 당신을 장식하지요
당신을 무한히 부유하게 만드실 바로 그분

완전한 스승의 발을 붙잡으세요
죽음의 천사도 당신을 해칠 수가 없을테니까
오~ 바우지, 이 비밀을 항상 기억하도록 하세요

The next night Baba dictated another ghazal to me and placed my name at the end of this one also:

『 TALK ONLY OF LOVE 』

Drink the nectar of love and become mast-like for the Beloved.
Make a kabob of your heart and eat it; then drink its blood.

How long will you go on sewing stained patches of sins
to the daaman?
Have the pieces of your heart stitched by the Master Tailor of love.

Die such a death which makes you live after dying —
Die to your self and live only for others.

Surrender your all to the Perfect Master
and receive all from Him.
Bhau says if you want to talk about anything,
talk only of love and nothing else!

(Because of your sins, when you try to catch hold of the Beloved's daaman, it comes off in pieces. You cannot hold the whole daaman in your grasp because of desires. It tears off and you try to sew back the patches.)

At the time, Baba didn't explain anything to me about either of these ghazals.

다음날 밤 바바는 또 다른 가잘을 내게 명하여 기록했고 이 말의 끝에 나의 이름을 올렸습니다.

『 오직 사랑만을 얘기하세요 』

사랑의 즙을 마시는 비러벳의 머스트처럼
그의 피를 부어 만든 당신 가슴의 케밥처럼

다만을 위해 언제까지 죄로 얼룩진 조각을 바느질 할건지?
당신 가슴의 조각들은 사랑하는 스승의 재단사에게 맡기세요

당신이 죽은 후에 살게 하는 그런 죽음으로 죽으세요-
죽음은 당신 자신에게 삶은 오직 다른 사람들을 위해

당신의 모든 것을 완전한 스승에게 맡겨요
그러면 그분에게서 모든 것을 받게 될테니
바우지 말하길 만약 당신이 어떤 것에 대해 말하고 싶다면,
오직 사랑에 대해서만 이야기하고 다른 것은 하지 말라고

(당신의 잘못 때문에, 그 총애를 잡으려 할 때, 그것은 산산조각이 나버립니다. 욕망 때문에 모든 다만을 손아귀에 쥐고 있을 수는 없습니다. 그것은 떨어져 나가고 당신은 그 조각들을 다시 맞추려고 합니다.)
당시 바바는 이들의 가잘에 대해 나에게 아무것도 설명하지 않았습니다.

Previously, He had given me the gift of writing songs in Hindi and I had written many, but I had no idea how to write ghazals. I didn't even know that ghazal meters are different from the meters used in Hindi songs. But based on the knowledge I had of Hindi songs, when I read the two ghazals that Baba had dictated to me, I thought that their poetic meters were wrong.

One day, Baba asked me what I thought about the two ghazals. I told him that I thought the meters were wrong. Baba smiled and gestured, "The meters of the ghazals are exactly correct." But still I insisted that they were wrong!

Baba then asked me to send the ghazals to Keshav Nigam in Hamirpur, and ask his opinion. As Keshav was also writing songs in Hindi, he knew their meters. He responded by also saying that the meters in the ghazals were wrong! I felt very proud that I had been right in pointing out the errors in the ghazals.

When I read out Keshav's letter to Beloved Baba, He didn't say anything. I said, "Didn't I point out that the meters were incorrect?" Baba acknowledged that I had, and He looked as if He had accepted His mistake. What

예전에 그는 힌디어로 노래를 작곡하는 선물을 나에게 주었고 나는 많은 곡을 썼지만 가잘을 쓰는 방법을 몰랐습니다. 나는 가잘의 길이들(ghazal meters)이 힌디어 노래에 사용된 미터와 다르다는 것조차 몰랐습니다. 그러나 힌디어 노래에 대한 지식을 바탕으로, 바바가 내게 지시한 두 가지 가잘을 읽었을 때, 나는 그들의 시적 길이들(poetic meters)이 틀렸다고 생각했습니다.

어느 날, 바바는 나에게 두 가잘에 대해 어떻게 생각하는지 물었습니다. 나는 미터기(the meters)가 틀렸다고 생각한다고 말했습니다. 바바는 미소 지으며 손짓으로 말했습니다. "가잘들의 미터기가 정확하게 맞다." 하지만 여전히 나는 틀렸다고 주장했습니다.

그러자 바바는 나에게 하미푸르(Hamirpur)에 있는 케샤브 니캄(Keshav Nigam)에게 가잘을 보내 그의 의견을 물으라고 하셨습니다. 케샤브 또한 힌디어로 작곡하고 있었기 때문에 그는 자신의 미터기를 알고 있었습니다. 그는 또한 가잘의 미터기(길이 방식)가 틀렸다! 라고 말하면서 반응했습니다. 나는 가잘의 오류를 지적하는 것이 옳았다는 것을 매우 자랑스럽게 느꼈습니다.

내가 비러벳 바바에게 케샤브의 편지를 읽을 때 그는 아무 말도 하지 않았습니다. 나는 "미터기가 틀렸다는 것을 지적하지 않았습니까?"라고 말했습니다. 바바는 나의 의사를 인정했고, 그분은 자신의 실수를 받아들이셨던 것처럼 보였습니다. 그 당시에 내가 깨닫지 못했던 것은 그분의 자비로 인하여

---

*[역주] 케밥(kabob) 은 중동 요리를 기원으로한 다양하게 요리된 고기요리입니다.

I didn't realize at the time was that because of His Compassion He forgave my ignorance. The all-Knowing One knew that I did not know, and because I did not know, He did not insist that I accept the ghazals as correct.

Years later, He expressed His wish that I should write ghazals, and He taught me how to write them in His own way(1). In time, I understood the meters of ghazals and I realized that the two ghazals Baba had dictated to me were correct. Then I felt how great was the Compassion of the Beloved for ignoring my error.

After Baba taught me how to write them, I completed my first book of ghazals, entitled Meher Sarod in July of 1968(2). After its completion, Baba continued to give me lines for ghazals during nightwatch. During this time, when I would massage Him, I would feel that Baba was at a great distance from me. I would forget that I was massaging Him. He would create in me the feeling that He had virtually disappeared, and I began to experience the vacuum of separation.

Separation leads to the longing for Union with the Beloved. Without the feeling of separation there can be no Union. Although I was close to Beloved Baba's physical form, I was not close to His Divine Form. In order to draw close to it, longing for Union is necessary through the pain of separation.

저의 무지를 용서하셨다는 것입니다. 모든 것을 아시는 그분은 내가 몰랐다는 것을 알고 있었지만, 내가 몰랐기 때문에 그는 내가 올바르게 가잘을 받아들일 것을 강요하지 않았습니다.

몇 년 후, 그는 가잘을 써야 한다는 바람(소원)을 표현했으며, 그분은 나에게 그것들을 어떻게 쓰는지를 그의 방식으로 가르쳐 주셨습니다(1). 시간이 지나자, 나는 가잘의 미터기를 이해했고 나는 바바가 나에게 지시한 두 개의 가잘이 정확했음을 깨달았습니다. 그때 나는 그분의 미터기를 묵살한 내 실수를 기다려준 비러벳의 연민이 얼마나 위대한지를 느꼈습니다.

바바가 나에게 그것들을 쓰는 방법을 가르쳐 준 후, 나는 1968년 7월에 메허 사롯(Meher Sarod)이라는 첫 번째 가잘 책을 완성했습니다(2). 그것이 완성된 후, 바바는 불침번 기간동안 가잘의 라인(줄)을 계속 주었습니다. 이 시간 동안, 나는 그분을 마사지할 때, 나는 그분을 마사지하는 것을 잊을 정도로 바바가 나에게서 아주 먼 거리에 있다고 느꼈습니다. 그는 내게 그분이 사실상 사라졌다는 느낌을 갖게 만들었기에 나는 분리(이별)의 진공상태를 느끼기 시작했습니다.

분리(이별)는 비러벳과의 합일을 갈망하게 만듭니다. 떨어졌다는 느낌이 없다면 합일이 있을 수 없습니다. 나는 비록 비러벳 바바의 육체의 형태에는 가까웠지만, 나는 그의 신성한 형상에는 가까이 있지 않았습니다. 그와 가까워지기 위해서는 이별의 고통을 통해 합일에 대한 갈망이 필요합니다.

Beloved Baba continued to give me lines for ghazals during nightwatch until the 29th of January, 1969. The last line He gave me was:

"What will we do, living, when You have gone away?"

On the morning of the 30th of January, Baba wanted to give me another line, but He was unable to do so because when He tried to gesture with His fingers, He would have spasms. Because of this, I said to Him, "Baba, please don't give me any lines today." He looked at me very lovingly, and I looked at Him with tears in my eyes.

Most of the ghazals were originally composed in Hindi in the early 1970s. When some of the Western Baba-lovers showed interest in them, I translated them into English, recalling Baba's words, "Your writing will be read throughout the world."

These ghazals express the voice of the heart, the pain of separation, the longing for Union, the attitude of the Beloved, and the game of love between the lover and the Beloved.

When Baba was physically present, whatever I would write I would read aloud to Him. But when He was no longer physically present, my tears sang

비러벳 바바는 1969년 1월 29일까지 불침번 기간 동안 나에게 가잘들의 라인을 계속 주셨습니다. 그가 내게 준 마지막 라인(줄)은 다음과 같습니다.

"당신이 떠났을 때, 우리는 어떻게 살아야 합니까?"

1월 30일 아침에 바바는 나에게 또 다른 라인을 주고 싶었지만, 그렇게 할 수 없었습니다. 왜냐하면 그분이 손가락으로 몸을 움직이려 했을 때 경련을 일으키게 되기 때문입니다. 그래서 나는 이 때문에 바바께 말했습니다. "바바, 제발 오늘은 아무 라인도 내게 주지 마세요" 그는 나를 매우 사랑스럽게 보았고 나는 눈물을 글썽이며 그분을 바라보았습니다.

대부분의 가잘은 원래 1970년대 초에 힌디어로 작성되었습니다. 서양의 바바 러버들 중 일부가 그것들에 관심을 보였을 때, 나는 바바의 말을 회상하면서 영어로 번역했습니다. "당신의 말씀은 전 세계에 읽혀질 것입니다."
이 가잘들은 가슴의 음성, 이별의 고통, 합일의 갈망, 비러벳의 사상, 비러벳과 러버와의 사랑의 게임을 표현합니다.

바바가 육신으로 계셨을 때, 나는 무엇을 써야 할지를 그에게 크게 소리 내어 읽었습니다. 그러나 그가 더 이상 육체적으로 존재하지 않자, 나의 눈물은 이 가잘들을 그에게 불러주고, 나의 눈물은 그의 침묵과

these ghazals to Him, and my tears merged with His Silence. I hope that the lovers of God will be touched by these ghazals, and that their hearts will seek the tune of the original ghazal which He sang at the beginning of creation. I also hope that He cannot ignore the singing of my tears without being touched, and that my song will merge with His Word.

Bhau Kalchuri
Ahmednagar, India
June, 1984

---

(1) See Foreword in Meher Sarod
(2) Published by Manifestation, Inc., 1984 RETURN

합일했습니다. 나는 하나님의 러버들이 이 가잘들에 의해 감동을 받고 그들의 가슴들이 그분이 처음 창조하여 노래한 원래 가잘의 곡을 찾기를 바랍니다. 나는 또한 그분이 다가오지 않은 채로 내 눈물의 노래를 무시할 수 없도록 나의 노래가 그분의 말씀과 합치기를 희망합니다.

바우 칼추리
인도, 아메드나가르
1984년 6월

---

(1) 메허 사롯의 머리말 보기
(2) 1984년 메니페스테이션 주식회사 발행

MEHER ROSHANI

BHAU KALCHURI

메허빛

메허 로샤니

바우 칼추리

INDEX TO GHAZALS

1 ALWAYS REMEMBER THIS SECRET

2 OH BELOVED, YOUR EXCUSES

3 A PURE HEART WILL SEE YOU

4 THAT SHORE ON WHICH THE OCEAN WAS SEEN

5 HE IS THE ONLY SUPPORT OF EVERY LIFE

6 LIKE A MOTH I AM BURNING

7 TEARS REMIND ME OF YOUR COMMAND

8 SOMEWHERE YOU SPEAK; ELSEWHERE YOU ARE SILENT

9 OH BELOVED, APPEAR FOR ALL ETERNITY BEFORE MY EYES

10 YOU HAVE SHAPED DESTINY

11 THE BELOVED ALLOWS ONLY THE WEIGHTLESS INTO HIS KINGDOM

12 YOU ARE HERE, THERE, EVERYWHERE

13 THE ASH THAT SEES NOTHING BUT YOU

14 I MAKE MY BIRTH AND DEATH ONE TO FIND HIM

15 MY HEART IS RESTLESS FOR HIM

16 INSCRUTABLE BUSINESS OF THE WORLD

가잘의 목차

R001. 이 비밀을 항상 기억하세요

R002. 오~ 비러벳, 당신의 핑계들

R003. 순수한 가슴은 당신을 볼 것입니다

R004. 바다가 보였던 그 해변

R005. 그는 모든 삶의 유일한 보호자

R006. 불에 타는 나방처럼

R007. 당신의 당부를 상기시켜주는 나의 눈물

R008. 어디에선 당신의 말씀이 또 다른 곳에선 당신의 침묵이

R009. 오~ 비러벳, 내 눈 앞에 영원히 나타나세요

R010. 당신이 만드신 숙명

R011. 오직 무심한 사람만이 그의 왕국에 들어간다네

R012. 당신은 여기에 저기에 모든 곳에 있어요

R013. 당신 외에는 아무것도 볼 수 없는 잿더미

R014. 나의 생과 사가 하나될 때 그를 보아요

R015. 내 가슴은 그분을 위해 쉬지 못해요

R016. 세상에서 벌어지는 수많은 비지니스

17 THE QUESTION OF MY LIFE BELONGS TO YOU COMPLETELY

18 TO SEE YOU IN ALL YOUR GLORY

19 I FIND MY LOVE IN YOUR ANGER

20 IF IT WAS EASY TO FIND GOD

21 HOW CAN I FIND HIM WHO IS EVERYTHING?

22 THE MOST TERRIBLE STATE OF ALL

23 PAIN AND STRIFE TEARING AT MY HEART

24 I WILL NOT LEAVE YOUR THRESHOLD

25 WHAT A DESOLATE LIFE IS THIS WITHOUT YOU!

26 WHAT DIFFICULTY MY HEART IS FACING

27 HOW TO SEE YOU IN THIS DARKNESS

28 YOU ARE IN EVERYONE

29 HOW CAN WE KNOW THE SECRET

30 I AM WOUNDING MY HEART

31 I CARE ONLY FOR THE BELOVED

32 LIFE HAS BECOME LIFELESS

33 YOU HAVE NOW GONE AND HIDDEN YOUR FORM

34 THE WORLD IS DANCING TO THE SIGNS OF YOUR FINGERS

35 WHEN YOUR REMEMBRANCE FILLS THE HEART

R017. 내 삶의 문제는 완전히 당신에게 속해요

R018. 당신의 모든 영광속에서 당신을 보기 위해

R019. 나는 당신의 분노 속에서 나의 사랑을 찾았어요

R020. 만약 신을 쉽게 찾을 수 있다면

R021. 나의 전부인 그를 어떻게 찾을 수 있나요?

R022. 세상 가장 끔찍한 상태

R023. 고통과 불화가 나의 심장을 찢나니

R024. 난 당신의 문지방을 떠나지 않아요

R025. 당신 없이 사는 삶이 이 얼마나 외로운가!

R026. 내 가슴이 어떤 고달픔을 겪든지

R027. 이 어둠 속에서 어떻게 당신을 볼 수 있나요

R028. 모두 안에 있는 당신

R029. 우리가 어떻게 비밀을 알 수 있나요

R030. 상처 입은 나의 가슴

R031. 나의 걱정은 오로지 비러벳 뿐

R032. 생명이 없는 삶

R033. 이제 당신은 가버리고 모습을 감췄네요

R034. 당신의 손짓에서 춤을 추는 세상

R035. 당신의 기억으로 가슴을 채울 때

36 OH MEHER, VICTORY IS ALWAYS YOURS!

37 HOW FORTUNATE YOU ARE TO HAVE THE BELOVED

38 SHEDDING TEARS AT JUST THE BEGINNING OF LOVE

39 OH BELOVED, IT WAS YOU

40 THE ONE WHO IS BOTH QUESTION AND ANSWER

41 ASSURANCE FROM YOU

42 THE BELOVED MADE ME DESIRELESS

43 THE TRACELESS PRINT

44 WORDS DON'T EXIST

45 WHY DID I FIND YOU HOMELESS?

46 WHAT PARADISE EXISTS FOR ALL?

47 AS IF DEATH WERE STANDING BEFORE ME

48 WHAT WAS HERE BEFORE AND WHAT IS HERE NOW?

49 ONE PASSES FROM HERE; ANOTHER COMES

50 THE EFFECT OF LOVE

51 INCOMPARABLY DIFFICULT IS THIS PATH OF LOVE

52 YOU MADE ME FALSE THROUGH YOUR WHIM

53 YOU FALSIFIED MY EXISTENCE

54 THE PAIN OF LONGING HAS NO TONGUE

R036. 오~ 메헤르, 승리는 항상 당신의 것!

R037. 당신에게 비러벳이 있음이 얼마나 행운인가

R038. 사랑을 시작하기 전에 흘리는 눈물

R039. 오~ 비러벳, 바로 당신이었어요

R040. 의문이자 해답인 그분

R041. 당신의 보증

R042. 내 욕망을 해방시킨 비러벳

R043. 자취 없는 흔적

R044. 존재하지 않는 언어들

R045. 왜 당신을 밖에서 찾았을까요?

R046. 모두에게 어떤 낙원이 존재하나요?

R047. 마치 죽음이 내 앞에 서 있는 것처럼

R048. 전에는 이곳이 무엇이었고 지금은 또 무엇이길래?

R049. 한 사람은 이곳을 지나치지만; 그는 다가오네요

R051. 그 무엇보다 어려운 이 사랑의 길

R052. 날 거짓으로 만든 당신의 변덕

R053. 당신은 내 존재를 위조했어요

R054. 그리움의 고통에는 혀가 없어요

55 THE LAW OF THIS PATH OF ANNIHILATION

56 I MET THE SAKI

57 LOOK WITHIN, YOU ARE YOUR OWN VEIL

58 I LONG TO BE THE DUST OF YOUR FEET

59 NO ALTERNATIVE BUT TO HEAR THE WORD

60 LISTEN TO WHAT THE BELOVED SPEAKS THROUGH HIS SILENCE

61 SHED TEARS AT EVERY STEP BUT BE HAPPY IN EVERY SITUATION

62 WHAT CAN I GIVE YOU BUT MY VEIL?

63 WHAT ANSWER CAN BE GIVEN?

64 IF YOU WILL ANNIHILATE YOURSELF YOU WILL BECOME GOD!

65 I DIED AND BEGAN TO LIVE

66 I FIND ONLY YOU IN MY HEART

67 BECAUSE OF YOUR OPPRESSIONS

68 YOU CANNOT BE FORGOTTEN

69 YOU ARE NOT DIFFERENT FROM ME, AND I AM NOT DIFFERENT FROM YOU

70 I SHOULD EXPECT NO MERCY FROM THE COMPLETE TYRANT

71 WHAT WILL HAPPEN UNTIL THE DAWN BREAKS?

72 YOUR VEIL-LESSNESS BECOMES A VEIL FOR ME

73 IN THE SECRET DEPTHS OF LOVE IS FOUND A SLAVE

R055. 이 길의 소멸의 법

R056. 샤키와의 만남

R057. 내면을 보세요, 당신은 당신 자신의 베일이에요

R058. 난 당신 발 밑에 먼지가 되고 싶어요

R059. 말씀을 들을 그 어떤 기회도 없네요

R060. 그의 침묵을 통해 듣는 비러벳의 이야기

R061. 매 순간 눈물을 흘리지만 모든 상황이 행복해요

R062. 당신에게 내 베일 외에 무엇을 줄까요?

R063. 어떤 응답을 얻을 수 있나요?

R064. 자신을 소멸시킨다면 신이 되지요!

R065. 나는 죽었지만 살기 시작했죠

R066. 오로지 당신만을 찾는 나의 가슴

R067. 당신의 억압으로 인해

R068. 잊을 수 없는 당신

R069. 당신과 다르지 않은 나

R070. 완전한 폭군으로부터의 무자비함을 기대하는 나

R071. 동이 트기 전까지는 무슨 일이 일어날까요?

R072. 당신의 장막없음이 나를 위한 장막이 되었어요

R073. 사랑의 비밀 깊은 곳에서 찾은 노예

74 I BEFRIENDED THE ONE WHO MURDERS

75 THE ONLY BEFITTING WORK NOW THAT HE HAS GONE

76 OH MEHERABAD, YOU ARE THE ABODE OF LORD MEHER!

77 EVERYTHING IS BINDING EXCEPT OUR LOVE FOR LORD MEHER

78 THE CITY OF MEHER

79 THE ABODE OF MEHER IS GLORIOUS

80 TO THE ABODE OF MEHER

81 CALL HIM THROUGH THIS SONG

82 WHEREVER THERE IS LONGING YOU APPEAR AS FIRE

83 DRINK WINE AND ESTABLISH THE ABODE OF MEHER

84 OH MEHER, POUR INFINITY

85 UNTIL HE MANIFESTS

86 YOU WILL ONE DAY MANIFEST

87 THAT TYRANT WILL NOT LET ME LIVE OR DIE

88 WE WILL SING MEHER'S NAME AND AWAKEN

89 OH MEHER, MY KING

90 MY HEART IS LOST IN YOU

91 COME OH MEHER, MANIFEST TODAY

92 MY TEARS ARE CALLING YOU TO MANIFEST

R074. 살인자와 친구가 되어버린 나

R075. 그가 가버린 지금 이 일이 오로지 유일함을

R076. 오~메허라바드, 주 메허의 거주처여!

R077. 주 메허를 향한 우리의 사랑을 빼고는 모든 것이 구속되었네

R078. 메허의 도시

R079. 영광스러운 메허의 거주처

R080. 메허의 거처로

R081. 이 노래를 통해 그를 부르라

R082. 갈망이 있는 곳이라면 불처럼 나타나는 당신

R083. 와인을 마심으로 메허의 거처를 만드세요

R084. 오~ 메헤르, 영원함을 부어주세요

R085. 그가 나타날 때까지

R086. 언젠가 당신은 나타나리라

R087. 죽이지도 살리지도 않는 폭군이여

R088. 메허의 이름을 부르고 우리는 깨어나요

R089. 오~ 메헤르, 나의 주군이시여

R090. 당신 안에서 잃어버린 나의 심장

R091. 오~메헤르 오늘 모습을 보여주세요

R092. 당신을 부르는 나의 눈물

93 SHOW ME YOUR SWEET SMILE

94 SUFFERING THE DESIRE FOR UNION WITH YOU

95 A VOICE ONLY HE CAN HEAR

96 YOUR LOVE IS A DOUBLE-EDGED SWORD

97 THERE IS NO SUPPORT EXCEPT MEHER

98 FEW PAY THE PRICE OF COMPLETE SURRENDERANCE

99 WHEN YOUR DAAMAN CAME INTO MY HAND

100 HOW LONG SHOULD I SEEK YOUR PLEASURE?

101 I AM BURNING MY HEART

102 IS LOVE A JOKE OR CHILD'S PLAY?

103 STAY AWAY FROM LOVE IF YOU DO NOT HAVE COURAGE

104 TALK ONLY OF LOVE

105 YOUR REMEMBRANCE IS A MADNESS

106 WILDEST DREAMS

107 WHAT A LIGHT THERE IS IN YOUR SILENCE

108 THE SECRET OF SILENCE

109 THE SHOWERS OF RESIGNATION

110 I HEAR YOUR VOICE IN MY TEARS

111 YOU BREAK YOUR SILENCE WITH A SMILE OF COMPASSION

R093. 당신의 달콤한 미소를 보여 주세요

R094. 합일을 위한 갈망의 고통

R095. 오직 그만이 들을 수 있는 음성

R096. 당신의 사랑은 양날의 검

R097. 메헤르 외에는 도울 이가 없다오

R098. 완전한 항복의 대가(代價)

R099. 당신의 다만이 내 손에 잡힐 때

R100. 언제까지 당신의 기쁨만을 구해야 할까요?

R101. 나의 심장을 태워요

R102. 사랑이 아이들 놀이인가? 농담인가?

R103. 만약 용기가 없다면 사랑을 멀리하세요

R104. 오직 사랑만을 말하세요

R105. 광기 어린 당신의 기억

R106. 허황된 꿈들

R107. 당신의 침묵 속에는 어떠한 빛이 있기에

R108. 침묵의 비밀

R109. 수용의 소나기

R110. 눈물 속에서 들려온 당신의 목소리

R111. 침묵을 깨며 피는 연민의 미소

112 WHY NOT PASS OVER?

113 FOR THE SAKE OF LOVE

114 FROM YOUR OCEAN OF SILENCE

115 THE UNIVERSES AND THE WORLDS DO NOT EXIST

116 AVATAR, YOU ALONE EXIST

117 WHEN YOU HAVE GONE AWAY

Lines in the ghazals of **Meher Roshani**
from Meher Baba
appear in italics.

R112. 왜 그냥 보내지 않나요?

R113. 사랑의 완성을 위해서

R114. 침묵의 바다로부터

R115. 존재하지 않는 세상과 우주

R116. 아바타, 오직 당신만 존재해요

R117. 당신이 떠났을 때

메허 바바로부터의 **메허 로샤니**

가잘 구절은 이탤릭체로

표시하였습니다.

※ 한글 번역에서는 여씨향약언해체로 표시하였습니다.

Avatar Meher Baba in Poona, India, 1960

Meher Baba at Poona darshan, May, 1965 (메허바바 1965년 5월 푸나 다르샨)

ALWAYS REMEMBER THIS SECRET

Do not attach yourself with Maya; it makes you a grimy beggar.
Maya keeps you away from love divine and turns you into a pauper.

Catch hold of the Perfect Master's feet;
His is the One who will make your life Real Life.
The Perfect Master will adorn you with the jewels of spirituality
and make you infinitely wealthy.

Catch hold of the Perfect Master's feet
and the angel of death can do you no harm.
Oh Bhau, it is befitting for you to always remember this secret.

【 remark 】
The experience the soul gathers in terms of the individualized ego is all imagination. It is a misapprehension of the soul. Out of the imagination of the universal Soul are born many individuals. This is Maya, or Ignorance.(DISCOURSES)

GHAZAL ONE

이 비밀을 항상 기억하세요

마야에게 그대 자신을 의지하지 마세요 그것은 당신을 서글픈 거지로 만들어요
마야는 당신을 신성한 사랑에서 멀게 하고 그대를 거지 신세로 만들어요

완전한 스승의 발을 붙잡으세요
당신의 삶을 참된 삶으로 만들어 주실 그분
완전한 스승은 영성의 보석으로 당신을 장식할 것이며
당신을 무한히 부유하게 만들 수 있어요

완전한 스승의 발을 붙잡으세요
죽음의 천사도 당신을 해칠 수가 없어요
오~ 바우여, 이 비밀을 항상 기억하는 것이 당신에게 어울려요

【 주석 】
개인화된 자아의 관점에서 영혼이 모으는 경험은 모두 상상력입니다. 그것은 영혼에 대한 잘못된 인식입니다. 우주적 대영혼(the universal Soul)의 상상력에서 수많은 개체성들이 탄생했습니다. 이것은 마야입니 다. 바로 무지입니다.(담론)

OH BELOVED, YOUR EXCUSES

Oh Meher, my life without You
Is like a lamp burning without a flame.

The moth being consumed by the flame
Now lies half-burnt in the ash.

If the head which is bowed at Your threshold lifts,
Then it is neither surrenderance nor dedication,
and hence no salutation to You.

Oh Beloved, my cup has been empty for ages.
Can't You take a moment and fill it with wine?

The more helpless I became in Your love, the more strength I gained.
But who will believe this first tasting of the wine of love?

Oh Beloved, I want to see You now since my longing has crossed the limit.
I am fed-up and through with your excuses; see how I have aged while waiting.

Oh Bhau, on this path never accept the support of the intellect at any time—
Know well that this path is one of helplessness and hopelessness.

【 remark 】
The Sufi Master-poets often compare love with wine. Wine is the most fitting figure for love because both intoxicate. But while wine causes self-forgetfulness, love leads to Self-realization. ..

The lover's drunkenness begins with a drop of God's love which makes him forget the world. The more he drinks the closer he draws to his Beloved, and the more unworthy he feels of the Beloved's love; and he longs to sacrifice his very life at his Beloved's feet. ..

One out of many such lovers sees God face to face. His longing becomes infinite; he is like a fish thrown up on the beach, leaping and squirming to regain the ocean. He sees God everywhere and in everything, but he cannot find the gate of union. The Wine that he drinks turns into Fire in which he continuously burns in blissful agony. And the Fire eventually becomes the Ocean of Infinite Consciousness in which he drowns. (THE EVERYTHING AND THE NOTHING)

오~ 비러벳, 당신의 핑계

오~ 메헤르, 당신 없는 나의 삶은
불꽃 없이 타오르는 등불과 같아요

불꽃에 사로잡혀 있는 나방처럼
반쯤 탄 잿더미 안에 드러누워요

당신의 문턱에 숙인 머리가 올라가면,
그것은 포기도 아니고 헌신도 아니죠
그래서 당신에 대한 예의가 아니에요

오~ 비러벳, 제 잔은 오랫동안 비어 있었어요
잠시 시간을 내어 와인을 가득 채워줄 순 없나요?

당신의 사랑 안에서 무력해질수록 더 많은 힘을 얻게 되었죠
그러나 누가 믿을까요? 이 사랑스런 와인의 첫 맛을

오~ 비러벳, 나의 갈망이 한계를 넘어섰기에 지금 당신을 보고 싶어요
신물난 당신의 변명을 통해; 기다리는 동안 내가 얼마나 늙었는지 보세요

오~ 바우지, 이 길에선 결코 지성의 지지를 받아들이지 마세요—
이 길은 무력함과 절망감 중 하나라는 것을 잘 알아야 해요

【주석】
고대의 위대한 수피 시인들(Sufi Master-Poets)은 흔히들 사랑을 와인(술)에 비교합니다. 와인이 사랑의 가장 적절한 비유가 된 이유는, 둘 다 사람을 취하게 만들기 때문입니다. 그러나 와인은 부주의한 자기망각을 일으키는 반면 사랑은 참나를 깨닫도록 인도합니다. ..

러버의 취함은 한 방울의 신의 사랑에서 시작되어, 결국 그로 하여금 세상을 잊게 합니다. 신성한 사랑을 마시면 마실수록 그는 비러벳(Beloved)에게 가까이 다가가며, 다가가면 갈수록 비러벳의 사랑을 받고 있는 자신의 부족함을 절실하게 느끼게 됩니다. 그리고 그는 비러벳의 발아래 자신의 생명을 바치고픈 갈망이 생깁니다. ..

이렇듯 수많은 러버들 가운데 한 사람 정도가 신의 얼굴을 대면하게 됩니다. 그의 갈망은 무한해 집니다; 그는 바다로 되돌아가려고 이리 튀고 저리 튀는 물고기와 같습니다. 어디를 보건 무엇을 보건 그의 눈에는 하나님 밖에 보이질 않지만, 합일의 문(gate of union)은 찾을 수가 없습니다. 그가 마시는 와인은 불로 변하여, 그를 계속되는 지복의 고통(blissful agony) 속에서 태웁니다. 그 불은 결국 무한한 의식의 바다(Ocean of Infinite Consciousness)가 되고, 러버는 그 속에 빠져 죽고 맙니다. (유와 무)

A PURE HEART WILL SEE YOU

Oh Meher, You abandoned me with a wounded heart, what should I do?
Where can I find a Beloved like You—You are the Only One.

You are matchless; You are Khuda and Yezdan.
What eye can I create to see You?

When You went to sleep, dry summer burned the greenery from my life
To leave me weeping for the rest of my life for that spring.

The world laughs at my madness and the sight of my tears.
Now should I heal my wounded heart or make the wounds deeper?

Oh Beloved, sprinkle salt on my wounds and make them deeper.
My only prayer is for this since I know that the pain attracts You.

Oh Lord, see that no want or desire remains in any corner of my heart
If I have a pure heart I am certain I will see You.

Oh Beloved, fulfill my last desire and my only request—
Look at me and let me gaze into Your eyes!

Oh Bhau, my Beloved won't come to see me and I don't know what to do.
Oh Beloved, what's the next step For a man who can neither live nor die?

순수한 가슴은 당신을 볼 것입니다

오~ 메헤르, 당신은 내 상처 입은 가슴을 떠나갔어요, 난 어찌하나요?
당신 같은 비러벳을 어디에서 찾을 수 있나요—당신만이 유일한데요

당신은 비할 데 없어요; 당신은 쿠다(Khuda)와 예즈단(Yezdan)이죠
어떤 눈을 만들어야 당신을 볼 수 있을까요?

당신이 잠들었을 때, 메마른 여름은 내 삶의 청춘을 태웠어요
그 봄을 위해 내 남은 생애를 눈물을 흘리게 내버려 두었죠

세상은 나의 광기와 내 눈물을 보며 비웃네요
이제 상처 입은 가슴을 치료해야 할까요? 아니면 더 깊은 상처를 만들까요?

오~ 비러벳, 내 상처에 소금을 뿌려 더욱 깊게 파고드세요
그 고통이 당신을 끌어당김을 알기에 나의 유일한 기도는 이것을 위함이지요.

오~ 주님, 내 가슴 어느 구석에도 욕구와 욕망이 남아 있지 않음을 보세요
만약 순수한 가슴을 가졌다면 언제나 당신을 볼 것임을 확신하지요.

오~ 비러벳, 나의 마지막 소망과 유일한 부탁을 들어주세요—
나를 바라보시고 내게 당신의 눈을 볼 수 있도록 허락해 주세요!

오~ 바우지, 나의 비러벳은 나를 보러 오지 않을 거예요 어찌하나요?
오~ 비러벳, 살 수도 없고 죽을 수도 없는 이에게 다음 단계는 뭘까요?

THAT SHORE ON WHICH THE OCEAN WAS SEEN

Oh Beloved, what has happened to me because of Your departure?
My life is barren and vacant, so my living on has become burdensome.

Oh Meher, I have seen You in human form—
As God, You took human form for us, so why this separation from us?

I have no concern with Godhood or with anything else divine.
I only love You, oh Beloved, but You are also separated from me.

How can I speak about the Ocean while living on the shore?
What has happened to the shore on which the Ocean was seen?

My heart has been broken into pieces and blood is flowing.
I do not know what is destined in my fate on this path of love.

Oh Beloved, You always exist and are here now,
    but I am bound up with the non-existent self.
I am involved with the beginning. I have not been able to find the end.

Oh Beloved, You deceived the parrot; You put it in the cage and closed the door.
Oh Bhau, what will you gain by weeping? Whatever had to happen has happened.

【 Commentary on Ghazal 】
Baba is the Ocean who came to the shore. By coming to the shore as the Ocean He made the Ocean visible. End here means the end of illusion. Unless I can find the end of illusion, I cannot find You. Self here refers to the lower self. Although non-existent, I give existence to it and as a result, I am bound.

【 remark 】
"I am the one
so many seek
and so few find"
–Meher Baba

GHAZAL FOUR

바다가 보였던 그 해변

오~ 비러벳, 당신의 떠남으로 인해 내게 무슨 일이 생겼나요?
척박하고 공허한 나의 삶은, 살아 있는 것 자체가 부담이에요

오~ 메헤르, 나는 인간의 모습 안에서 당신을 보았었죠―
신으로서 우리를 위해 인간의 모습을 취하시고는 왜 이런 이별을 했나요?

나는 신성함이나 그 어떤 신에게도 관심이 없어요
나의 유일한 사랑인, 오~ 비러벳, 하지만 당신도 나와 떨어져 있네요

해안에서 살면서 어떻게 바다에 대해 말할 수 있을까요?
바다가 보였던 그 해안에서는 무슨 일이 일어났나요?

피가 흐르고 있어요, 나의 산산이 부서진 가슴의 조각에서
나는 모르겠어요, 이 사랑의 길에서 나의 운명에 어떤 일이 일어날지

오~ 비러벳, 당신은 항상 존재하며 지금 여기에 있지만,
나는 존재하지도 않는 자아와 묶여 있네요
나는 시작부터가 얽혀 있지만 여전히 그 끝을 찾을 수가 없어요.

오~ 비러벳, 당신은 앵무새를 속였군요; 당신의 새장속에서 문을 닫았네요.
오~ 바우지, 당신의 눈물로 무엇을 얻을까요? 일어날 일은 반드시 일어날 텐데

【 가잘에 대한 해설 】
바바는 해안에 온 바다입니다. 그는 바다처럼 해안으로 오셔서 바다를 볼 수 있게 하셨습니다. 여기서 끝은 환상의 끝을 의미합니다. 내가 환상의 끝을 발견하지 못한다면 나는 당신(바바)을 찾을 수 없습니다. 여기에서의 'Self'는 낮은 자아를 가리킵니다. 비록 존재하지 않더라도, 나는 그것에 실재를 부여하고 그 결과 나는 구속됩니다.

【 주석 】
"나는 고대의 그다
수많은 사람들이 찾고 있는
그러나 극소수만 찾을 수 있었던"
−메허바바

HE IS THE ONLY SUPPORT OF EVERY LIFE

Whether anyone becomes ours or not, what do we care, for Meher is ours.
He gives us His love and accepts our love and He alone is dear to all.

Today every corner of the world looks void
Yet to fill this emptiness the whole world has His support.

The shore which contained the Ocean has left, no longer required —
But how sweet that shore was to spread the Ocean's waves.

Sinners and saints are equal in His eyes; Meher alone liberates sinners.
But I do not know which I am because He is completely indifferent to me.

Oh nightingale of my heart, why are you weeping today?
How can He who has become the blinding star of my eyes ever leave?

How can one who has not experienced real love know what it is?
Life is from Him and for Him; He is the only support of every life.

Meher's human form has left His footprints on the path for us to follow.
Oh Bhau, take it as certainty that He is found when You find His footprints.

【 Commentary on Ghazal 】
Baba was the shore containing the Ocean consciously. Everyone contains the Ocean, but the Avatar contains the Ocean consciously. Because He finished His Universal Work, He is no longer required on the shore. Since the Work He does on the shore was completed, He left. Baba has done His Universal Work and has left His instructions, making it very easy to follow them. Only His inner guidance is required, and that's why He has left His human form. He has made the path clear for each one by wiping out the obstructions.

그는 모든 삶의 유일한 보호자

누구든지 우리의 것이 되든 아니든, 메허를 위하는 우리가 무슨 상관인가
우리에게 사랑을 주시고 사랑을 받으시는 오직 그만이 모두에게 소중하죠

오늘날 세상의 모든 구석구석은 공허하게 보이지만
이 공허함을 채우고자 모든 세상은 그의 도움을 받아요

바닷가의 해안은 더 이상 필요 없어 떠나셨지만 ―
그 해안이 퍼트린 바다의 물결은 얼마나 달콤했나요

성자도 죄인도 그의 눈에는 평등하지요; 오직 메허만이 죄인을 해방시키죠
하지만 나는 내가 누구인지 모르겠기에 그는 나에게 완전히 무관심하네요

오~ 내 가슴의 나이팅게일, 당신은 왜 오늘 울고 있나요?
내 눈의 눈부신 별이 된 그분이 어찌하여 떠날 수 있나요?

참된 사랑을 경험하지 못한 사람이 그것이 무엇인지 어찌 알 수 있을까요?
그로부터의 생명이며 그를 위한 생명: 그는 모든 생명의 유일한 보호자

메허의 인간 형태는 우리가 따라갈 수 있는 길 위에 자취를 남겼어요
오~ 바우지, 그의 발자국을 찾았을 때 그가 발견되었다는 확신을 가져요

【 가잘에 대한 해설 】
바바는 바다를 의식적으로 담고 있는 해안이었습니다. 모든 이에게는 바다가 담겨있지만, 아바타는 바다를 의식적으로 담고 있습니다. 그는 자신의 우주적인 작업을 끝내셨기에 더 이상 해안에 있을 필요가 없습니다. 그분이 해안에서 하는 작업이 완료되었기에 그는 떠났습니다. 바바는 그의 우주적인 작업을 끝내셨고, 따르기에 매우 쉽게 만든 지시를 남겼습니다. 오직 그분의 내적인 인도만이 필요하며, 이 때문에 그는 인간 형상을 떠나간 것입니다. 그는 장애물들을 완전히 치움으로써(바다에 이르는) 각자의 길을 분명하게 해주었습니다.

LIKE A MOTH I AM BURNING

Oh Meher, You have made my heart become a house of longing and pain,
And You made me stark mad in the eyes of the ordinary people.

I wanted to hide my secret treasure of pain and longing for You,
But the world thought I was mad and drew the secret out of me.

The lamp is neither extinguished nor burning,
And Beloved, like a moth I am burning ever more slowly!

When Your wineshop was open, I had no thirst.
It was You who made me thirsty, but then You closed the door.

You gave me the thorns, and the roses to others,
But the thorns are far more valuable—intoxicating me in Your love.

The world laughs at me and I laugh at it.
The world does not know the wisdom You have given by making me mad.

Oh Bhau, look around you and observe
    that the Saki has turned the garden into a wineshop.
He has watered every flower in the garden with the wine of His wineshop.

【 Commentary on Ghazal 】
Preparing the garden refers to Baba's Universal Work. He plows the land, fertilizes it, sows the seeds and irrigates the garden. When it is finished, He has also given the gift of His Love to each plant. When the flowers come up, the garden becomes the Wineshop.

불에 타는 나방처럼

오~ 메헤르, 내 가슴을 갈망과 고통의 집으로 만들어 버린 당신
평범한 사람들의 눈에 나를 완전히 미쳤다고 보게 만드신 당신

당신을 향한 갈망과 고통의 비밀스러운 보물을 감추고 싶었지만
내가 미쳤다고 생각하는 세상은 나에게서 비밀을 이끌어냈죠

그 램프는 타지도 않고 꺼지지도 않는데
비러벳, 나는 나방처럼 더 천천히 불타고 있어요!

당신의 와인샵이 열렸을 때, 내겐 갈증이 없었어요
나를 갈증 나게 한 당신은 그 순간 문을 닫으셨지요

내게는 가시덤불은 주시고 다른 이들에게는 장미꽃을 주신 당신
그러나 가시는 훨씬 더 소중해요— 당신의 사랑 속에 날 중독시키죠

세상은 나를 비웃지만 나는 그것을 비웃어요
당신이 나를 미치게 만든 지혜를 세상은 알지 못하네요

오~ 바우지, 당신의 주위를 둘러보고 관찰하세요
사랑의 주님은 정원을 와인샵으로 바꾸었어요
정원에 있는 모든 꽃에 그의 와인샵의 와인을 부어주네요

【가잘에 대한 해설】
정원을 준비하는 것은 바바의 우주적 작업(Universal Work)을 의미합니다. 그는 땅을 갈고, 비료를 주고 씨를 뿌리고 정원에 물을 줍니다. 그것이 끝나면, 그는 또한 각 식물에게 사랑의 선물을 주셨습니다. 꽃들이 개화하면, 뜰은 와인샵(사랑의 정원)이 됩니다.

TEARS REMIND ME OF YOUR COMMAND

Oh Meher, my consciousness is engulfed by the pain of separation.
The pain of waiting for You has become the name of my life.

You told me, "Don't worry even slightly, no matter what happens."
And now the tears flowing from my eyes remind me of Your command.

These ashes are building from the burning in my heart.
Oh Beloved, did You leave out of disgust from living with me?

The wave from Your Silent Ocean stops the noisy movements of the world,
But it does not embrace my ash because some sound is left in its burning.

I do not want anything of this world—I only want You;
   Nothing else can give me satisfaction.

If You do not want to meet me, then I want to die—
   but with Your Name on my lips.

Oh Bhau, I will find everything if I find my Beloved.
Still I cannot reach Him until I become completely silent.

【 Commentary on Ghazal 】
Silence here refers to the silence of the mind, i.e., the mind empty of thoughts, desires, imagination

— everything. When the mind is annihilated He is found.

GHAZAL SEVEN

당신의 당부를 상기시켜주는 나의 눈물

오~ 메헤르, 나의 의식은 이별의 아픔으로 휩싸이고
당신을 기다리는 고통은 제 삶의 의미가 되었어요

"무슨 일이 일어나도 조금도 걱정하지 말라"시던 당신의 말씀
지금 내 눈에서 흐르는 눈물이 당신의 당부를 떠올리게 하네요

내 가슴 안에서 타오르는 갈망은 재가 되어 쌓여 가는데
오~ 비러벳, 저와 함께 사는 것이 싫어서 떠나셨나요?

당신의 침묵의 바다에서 나오는 파도는 시끄러운 세상을 멈추게 하지만
어떤 소리는 그 갈망 안에 남아 있기에 내 재는 끌어안지 않는군요

오직 당신 외에는; 이 세상의 어떤 것도 원치 않아요—
그 외에는 나에게 만족감을 줄 수 있는 게 없어요

당신이 나를 만나고 싶지 않다면, 차라리 죽고 싶네요—
그러나 계속하여 당신의 이름을 입에 달고 있어요

오~ 바우지, 나의 비러벳을 찾는다면 난 모든 것을 찾아낼 거예요
그런데도 여전히 완전한 침묵이 아니면 그에게 다가갈 수 없어요

【 가잘에 대한 해설 】
여기서 침묵이란 마음의 침묵을 말합니다. 즉 생각, 욕망, 상상력이 없는 마음을 말합니다.

- 모든 것. 마음이 전멸할 때 그를 찾게 됩니다.

SOMEWHERE YOU SPEAK; ELSEWHERE YOU ARE SILENT

Oh Meher, since the time my life was attracted toward Your beauty,
Your pleasure became my pleasure and sealed my lips.

How can I draw You away from Your indifferent attitude?
You have hidden Your pleasure and I don't know what You want.

Who can know Your game? Who can know Your secret?
Somewhere You speak; elsewhere You are silent.

Oh Beloved, my heart has become madly intoxicated with the wine of Your love.
Come before this night passes into dawn.

I bowed down at Your feet and saluted You with every breath,
But you did not like it because I could not renounce the desire to bow at Your feet.

Are you ashamed of me Beloved, or am I ashamed of You?
There must be some discord, otherwise why is a veil between us?

Your coming and embracing me is possible in every way,
Because everything is in Your hand and nothing is in mine.

Oh Bhau, whether you laugh or weep it is just the same —
What is left under your control when you have surrendered your life to the Beloved?

【 Commentary on Ghazal 】
Baba speaks in those who are silent eternally, and in those who speak (whose minds work) He remains silent. His speaking is the soundless sound of God.
The lover says to the Beloved that the veil of ignorance is there; that's why you feel ashamed of him.

GHAZAL EIGHT

어디에선 당신의 말씀이 또 다른 곳에선 당신의 침묵이

오~ 메헤르, 언제부턴가 내 삶은 당신의 아름다움에 끌리고
당신의 기쁨은 나의 기쁨이 되어 내 입술을 봉했어요

어찌하면 당신의 무관심으로부터 벗어날 수 있을까요?
당신의 감추어진 기쁨과 원하는 것을 난 알 수가 없네요

당신의 게임을 누가 아나요? 당신의 비밀을 누가 아나요?
어디에선 당신의 말씀이 또 다른 곳에선 당신의 침묵이

오~ 비러벳, 내 가슴은 당신의 사랑의 와인에 취해 있어요
이 밤이 새벽으로 넘어가기 전에 오세요

당신의 호흡에 맞춰 당신의 발 앞에 엎드려 절하였지만
당신은 절하고픈 나의 욕망마저도 내키지 않으시나 봐요

당신은 나의 비러벳이라 부끄럽나요? 아니면 당신의 부끄러움이 나인가요?
불협화음이 아니고서야 어떻게 우리 사이에 장막이 놓여 있을 수 있나요?

당신이 내게 다가와 나를 안아준다면 모든 것은 가능해져요
내게는 아무것도 없지만 당신 손에는 모든 것이 있으니까요

오~ 바우지, 당신이 웃든지 울든지 간에 그것은 똑같은 거예요—
비러벳에게 당신의 목숨을 내줬을 때 당신의 지배하에 무엇이 남을까요?

【 가잘에 대한 해설 】
바바는 영원한 침묵을 지닌 자들에게 말을 합니다. 그리고 말을 하는 자들(마음이 움직이는 자들)에게는 그는 침묵을 지킵니다. 그분의 말씀은 소리없는 하나님의 음성입니다. 러버는 비러벳에게 저 무지의 장막이 그곳(생각으로 말하는 곳)에 있다고 말합니다. 그래서 저 무지의 장막 때문에 당신이 그분을 부끄러워하는 것입니다.

OH BELOVED, APPEAR FOR ALL ETERNITY BEFORE MY EYES

Oh Meher, one moment of waiting for You is an era of restlessness —
My ruined heart longs for You to manifest this very moment.

You made my heart a dilapidated hovel and then walked out the door.
Oh heart, full of pain; what should I do? Oh heart, full of wounds, what should I do?

I cannot find You, so my wounded heart calls all the more.
How can I go on living Beloved, without You before my eyes?

Why didn't Your dagger finish me off before You left?
How can I live and love You in a half-dead state?

My heart is tearing through this chest from unbearable pain.
How can I console what You captured long ago?

Your indifference appeared the moment You had me under Your control.
Now I am so renowned for my madness, who will listen to my complaint?

I cannot live without You even for a minute.
Oh Beloved, appear for all eternity before my eyes!

My heart has been torn from my hands by one desire.
Oh world of desirelessness; what should I do? What should I do?

Oh Bhau, why has my life become a living death?
Oh my wounded, painful heart; what should I do? What should I do?

【 Commentary on Ghazal 】
Why not kill me with one stroke? Instead, You just wound me. My longing is so great that I just want to be with You. So have mercy and just be with me as You really are.

GHAZAL NINE

오~ 비러벳, 내 눈 앞에 영원히 나타나세요

오~ 메헤르, 당신을 기다리는 한순간은 쉼 없음의 한 시대에요-
폐허가 된 내 가슴은 이 순간 당신이 나타나기만을 간절히 원해요

내 심장에 황폐한 구덩이를 만들고는 당신은 문밖으로 걸어 나갔죠
오~ 고통에 찬 가슴; 어찌하나요? 오~ 상처로 가득한 가슴; 어찌하나요?

찾을 수 없는 당신 때문에 상처 입은 가슴은 더욱더 부르짖어요
눈앞에 당신이 없는데 어떻게 비러벳의 삶을 살아갈 수 있나요?

당신은 떠나기 전에 왜 단검으로 날 끝내지 않으셨나요?
반쯤 죽은 상태로 어떻게 당신을 사랑하며 살 수 있나요?

참을 수 없는 고통으로 이 가슴은 찢어지고 있어요
오래전 당신께 잡혀 버린 것을 어떻게 위로할 수 있을까요?

내가 당신께 무너진 순간 당신의 무관심은 시작되었죠
이렇게 광기만 휘날리는데 누가 하소연을 들어줄까요?

한순간도 당신 없이는 살 수 없어요
오~ 비러벳, 내 눈앞에 영원히 나타나세요!

이 하나의 갈망으로 내 손에서 가슴은 찢어졌거늘
오~ 욕망없는 세상에 나는 어찌하나요? 정녕 어찌하나요?

오~ 바우지, 왜 나의 인생은 죽은 삶으로 살아가나요?
오~ 내 상처 입은 고통스러운 가슴; 어찌하나요? 정녕 어찌하나요?

【가잘에 대한 해설】
왜 한 번의 일격으로 나를 죽이지 않습니까? 대신에, 당신은 내게 상처만 입혔어요. 나의 갈망은 너무 커서 당신과 함께하고 싶을 뿐입니다. 그러니 자비를 베푸시어, 이순간 저와 정말로 함께 해 주세요.

YOU HAVE SHAPED DESTINY

Oh Meher, tell me why the burden of my life has not been lifted?
Unbroken links bind together the chains of my life.

Innumerable links are in the chain of unending life
And death breaks only one at a time.

Oh Beloved, You are my life and my every breath.
Until real existence is found this veiled living does not end.

Although You have left Your form, oh Meher, Your light remains in the world.
You take form and drop it, but Your light ever remains.

Do you have the eyes now to see my tears or the ears to hear my crying heart?
You have shaped destiny so that it can never be changed unless You wish it.

You are both wax and stone at one and the same time,
But before my eyes I find You harder than granite now.

Oh Bhau, be alert; the Beloved may come at any time to lift the veil.
But you will find out when the veil is lifted one's nature under the veil does not end.

【 Commentary on Ghazal 】
Light refers to Eternal Light. His taking on of a physical form is just for His work; He and His light always exist. Baba is the Master of Destiny and only His wish can change it. However, as He is pleased to see one's tears of longing, why should He change it? It is His pleasure. One's nature never changes. Even though you take birth after birth, your original nature does not change.

【 remark 】
The processes which create the experiences and later the elimination of these impressions can be called fate, fortune, luck or chance. Destiny, or the goal that souls have to attain, is the Realization of God; but actually fate is different for every individual. If you can imagine, we can compare destiny to a load of 700 tons of happiness and unhappiness, vice or virtue, which every soul has to carry throughout its existence. One soul carries 700 tons of iron, another soul the same weight in steel, others lead or gold. The weight is always the same, only the kind of matter changes. The impressions of each individual vary and the acquired sanskaras form the structure and the condition of the future life of every individual. Hence, destiny is one, but fate is varied and different for each.(RM Online, p1832)

GHAZAL TEN

당신이 만드신 숙명

오~ 메헤르, 말해 줄래요? 왜 내 삶의 짐이 풀리지 않는지
내 삶의 사슬들은 끊어지지 않는 고리들로 함께 묶여요

수많은 고리들은 끝없는 삶의 사슬 안에 있고
오직 죽음이 임할 때 하나씩 끊어질 뿐이네요

오~ 비러벳, 당신은 나의 삶이자 모든 숨결이죠
실존을 찾을 때까진 이 가려진 삶은 끝나지 않아요

비록 당신은 떠나셨지만, 오~ 메헤르, 당신의 빛은 세상에 남았어요
당신이 취한 육신은 떨구셨지만, 당신의 빛은 영원히 남아 있네요

당신은 이제 나의 눈물을 바라볼 눈이 있나요?
울고 있는 가슴의 소리를 들으실 귀가 있나요?
당신이 원하지 않는 한 결코 바뀔 수 없는 숙명

무수한 시간속에 당신은 양초인 동시에 돌이었고
하지만 내 눈 앞에 비친 화강암보다 단단한 당신

오~ 바우지, 경계하세요; 비러벳은 언제라도 베일을 들어 올릴 수 있어요
그러나 베일이 벗겨질 때 베일 아래의 실재는 끝나지 않음을 알게 되겠죠

【 가잘에 대한 해설 】
빛은 영원한 빛을 가리킵니다. 그의 육체적인 형태를 취하는 것은 단지 그분의 일을 위한 것입니다. 그와 그의 빛은 영원히 존재합니다. 바바는 운명의 주인이며 오직 그의 바람만이 그것을 바꿀 수 있습니다. 그러나 그가 갈망의 눈물을 보기를 기뻐하시는데, 왜 그분이 그것을 바꿔야 합니까? 그것은 그의 기쁨입니다. 사람의 본성은 결코 변하지 않습니다. 당신이 수없이 태어나고 또 태어나더라도 원래의 본성은 변하지 않습니다.

【 주석 】
경험을 만들고 나중에 이러한 인상을 없애는 과정을 운명, 운, 또는 행운이라고 부를 수 있습니다. 숙명(Destiny), 즉 영혼이 성취해야 하는 목표는 신의 실현입니다. 그러나 실제로 운명(fate)은 모든 개인마다 다릅니다. 만약 당신이 상상할 수 있다면, 우리는 모든 영혼이 그 존재 내내 짊어져야 하는 행복과 불행, 악덕이나 미덕의 700톤의 짐에 숙명을 비교할 수 있습니다. 한 영혼은 700톤의 철을 운반하고, 다른 영혼은 강철로 같은 무게로 운반하고, 다른 영혼은 납이나 금을 운반합니다. 무게는 항상 같으며, 물질의 종류만 변합니다. 각 개인의 인상은 다양하며, 획득한 산스카라는 모든 개인의 미래 삶의 구조와 상태를 형성합니다. 따라서 숙명은 하나지만 운명은 각각 다양하고 다릅니다.(로드메허 온라인 1832페이지)

THE BELOVED ALLOWS
ONLY THE WEIGHTLESS INTO HIS KINGDOM

Beloved Meher is about to break His Silence Here and Now.
Listen to what He is going to speak Here and Now.

This Now is always Now—ever this moment and always this moment.
The Beloved is always in this Now doing His Universal Work.

Here means always Here, unlimited by time and space—remain established in it.
The Beloved keeps His Treasure in this Here and Now for everyone.

Keep your feet firmly established Here, and don't wander here and there.
The Beloved is planning to give you the cup of Dawn Here and Now.

One whose self wanes and becomes air-thin is loved by the Beloved.
The Beloved weighs everyone Here and Now,
and allows only the weightless into His Kingdom.

Everyone has to lose weight and stop all movements completely.
Oh Bhau, the Beloved is about to break His Silence and give His secret Here and Now.

【 Commentary on Ghazal 】
He is always present; there is no question of time and space for Him. Because He is Infinite, time and space do not exist for Him. "Here" is Infinite, and "Now" is Infinite, and both are always in the present, with no future and no past. Ignorance has weight; knowledge has no weight. When one becomes weightless it means that one is free from ignorance, and then has a place in His Kingdom.

GHAZAL ELEVEN

비러벳은 언제나
오직 무심한 사람만이 그의 왕국에 들어간다네

지금 그리고 여기에 그의 침묵을 깨뜨리는 비러벳 메헤르
지금 그리고 여기에 그분이 무엇을 말하는지 들어 보세요

지금은 항상 지금이며—항상 이 순간이고 언제나 이 순간이죠
비러벳은 항상 이 지금에서 그의 우주적 작업을 하고 있어요

시간과 공간에 구애받지 않는—그 안에 자리 잡은, 항상 여기라는 의미죠
비러벳은 모두를 위해 지금 그리고 바로 여기에 그의 보물을 보관하지요

여기에 당신의 발을 단단히 붙이고, 이곳저곳을 떠돌지 마세요
지금 그리고 여기에 비러벳은 여명의 잔을 그대에게 줄 계획이니까요

자아가 시들고 생각이 가벼운 사람은 비러벳의 사랑을 받아요
비러벳은 지금 그리고 여기에 모든 사람들을 저울질하지요,
오직 무게감이 없는 사람만이 그의 왕국에 들어가도록 허락하네요

모든 사람이 무게감을 버리고 모든 움직임을 멈춘다면
오~ 바우지, 비러벳은 침묵을 깨고 지금 그리고 여기에 그의 비밀을 알려줄 텐데

【 가잘에 대한 해설 】
그는 항상 존재합니다. 그분을 위한 시간과 공간은 아무런 의미(문제)가 없습니다. 그는 무한하기 때문에 시간과 공간은 그분에게는 존재하지 않습니다. "여기"는 무한하며, "지금"도 무한합니다. 그리고 둘 다 항상 현재에 있으며 미래도 없고 과거도 없습니다. 무지(생각)는 무게가 있지만; 지식(앎)에는 무게가 없습니다. 사람이 무게가 없는 가벼운 상태(깨달음)가 될 때 그것은 무지로부터 자유로워지고 그 다음에 그의 왕국에 자리를 얻는다는 것을 의미합니다.

YOU ARE HERE, THERE, EVERYWHERE

Oh Meher, my Beloved, I am ashamed to reveal to anyone about Your attitude.
I have been faithful to You, but You have been unfaithful to me.

I only wanted Your company; I never wanted to attain Your Godhood,
But You deceived me and turned me into a ruin. What kind of God are You?

I have looked everywhere for You; what should I do now to find You?
Yet everyone says that You are here, there, everywhere and that only You exist.

My heart is calling You through a shower of tears.
Seeing You is the only cure for the wounds in my heart.

You went to sleep after making me just slightly aware of You.
I am tired but unless I become fully aware, You won't awaken from Your sleep.

You want me to awaken You, but You have taken away all my strength.
Now my breath is failing me at every step and I am dying.

Oh Bhau, my longing for the Beloved has turned to abuse and criticism.
But the wounds of my heart love Him intensely and praise Him for His benediction.

【 remark 】
"Unless you give up the breath of your desires and die to yourself,
 you cannot have the breath of real Life and live forever".
(The Universal Oneness Of Divine Love, p 21 By Meher Baba)

GHAZAL TWELVE

당신은 여기에 저기에 모든 곳에 있어요

오~ 메헤르, 나의 비러벳, 당신의 태도는 누구에게 드러내기가 부끄럽죠
나는 당신께 충실했는데 하지만 당신은 바람을 피우시네요

오직 당신과 함께함을 원했을 뿐; 신성실현은 결코 원하지 않았었는데
당신은 나를 속이고 나를 파멸로 이끌었죠. 도대체 당신은 어떤 신인가요?

사방으로 당신을 찾아 헤매였어요; 이제 어찌해야 당신을 찾을까요?
아직 모두들 오직 당신만이 실재하며 여기에, 저기에, 모든 곳에 있다지만

나의 가슴은 소나기처럼 흐르는 눈물을 통해 당신을 부를 뿐
당신을 보는 것만이 가슴의 상처를 치료할 수 있는 유일한 방법이에요

당신을 살짝 알게 해 놓고선 당신은 잠을 청하러 가셨지요
나는 지쳤지만 완전한 깨달음이 아니면 당신은 잠에서 깨지 않겠죠

당신은 내게 깨우길 원하지만, 당신은 나의 모든 힘을 빼앗아 갔네요
지금 내 호흡은 매 걸음마다 나를 잃고 죽어가고 있어요

오~ 바우지, 비러벳을 향한 나의 갈망은 욕설과 비난으로 바뀌었지만
내 가슴의 상처는 그분을 몹시 사랑하며 그의 축복을 위해 그분께 찬양하죠

【 주석 】
"당신이 욕망의 숨결을 버리고 스스로 죽지 않는 한,
 당신은 영원히 진정한 삶의 숨결로 살 수 없습니다."
(메허바바의 '신성한 사랑의 우주적 일원성' 21페이지)

THE ASH THAT SEES NOTHING BUT YOU

Oh Meher, don't You remember the promises You gave me?
Don't You remember them? Don't You know
that every one of Your promises remains unfulfilled?

You have turned me into ash by burning me in the fire of love.
Don't You remember Your promise to give my ash that one kiss?

How can I live after feeling Your presence, and knowing now that You are gone?
Don't You remember Your promise to speak to me?

Previously my heart was eating my pain, but now the pain is eating my heart.
Don't You remember that it was You who said You would manifest in such a heart?

In order to become worthy of your kiss I have become ash.
Don't You remember that You gave life to the ash that sees nothing but You?

Oh Bhau, death is a thousand times better than a life of separation from the Beloved.
Oh Beloved, have You forgotten to bestow that Final Death for which I long?

【 Commentary on Ghazal 】
In the beginning, the pain of longing is felt by the heart. But when the heart belongs to Him completely and nothing remains in it except Him, then the heart starts eating the mind and its thoughts, because the mind must become empty in order to be with Him completely.

【 remark 】
Never break a promise. First think twice before you give a promise, but once you make it, keep that promise at any price.
−Listen Humanity, p53

GHAZAL THIRTEEN

당신 외에는 아무것도 볼 수 없는 잿더미

오~ 메헤르, 당신이 내게 준 약속을 잊으셨나요?
그것들을 기억하지 못하시나요? 당신은 모르시나요?
약속한 모든 것이 이행되지 않은 채로 남아 있음을

주님은 사랑의 불길에 나를 태워 잿더미가 되게 하셨죠
재가 되어버린 내게 약속한 그 한 번의 키스를 잊으셨나요?

당신이 가버린 지금 어떻게 당신의 존재를 느끼며 살까요?
나에게 말해 준다던 당신의 약속을 기억하지 못하시나요?

전에는 내 가슴이 내 고통을 먹었지만, 이제는 고통이 내 가슴을 먹고 있네요
갈망의 가슴 안에 나타날 거라 말했던 바로 당신의 말을 기억하지 못하시나요?

당신의 키스를 받을 수 있기 위해 나는 잿더미가 되었는데
당신 외에는 아무것도 볼 수 없는 잿더미에 줄 생명을 기억하지 못하시나요?

오~ 바우지, 차라리 죽음은 비러벳과의 이별의 삶보다 천 배나 더 나을 테죠
오~ 비러벳, 그토록 원하던 마지막 죽음을 내게 주기로 한 것을 잊으셨나요?

【 가잘에 대한 해설 】
처음에는 갈망의 고통이 가슴에서 느껴집니다. 그러나 가슴이 완전히 그에게 속하고 그 안에 그를 제외하고는 아무것도 남아 있지 않을 때, 가슴은 그 마음과 생각을 먹기 시작합니다. 왜냐하면 마음은 그와 완전히 함께하기 위해서는 비어 있어야 하기 때문입니다.

【 주석 】
결코 약속을 어기지 마세요. 약속을 하기 전에 먼저 두 번 생각하되, 일단 약속을 하면 그 약속을 어떤 대가를 치르더라도 지키세요.
-들으라 인류여, 53페이지

I MAKE MY BIRTH AND DEATH ONE TO FIND HIM

Oh Meher, I must die in the pain of longing for You.
Then my death will bestow a free life to me, limited by nothing.

If Your arrow had passed through my chest
it would have taken this sea of pain I enjoy so much.
But stuck in my heart, the song from the pain of the arrow calls and calls You.

My Friend, all of my days have been marred by incidents of Your unfaithfulness to me.
Oh Beloved, why break a friend's duty to maintain friendship at all cost?

At first You were my dearest companion, but now
Your attitude surpasses my worst enemy's.
If only in the beginning You had given me a hint of what was to come!

Your indifference has ruined every ounce of joy in my life.
The lamp is supposed to be in front of the moth, not hidden from it.

Your aloofness appeared the moment I was lying helplessly wounded.
Oh Beloved, I accept that You have Your eye on me, but I must know it.

What should I do to find my Beloved when I am crippled by helplessness?
Should I make my birth and death one to find Him?

Oh Bhau, even my death won't stop to embrace this helpless one.
How to pass the days of separation; what must I do to seek His pleasure?

【 Commentary on Ghazal 】
Death and birth become one when the mind is empty or annihilated.

GHAZAL FOURTEEN

나의 생과 사가 하나될 때 그를 보아요

오~ 메헤르, 나는 죽어야 해요 당신을 갈망하는 고통 속에서
나의 죽음은 어디에도 제한 없는 자유의 삶을 제공하겠죠

당신의 화살이 내 가슴 사이를 지나갔다면
그것은 내가 아주 즐기는 고통의 바다를 가져갔을 테지만
심장에 박힌 화살의 고통에서 부르는 노래가 당신을 부르네요

오~ 친구여, 당신의 무책임 속에 얼룩진 나의 모든 날들에
오~ 비러벳, 친구의 희생을 저버리고 우정을 깨뜨리나요?

처음 나에게 당신은 가장 소중한 동반자였지만
당신의 태도는 나의 최악의 적보다도 심하네요
처음부터 당신이 내게 무엇이 올지 힌트라도 주었더라면!

당신의 무관심은 내 인생의 모든 기쁨의 순간을 망쳤어요
램프는 나방 앞에 놓여 있었을 뿐, 숨겨져 있지는 않았어요

내가 힘없이 누워 있는 순간 당신의 무관심이 드러났지요
오~ 비러벳, 바라보는 눈길은 고맙지만 난 알아야겠네요

무력감에 불구가 되었을 때 비러벳은 어떻게 찾을 수 있나요?
그를 찾기 위해 나의 출생과 죽음을 하나 만들어야 할까요?

오~ 바우지, 내 죽음조차도 이 무기력한 사람의 포옹을 멈추지 못해요
그의 기쁨을 찾으려면; 내 이별의 나날을 어떻게 보내야 하나요?

【 가잘에 대한 해설 】
죽음과 탄생은 마음이 텅 비어 허공이 되거나 전멸될 때 하나가 됩니다.

MY HEART IS RESTLESS FOR HIM

Oh Meher, my prayers and salutations to You appear like a ceremony—
Anything done to You should be only for You, and not done to make a show.

My life is drowning in the blood of my heart—
I thought You would at least respond to a drowning man's cries.

You departed the moment after I felt You were my every breath.
You made a fool of me, but still I must seek Your pleasure, as I remain Your slave.

You departed and all my letters were returned unanswered.
Still I willingly treat You as my best Friend.

Oh Beloved, where can I go when I am captured in Your net?
There is no flaw in the net's threading and no cure for the pain of drowning.

If I have the eye to see You, You will be found Here—not elsewhere,
But my head is one place and my feet, somewhere else.

Oh Bhau, my mischievous Beloved stays hidden and I don't know what I should do.
My heart is restless day and night for Him without a moment's pause

【 Commentary on Ghazal 】
The working of the mind refers to the concept that although you remain in one place physically, the mind takes you to different places.

내 가슴은 그를 위해 안절부절 못해요

오~ 메헤르, 당신에 대한 나의 기도와 인사는 당신을 향한 의식 같아요—
당신에게 한 모든 일은 오직 당신만을 위한 것, 쇼를 만들기 위해서가 아니죠

나의 삶은 내 가슴의 핏속에 빠져 죽어 가지요—
적어도 익사하는 사람의 울음소리에는 응할 줄 알았는데

당신이 내 모든 숨결임을 느꼈을 때 당신은 생을 떠나셨어요
나를 바보로 만드셨지만, 난 아직 노예처럼 당신의 기쁨을 찾아야 하죠

당신은 떠나셨고 내 편지는 모두 답장을 받지 못했지만
나는 기꺼이 당신을 나의 가장 친한 친구로 대하겠죠

오~ 비러벳, 당신의 그물에 사로잡힌 내가 어디로 갈 수 있겠어요?
그물망은 틈이 없고 익사의 고통에는 치료법도 없는데

내게 당신을 볼 수 있는 눈이 있다면, 바로 여기서 당신을 찾겠죠—다른 곳이 아닌
그러나 내 머리는 한 장소만 응시하고 내 발걸음은 다른 어딘가에 있겠죠

오~ 바우지, 나의 장난스러운 비러벳은 숨어 있고 난 어떻게 해야 할지 모르겠네요
나의 가슴은 그를 위해 밤낮으로 안절부절못하고 있는데

【 가잘에 대한 해설 】
마음의 작용은 비록 당신이 육체적으로는 한 장소에 머물러 있지만,
마음은 당신을 다른 장소들로 데리고 간다는 개념을 말하고 있습니다.

가잘 015

INSCRUTABLE BUSINESS OF THE WORLD

I cannot understand the inscrutable business of the world.
One visits the world for four days, and leaves it for the same time,
not knowing why one has visited it all.

Visiting here is not an easy task, and one visit makes preparations for the next.
One purchases some goods on credit, sells others on loan, and keeps an open account.

As soon as one is involved in the business of buying and selling,
He is helplessly bound with credits and debts.

To do business one has to visit the world frequently.
Since one is ignorant of profit and loss, there is no end to these business trips.

Go to the feet of Meher, the aim of life is at His feet.
Do business at His feet and balance all profit with complete loss.

Oh Bhau, give up your business concern and accept the deal of His wish.
Do this at Lord Meher's feet and see what you lose and what you find!

【 Commentary on Ghazal 】
When both good and bad sanskaras balance, liberation is obtained. That is the meaning of the reference to business. When you accept His wish, you lose all the binding sanskaras and you find Him.

【 remark 】
In reality these Four Journeys are never journeyed, for God has nowhere to journey. He is without beginning and without end. And everything, which has the appearance of being, appeared from That which has no beginning and passes back into That which has no ending..–The Everything and The Nothing, part16, p74

GHAZAL SIXTEEN

세상에서 벌어지는 수많은 비지니스

나는 세상의 불가해한 사업을 이해할 수가 없어요.
4번씩이나 세상을 방문하고는 동시에 그곳을 떠나가지요
왜 그 모든 곳을 방문했는지 모르겠어요

이곳을 방문하기는 결코 쉽지 않아요, 한 번의 방문은 다음번을 위한 준비일 뿐
어떤 사람은 외상으로 물건을 사고, 다른 것은 대출로 팔며, 계좌를 개설하네요

사람이 사고파는 사업에 관여하자마자,
그는 외상과 부채로 인해 무기력하게 묶이지요.

사업을 하려면 세상을 자주 방문해야 하지만
사람은 이익과 손실에 어둡기에 이런 환각 체험의 일들은 끝이 없어요

메허의 발아래로 가세요. 삶의 목적은 그의 발 앞에 있어요.
그의 발치에서 장사하고 완전한 손실을 통한 모든 이익의 균형을 잡으세요

오~ 바우지, 당신의 사업상 염려는 그만두고 그의 소망의 거래를 받아들여요
주 메허의 발 앞에 당신이 무엇을 잃었는지, 그리고 무엇을 얻었는지를 보세요!

【 가잘에 대한 해설 】
좋은 산스카라들과 나쁜 산스카라들이 둘 다 균형을 잡을 때, 해방을 얻습니다. 그것은 비즈니스에 대한 언급의 의미입니다. 당신이 그분의 소원을 받아들일 때, 당신은 모든 구속력 있는 산스카라들을 잃게 되고 그분을 찾게 됩니다.

【 주석 】
사실 이 4번의 여행은 결코 여행된 적이 없는 여행입니다. 하나님은 어디로도 갈 곳이 없기 때문이다. 그분은 시작도 없고 끝도 없습니다. 그리고 존재의 모습을 한 모든 만물은 시작도 없는 그 무언가(That)에서 나타나 끝도 없는 그 무언가(That)로 되돌아갑니다.-유와 무, 16장, 74페이지

THE QUESTION OF MY LIFE BELONGS TO YOU COMPLETELY

Oh Meher, I am too helpless to reveal my state in Your love.
The day You departed I found the light of my heart had also gone.

Oh Beloved, do not leave after giving me Your sweet embrace—
It is the question of my life which belongs to You completely.

In seeking You, all that I have found is my own ugliness.
But I know that if I shed what is ugly Your hidden face will appear.

Oh Beloved, everything is in Your hand; mine is totally empty.
You declare that my great gain is the loss of all prestige.

The tears You see flowing from my eyes are the pieces of my broken heart.
In His love, my life has become nothing but restless pain from head to foot.

Oh Beloved, You are my life and everything for me—
But I doubt You have accepted me completely
since Your attitude towards me is unbearable.

Oh Bhau, even my enemies shed tears at seeing my plight—
Even they have some sympathy for me, but my Beloved has none!

【 Commentary on Ghazal 】
When Baba dropped His body, the shock was so great that I felt it took the light out of my heart. It took time for me to realize that His light is always there.

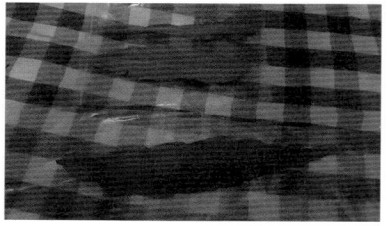

GHAZAL SEVENTEEN

내 삶의 문제는 완전히 당신에게 속해요

오~ 메헤르, 당신의 사랑 안에서 내 상태를 드러내기에는 너무 무력해요
당신이 떠난 날 나는 내 심장의 빛도 같이 사라져 버린 것을 알았어요

오~ 비러벳, 내게 달콤한 포옹만을 주신 채 떠나가지 마세요—
내 삶의 문제는 전적으로 당신에게 속해 있어요

당신을 찾으면서 내가 찾은 모든 것은 내 자신의 추악함 뿐이지만
나의 추악함을 벗어 던진다면 당신의 숨겨진 얼굴이 나타나겠죠

오~ 비러벳, 모든 것이 당신의 손에 있어요; 내 것은 완전히 비었어요
당신은 나의 가장 큰 보상이 모든 명성의 잃어버림이라 선언하지요

당신을 보며 흐르는 나의 눈물들은 내 상처받은 가슴의 조각들이죠
 그분의 사랑 안에서, 무의미한 내 삶은 온통 끝없는 고통뿐이지만

오~ 비러벳, 당신은 제 삶이고 저를 위한 모든 것이죠—
하지만 나는 당신의 완전한 받아들임에 의심이 가네요
나에 대한 당신의 무관심함에 견딜 수가 없으니까요

오~ 바우지, 내 원수조차도 나의 고난을 보면서 눈물을 흘렸어요—
심지어 그들은 나를 동정했지만 나의 비러벳은 아무것도 없네요!

【 가잘에 대한 해설 】
바바가 그의 몸을 떨어뜨렸을 때 충격이 너무 커서 내 가슴에서 빛을 빼앗아 가는 것을 느꼈습니다. 그분의 빛이 항상 거기에 있다는 것을 깨닫는 데 시간이 걸렸습니다.

TO SEE YOU IN ALL YOUR GLORY

The gathering of my heart's desire is dispersed—
Now my life is at least worth living.

My only longing is for You to awaken smiling in my heart.
That will be my destination to see You in all Your glory.

You broke my heart and spoke,
"Now your life is worth living."

I have no control over my heart in Your love—
Neither this life nor my heart is any longer mine.

How can I recognize You Meher, oh my Beloved,
When I am attached to manyness and You are attached to Oneness?

How can I find the address of the gathering of Your lovers?
Perhaps they gather at the wineshop's door.

Oh Beloved, You gave me thousands of promises and broke every one,
But You still insist that my allegation is false, for You are the Truth.

Oh Bhau, remember that the Beloved is the Truth and always speaks the Truth.
If you don't understand, it is your fault because you are attached to illusion.

【 Commentary on Ghazal 】
When He smiles in my heart refers to the mind being completely gone, with nothing remaining in the heart. Only then will He smile and I'll witness His manifestation.

GHAZAL EIGHTEEN

당신의 모든 영광속에서 당신을 보기 위해

내 가슴속에 갈망의 모임은 흩어져 버리고-
이제 내 삶은 최소한 살아갈 가치가 있어요

내 가슴속에 미소짓는 당신을 깨우는 것이 내 유일한 갈망
당신의 모든 영광속에서 당신을 보는 것만이 나의 목적지

당신은 내 가슴을 아프게 하며 말했지요
"이제 당신의 삶은 살아갈 가치가 있어요."

당신의 사랑 안에서 내 가슴을 제어할 수 없어요-
이 생명도 내 가슴도 더 이상 나의 것이 아니에요

메헤르 당신을 어떻게 알아볼까요, 오~ 나의 비러벳,
내가 모두에게 애착을 가질 때 당신은 오직 하나만을?

당신의 러버들 모임의 주소는 어떻게 찾을 수 있나요?
아마도 그들은 와인 가게의 문앞으로 모여들겠죠

오~ 비러벳, 당신은 내게 수천개의 약속을 했지만 모든 것을 어겼어요
그러나 당신만은 진실이기에 여전히 나의 진술은 거짓이라 고집하네요

오~ 바우지, 진리인 비러벳은 항상 진실만을 말한다는 것을 기억하세요
당신이 이해하지 못한다면 그것은 환상에 빠져 있는 당신의 잘못이에요

【 가잘에 대한 해설 】
그가 내 가슴속에서 미소지을 때 나의 가슴 안에는 아무것도 남아 있지 않은 채 완전히 사라져 버린 마음을 의미합니다. 그래야만 그가 미소를 지을 것이고 나는 그의 현시를 목격하게 될 것입니다.

I FIND MY LOVE IN YOUR ANGER

Oh Meher, what pain of longing is Your separation!
It is eating my heart and swallowing blood.

My heart is drowning in the tears of Your love, and it is now frightened
Because it knows I must drown myself in the Ocean of fire to reach You, Beloved.

I came to You in life's springtime, but now I am a helpless old fool.
I follow the dust of Your footsteps and long for kick after kick.

You made me a ruin and then went away,
But my heart cannot tolerate this and calls,
"Wait! I am coming to You."

Words can never reveal my disgust with this cursed love—
There is nothing in it but helplessness and hopelessness at every step.

I have reached a state that no disciple has ever described—
You are angry with me, but I find love in Your anger!

Wherever I am, You are not, and wherever I am not, You are there!
Oh Bhau, tell the Beloved, "Come! Please come! I'll go so that You may come."

【 Commentary on Ghazal 】
When there is the pain of longing it eats the heart, which is so restless for Him. Although He apparently shows anger and displeasure, actually it is His Love.

GHAZAL NINETEEN

나는 당신의 분노속에서 나의 사랑을 찾았어요

오~ 메헤르, 갈망의 고통이 있다면 그것은 당신과의 이별이겠죠!
그것은 나의 가슴을 파먹고 피를 들이키죠

나의 가슴은 당신 사랑의 눈물에 빠져 죽고 이제는 겁에 질렸어요
난 알아요 비러벳, 당신에게 닿으려면 불바다 속에 빠져 익사해야죠

당신을 만났던 삶의 봄날은 가고 이제 무력한 늙은 바보가 되어
당신의 발걸음의 먼지를 따라가며 난 걷어차이기를 기다리네요

당신은 나를 파멸로 만들고는 떠나갔지만
나의 가슴은 참지못하고 당신을 부르네요
"기다리세요! 내가 당신께 갈 테니까요"

이 저주받은 사랑의 혐오감을 말로는 다 드러낼 수 없지만—
그 속에는 매 걸음마다 무력감과 절망 뿐 아무것도 없네요

나는 여지껏 어떤 제자도 설명하지 못한 상태에 도달했어요—
당신은 내게 화를 내지만 나는 당신의 분노속에서 사랑을 봐요!

내가 있는 곳엔 당신은 없고 내가 없는 곳 거기엔 당신이 있죠!
오~ 바우지, 비러벳에게 말해줘요,
"오세요! 제발 오세요! 당신이 올 수 있도록 내가 갈 테니까요"

【 가잘에 대한 해설 】
갈망의 고통이 있을 때 그것은 가슴을 삼킵니다. 그것은 그(바바)를 위해서 너무나 안절부절 못합니다. 그러나 그는 분노와 불쾌감을 나타내는 것처럼 보이지만 실제로 그것은 그분의 사랑입니다.

IF IT WAS EASY TO FIND GOD

Who will ever fall in love with the Beloved of love's ruination?
What torture! What use is heaven after all this suffering?

I am a slave in Your love; but You bound me in Your indifference.
I am no fool, for Your labored aloofness belies Your care and concern.

Oh Meher, cast Your glance on me and give me the Pearl.
When one has to lead the life of the shell, why should he seek Your company?

I have tread the earth to dust and come to Your door—
Who will respect You if You throw me out into illusion again?

I have made You divine! Without my praising Your Name every moment
who would take You as God?
Being completely Yours gives me the right to complain.
Who has the courage to perform such worship?

The fortunate slave of God becomes God Himself!
Who will rule over himself every moment to find this secret?

Oh Bhau, on the path of love you must devour yourself!
If it was easy to find God, who would face such calamities?

【 Commentary on Ghazal 】
To become His fortunate slave, you have to become master of yourself. To find God is so difficult that it is like eating yourself with your own mouth.

【 remark 】
When I became a lover I thought I had gained the Pearl of the Goal; foolish I did not know that this Pearl lies on the floor of an ocean which has innumerable waves to be encountered and great depths to be sounded. —HAFIZ

GHAZAL TWENTY

만약 신을 쉽게 찾을 수 있다면

누가 사랑의 파멸자 비러벳과 함께 사랑에 빠질까요?
정말 고문이네요! 이 모든 고통후에 천국이 무슨 소용이죠?

나는 당신의 사랑의 노예지만; 당신은 무관심하게 나를 묶어 놓네요
나는 바보가 아니에요. 당신의 지나친 냉담함은 당신의 관심과 배려임을

오~ 메헤르, 내게 시선을 돌리고 진주를 주세요.
껍데기 같은 삶을 살아갈텐데 왜 당신의 모임에 가겠어요?

난 세상을 밟은 먼지를 털고 당신의 문 앞에 이르렀어요-
나를 다시 환상에 빠뜨린다면 누가 당신을 존경하겠어요?

당신을 신성하게 만든 나에요! 매 순간 당신의 이름을 부르지 않는데
누가 당신을 신으로 대할까요?
완전히 당신의 것이 되는 것은 나에게 불평할 권리를 주지요.
누가 그런 예배를 수행할 용기를 가지고 있을까요?

신의 행운의 노예는 그 자신이 곧 신이 될테니!
누가 이 비밀을 찾기 위해 매 순간 그 자신을 지배할까요?

오~ 바우지, 사랑의 길에서 당신은 자신을 삼켜야 해요!
만약 신을 찾기가 쉽다면 누가 그런 재앙을 감내할까요?

【 가잘에 대한 해설 】
그의 행운의 노예가 되기 위해서는 자신의 주인이 되어야 합니다. 신을 찾는 것은 너무 어려워서 자신의 입으로 자기자신을 먹는 것과 같습니다.

【 주석 】
처음 러버가 되었을 때, 나는 목표(Goal)인 진주를 이미 얻었다고 생각했네. 어리석은 나는 그 진주가 무수히 많은 파도가 내리치는, 깊고 험한 바다의 밑바닥에 있다는 사실을 몰랐네. ― 하피즈

HOW CAN I FIND HIM WHO IS EVERYTHING?

Oh Meher, why jeopardize my heart on the needle of a joke?
Why hide Your face from me and thereby crush my life?

I no longer have any care or concern for my life—
Let it be crushed to pieces, but leave a grain of dust to salute You.

Pieces of my heart flow through my eyes as tears—
I know that they have yet to become perfectly clear.

I don't find any way to console my heart in its madness for You—
How can I pass the rest of my life in separation?

Why should I continue to live when there is no joy in my life?
As soon as You departed the light faded from my heart.

If I had become the dust at Your feet I would not have wept like this,
But I have yet to acquire the simplicity of dust.

Oh Bhau, my heart cannot be consoled. What should I do?
How can I find Him who is my life and everything for me?

【 Commentary on Ghazal 】
In the relationship of lover and Beloved, when the lower self is crushed the lover wishes to die, but cannot. This state is described as the "most terrible state of all."

GHAZAL TWENTY-ONE

나의 전부인 그를 어떻게 찾을 수 있나요?

오~ 메헤르, 왜 미소의 바늘로 내 가슴을 찌르시나요?
왜 당신의 얼굴을 감추고 나의 인생을 짓밟는가요?

나는 더 이상 삶에는 관심도 없고 걱정도 없지만—
모든 게 뭉개져도 당신께 드릴 먼지 한 톨은 남겨두어요

내 심장의 조각들은 눈을 통해 눈물로 흘러가지만—
난 알아요 그들이 아직 완전히 깨끗하지 않음을

당신을 향한 광기에 내 가슴을 위로할 방법이 없네요—
어찌하면 남은 인생을 헤어짐 속에서 살아갈까요?

내 삶에 기쁨이 없는데 왜 계속 살아야 하나요?
당신이 떠나는 순간 내 가슴의 빛도 시들었어요

당신의 발에 먼지가 되었다면 이렇게 울지는 않았겠죠
그러나 나는 여지껏 먼지의 단순함도 얻지 못했어요

오~ 바우지, 위로받지 못한 내 가슴은 어찌해야 하나요?
내 삶과 나의 전부인 그분을 어떻게 찾을 수 있을까요?

【 가잘에 대한 해설 】
러버와 비러벳과의 관계에서, 자아가 낮아지면 러버는 죽고 싶어도 죽을 수 없습니다. 이 상태는 "모든 것 중 가장 끔찍한 상태"라고 묘사됩니다.

THE MOST TERRIBLE STATE OF ALL

Oh heart, full of pain, what should I do?
Oh heart, full of wounds, what should I do?
Oh Meher, You made room in my heart and then went away.
You created palpitations for me and now You are resting.

You made my heart the treasure of Your worship—
What can I say? You made me fight myself within.

Oh Meher, You rest and remain aloof, and allow me to drown in restlessness for You!
Oh heart, full of pain, what should I do?
Oh heart, full of wounds, what should I do?

Oh Meher, my heart cries that You are Here and here now.
But my eyes are searching, calling, "Where, where, where?"
Yet my spirit knows that You are here, there and everywhere.

Who will take me where I cannot go on my own?
Who will console my heart in its utter madness for You?
Oh heart, full of pain; what should I do?
Oh heart, full of wounds; what should I do?

I cannot live and I cannot die—this is the most terrible state of all.
How can I forget Your remembrance embedded so deep in my heart?

End my patience with the warmth of Your smile—
Your mercy is not bled by seeing my state.

Oh Bhau, I am a broken-hearted man; tell me, what should I do?
Tell me, what should I do?
What should I do when there is no cure?

【 Commentary on Ghazal 】
Consciousness here means one's worldly consciousness and one has to become "unconscious" of this worldliness in order to gain Real Consciousness, meaning the Realization of God's Consciousness.

GHAZAL TWENTY-TWO

세상 가장 끔찍한 상태

오~ 고통으로 가득 찬 심장, 어찌해야 하나요?
오~ 상처투성이인 가슴, 어찌해야 하나요?
오~ 메헤르, 당신은 내 가슴속에 둥지를 틀고 가버렸어요.
당신은 나를 설레게 하고선 지금은 쉬고 있네요.

나의 가슴을 당신의 숭배의 보물로 만든 당신—
내가 뭐라 하겠어요? 내 자신과 싸우게 될 줄을

오~ 메헤르, 계속 냉담하게 계시고 당신을 위해 지쳐 죽도록 놔두세요!
오~ 고통으로 가득 찬 심장, 어찌해야 하나요?
오~ 상처투성이인 가슴, 어찌해야 하나요?

오~ 메헤르, 내 가슴은 당신이 바로 여기 지금 여기 있다고 울부짖지만
내 눈은 "어디에, 어디에서, 어디인가요?"라고 부르며 찾고 있어요
아직 내 영혼은 당신이 여기나 저기나 어디에나 있음을 알고 있어요

내가 혼자서는 갈 수 없는 그곳에 누가 나를 데려 갈까요?
당신을 향한 나의 미쳐버린 가슴을 누가 위로할까요?
오~ 고통으로 가득 찬 심장, 어찌해야 하나요?
오~ 상처투성이인 가슴, 어찌해야 하나요?

나는 살 수도 없고 죽을 수도 없네요—세상 가장 끔찍한 상태로 이렇게
내 가슴속 깊이 박힌 당신의 추억을 어떻게 하면 잊을 수 있을까요?

당신의 미소의 따스함으로 내 인내심을 끝내 주세요—
당신의 자비는 나의 상태를 보살핀다고 죽지 않아요

오~ 바우지, 깨진 가슴을 가진 난; 말해 보세요, 어찌해야 하나요?
말해 보세요, 어찌해야 할까요?
치료법이 없을 때는 나는 어찌해야 할까요?

【 가잘에 대한 해설 】
여기서 의식은 자신의 세속적인 의식을 의미하며, 신의 의식인 깨달음을 의미하는 참된 의식을 얻기 위해서는 이 세속적인 세상에 대해서 "무관심적"이 되어야 합니다.

PAIN AND STRIFE TEARING AT MY HEART

That gathering of lovers seen until now is not seen today.
That shore which once embraced the ocean is not seen today.

Nothing happened, nothing happens and nothing will every happen.
So what then is this pain and strife tearing at my heart?

I would have forgotten everything and also forgotten this suffering,
But the dilemma is that I have not become unconscious of my consciousness.

Oh Meher, why did You turn away and hide Yourself from me?
Do You think that my heart is a stone without feeling?

Remain before me so that I may continue to gaze at You.
This is the only destination to reach—I have no other.

All these years I have been seeing spring and feeling its freshness,
But now I know that the roasting summer too is a part of my destiny to reach You.

Oh Bhau, I bowed my neck for the Executioner's blow
But alas! He turned away and hid His sword.

【 Commentary on Ghazal 】
Pain and Strife Tearing at my Heart

GHAZAL TWENTY-THREE

고통과 불화가 나의 심장을 찢나니

이제껏 함께했던 러버들의 모임은 오늘 볼 수가 없네요
언젠가 바다를 품었던 그 해안은 오늘 보이지 않네요

아무것도 일어나지 않았고, 일어나지 않으며, 일어나지 않을 텐데
고통과 불화가 나의 심장을 찢어 놓는 이유는 무엇인가요?

모든 것을 잊어버리고 이 괴로움마저 잊어버리려 했지만
그러나 딜레마는 잊으려 한 나의 의식마저 잊어버렸네요

오~ 메헤르, 왜 당신은 나를 외면하고 자신을 숨기셨나요?
당신은 나의 심장이 감각도 없는 돌덩이라 여기셨나요?

당신은 내가 계속 바라볼 수 있도록 내 앞에 남아 주세요
여기가 나의 유일한 목적지예요— 내겐 다른 곳은 없어요

모든 세월 동안 봄을 보고 그 신선함을 느끼고 있지만
불타는 여름도 당신에게 닿기 위한 내 숙명의 일부였음을 알아요

오~ 바우지, 나는 망나니의 일격을 위해 내 목을 숙였지만
아~ 슬프네요! 그는 돌아서서 그의 칼날을 감추었어요.

【 가잘에 대한 해설 】
고통과 분쟁으로 가슴이 찢어집니다

I WILL NOT LEAVE YOUR THRESHOLD

Oh Meher, reveal to me where I should go after leaving Your threshold.
I am sitting here only to die; I will not leave it under any circumstances.

The movements of Your Silence guided me toward the path.
What have I to do with God? I long to see the movements of Your Silence.

I do not want to become the Ocean, I only care about the Shore;
For that Shore will take me back to the Beyond.

How can I describe the crumbling of my foundations?
My heart neither burns nor is extinguished—my life, like a moth, is choking.

Oh Meher, where have You hidden Yourself in my terribly wounded heart?
You call it a blessing— but it is now impossible for me to live anymore.

You accepted me and embraced me, then kicked me out.
Oh Bhau, how can I complain to Him when He is completely deaf to me?

【 Commentary on Ghazal 】

Meher Baba's Silence was for His universal work, and therefore it was an active silence. He did more in His Silence than with His words. The "movements of His Silence" works to annihilate the noise of the unnecessary and unnatural impressions of the world. Ocean here means God, and Shore refers to God and His creation-consciousness. Ocean is Impersonal God not involved in the worlds of illusion; Shore is Personal God involved in and working in the worlds of illusion, namely the Avatar and Perfect Masters. The Avatar and Perfect Masters can work for all things and beings in the Universe, whereas God as God cannot.

GHAZAL TWENTY-FOUR

난 당신의 문지방을 떠나지 않아요

오~ 메헤르, 당신의 문지방을 떠난 뒤 어디로 가야 할지 알려주세요
단지 죽기 위해 여기 앉았을 뿐; 어떤 상황에도 떠나지 않아요

당신의 침묵의 동작만이 나의 길을 안내하고 있기에
신이 무슨 상관인가요? 당신의 침묵의 동작만을 보고 싶어요

나는 바다가 되고 싶지 않아요, 단지 해안만 돌보고 싶을 뿐
그 해안은 나를 초월의 상태로 데려갈 테니

나의 재단이 무너지는 것을 어떻게 설명할 수 있겠어요?
심장은 타지도 않고 꺼지지도 않고—내 삶은 나방처럼 질식할 지경인데

오~ 메헤르, 내 심장의 지독한 상처 속에 숨어든 당신은 어디에 계시나요?
그것이 당신의 은총이라 하지만—나는 더 이상 이렇게는 살 수가 없네요

당신은 나를 받아주고 나를 안아주시더니 나를 쫓아냈어요
오~ 바우지, 나의 불평에 완전히 귀를 닫은 그에게 어떻게 불평을 하죠?

【 가잘에 대한 해설 】
메허바바의 침묵은 그의 우주적인 작업을 위한 것이었고, 따라서 그것은 적극적인 침묵이었습니다. 그는 그분의 말씀보다 그분의 침묵 속에서 더 많은 일을 하셨습니다. "그의 침묵의 움직임"은 세상의 불필요하고 부자연스러운 인상의 잡음을 전멸시키기 위한 작용을 합니다. 여기에 바다는 신을 의미하며 해안은 신과 그의 창조 의식을 의미합니다. 바다는 환영의 세계에 관여하지 않는 비인간적인 신입니다. 해안은 환영의 세계에 참여하고 일하는 개인적인 신입니다. 즉 아바타와 완전한 스승입니다. 아바타와 완전한 스승은 우주의 모든 사물과 존재들에 대해 일할 수 있는 반면, 비인간적으로서의 신은 할 수 없습니다.

WHAT A DESOLATE LIFE IS THIS WITHOUT YOU!

What a desolate life is this without You!
Without You there is nothing but insufficiency and deficiency.

What a light exists in Your Silence!
It is seen infinitely in Oneness.

How can I know the attribute of Your Silence?
My mind has not become completely still and quiet.

Wine flows from Your Silence,
But the noisy world is not thirsty to drink it.

The rays of Your wine are spreading throughout the chaotic world.
The moment the world's thirst drinks these rays
then it will be the beginning of NOW.

There are some who carry a bowl full of wine for others,
Knowing that to make others drink wine is the duty of love.

When the noisy world drinks wine, it will experience that Your Silence speaks,
And speaks to silence the minds of all.

Oh Meher, Your Silence contains the Word of words—
But Your Silence is the Ocean, not the shore.

Oh people, quiet down—stop moving—
And see what His Silence speaks.

Oh Meher, listen to my heart! Lift the veil from my form!
Oh Bhau, His Silence is also veiled; without lifting it you cannot hear its sound.

【 Commentary on Ghazal 】

The beginning of NOW means the starting of a new world order in Meher Baba's love for the new humanity.

The active silence of the Avatar wipes out the unnecessary noise of individual minds. This act is considered the "speaking of His Silence."

Though the Beloved Avatar works in Silence, the ignorant mind cannot know what work He really does — this work can only be known when the veil of ignorance is lifted. Because this veil is a veil of ignorance, until the veil is lifted it appears that Baba's Silence is veiled; meaning unbroken.

GHAZAL TWENTY-FIVE

당신 없이 사는 삶이 이 얼마나 외로운가!

당신이 없는데 이 얼마나 황량한 삶인가요!
당신이 없으면 부족과 결핍밖에 없으니

당신의 침묵 속에는 어떤 빛이 있나요!
그것은 하나 됨 안에서 무한히 보이죠.

내가 어떻게 당신의 침묵의 속성을 알까요?
고요하게 머무를 수 없는 나의 마음으로

와인은 당신의 침묵 속에서 흘러나오지만
시끄러운 세상은 그것에 갈증이 없네요

당신의 와인의 빛살은 혼돈의 세상에 퍼져 나가고
세상의 갈증이 이 빛살을 마시는 순간
바로 지금부터 시작이 있게 되죠

누군가를 위해 가득 찬 와인병을 들고 다니는 사람은
타인에게 와인을 마시게 하는 사랑의 의무를 알아요

시끄러운 세상이 와인을 마실 때, 당신의 침묵의 말을 느끼겠죠,
그리고 모든 사람의 마음을 침묵시키기 위해 당신은 말하겠죠.

오~ 메헤르, 당신의 침묵은 모든 단어들의 말씀을 담고 있어요—
그러나 당신의 침묵은 해안이 아니라 바다일 테죠.

오~ 인간들이여, 조용한 침묵 속에—움직임을 멈추고—
그의 침묵이 무엇을 말하는지 보세요.

오~ 메헤르, 내 심장을 들어 보세요! 내 형체에서 베일을 벗기세요!
오~ 바우지, 그의 침묵인 베일을 들추지 않으면 그 소리는 들을 수 없어요

【 가잘에 대한 해설 】
지금의 시작은 새로운 인류에 대한 메허바바의 사랑에 새로운 세계질서의 시작을 의미합니다. 아바타의 적극적인 침묵은 개인적인 마음의 불필요한 소음을 말끔히 씻어냅니다. 이 행위는 "그의 침묵의 말씀"으로 여겨집니다. 비록 비러벳 아바타는 침묵 속에서 일하지만, 무지한 마음은 그분이 실제로 어떤 일을 하시는지 알 수 없습니다. 이 일은 무지의 베일이 벗겨질 때만 알 수 있습니다. 이 베일은 무지의 장막이기 때문에 베일이 벗겨질 때까지 바바의 침묵은 베일에 싸여 있어 중단되지 않는다는 뜻입니다.

WHAT DIFFICULTY MY HEART IS FACING

Oh Meher, You have stolen the friendship of my only companion,
And now my heart has become a murderer to me.

The arrow of all arrows has pierced my chest,
But since it has come from You, my mad heart enjoys its company.

Walking in the Beloved's footsteps turns life into fire,
Yet my heart finds rest in the burning pain of longing.

What wonderful wine is flowing through Your beautiful glance, oh Beloved!
By only one taste of that wine my heart has become mad.

Oh Beloved, don't bestow this life of love even to my enemies—
At first the pain was eating my heart, but now my heart is eating me.

Oh Meher, be gentle and take me to the destination with care.
What a calamity! What tribulation! What difficulty my heart is facing!

Pain is now my rest and every breath in life.
I have no choice—I am going where my heart is taking me.

The wine of restlessness alone is the wine that gives rest.
I am a drunkard unaware of everything but my heart's awareness of Meher.

Oh Bhau, what can I tell you about the burning of this love?
My heart has drowned me in an Ocean of fire but continues to beat.

【 Commentary on Ghazal 】
Each act of the Beloved for the lover is like an arrow; therefore that arrow which makes a deep wound in the heart is called the "arrow of arrows." When the heart is wounded by the Beloved's arrow the lover longs for the wound to become deeper and deeper. When the lover burns in the fire of love he hopes to turn into ashes, and when he turns into ashes he then longs for union with the Beloved. So the ash is not the final state of love – the longing for union and Realization remains. This is why, though the heart has drowned in the Ocean of fire," it continues to beat.

GHAZAL TWENTY-SIX

내 가슴이 어떤 고달픔을 겪든지

오~ 메헤르, 내 유일한 동반자의 우정을 훔쳐 간 당신
그리고 이제 내 심장은 내 자신을 죽이려고 하네요

모든 활들의 화살이 날아와 나의 심장을 꿰뚫어 버려도
당신에게서 온 것이기에 내 미친 가슴은 그와 함께함을 즐기죠

비러벳의 발자국을 따라 걷는 것은 삶을 불태우지만
내 가슴은 갈망의 불타는 고통 속에서 안식을 찾겠죠

당신의 아름다운 눈빛 사이로 흐르는 황홀한 와인, 오~ 비러벳!
단 한 번이라도 그 와인의 맛을 본다면 나의 가슴은 미쳐버리죠

오~ 비러벳, 이 사랑의 삶을 적들에게까지 주지는 마세요—
처음에는 고통이 내 심장을 먹었지만 이제는 심장이 내 자신을 먹네요

오~ 메헤르, 부드럽게 나를 안아 당신의 목적지까지 데려다주세요
재앙이 무엇이든! 시련이 무엇이든! 내 가슴이 겪는 고달픔이든!

고통은 이제 나의 안식처가 되었고 내 삶의 모든 숨결이 되었어요
나는 선택의 여지도 없이— 내 가슴이 데려가는 곳으로 가고 있어요

안절부절못하게 만드는 와인만이 그런 안식을 주는 와인이죠
난 아무것도 모르는 술꾼이지만 내 가슴은 메허를 알아채고 있어요

오~ 바우지, 이 불타는 사랑에 대해 내가 무슨 말을 할 수 있을까요?
나의 심장은 불바다 속에 빠져 익사했지만 맥박은 계속 뛰고 있네요

【 가잘에 대한 해설 】
러버를 위한 비러벳의 행동은 화살과 같습니다. 그러므로 가슴에 깊은 상처를 주는 그 화살을 "활들의 화살"이라고 부릅니다. 비러벳의 화살에 가슴이 다치면 러버는 상처가 갈수록 더 깊어지기를 간절히 바랍니다. 러버가 사랑의 불길에 타면 그는 재로 변하기를 바라며, 재로 변하면 그는 비러벳과 합일하기를 갈망합니다. 그래서 재는 사랑의 마지막 상태가 아닙니다 – 합일과 깨달음에 대한 갈망만이 남아 있습니다. 이때문에, 심장이 불바다에 빠져들었음에도 불구하고, 그것은 계속해서 뛰고 있습니다.

HOW TO SEE YOU IN THIS DARKNESS

Oh Meher, these days I remember You and no one except You,
But still You never ask what I am passing through these days.

You embraced me, made me Yours, then turned Your back—
These days I cannot see You through this veil of tears.

You are never separate from anyone; You are in all.
My only problem these days is to find the eye to see You.

When You went away, spring faded in blazing summer before my eyes.
How to see You in this darkness is my sole concern these days.

When You went away I later realized that You had manifested
But I was asleep and missed the dawning of Your glory.

Oh Purest of the pure! You are stainless, but I am stained.
Cleanse me so I can be united with You these days.

Oh Bhau, why ask me what the Beloved is like?
He is matchless! How can I say that He is like "this" or "that?"

【 Commentary on Ghazal 】
Manifested here means God descended on earth in human form.

【 remark 】
By the mind's false thinking, whatever impressions are created in it are called sanskaras. Sanskaras are stored in the individual mind(in seed form) and according to the connection of the sanskaras mind forms a subtle body(in germinating energy form), and according to the connection of the sanskaras in subtle form a gross body is formed from the subtle body. The subtle and gross bodies formed according to the connection of the sanskaras in the mind compel the mind to think falsely ("I am this, I am that"). –The Nothing and The Everything

GHAZAL TWENTY-SEVEN

이 어둠 속에서 어떻게 당신을 볼 수 있나요

오~ 메헤르, 요즘 나는 당신 외에는 아무도 기억이 나지 않는데
아직도 당신은 결코 내가 무슨 일을 겪고 있는지 묻지 않네요

나를 포옹한 당신, 날 당신의 것으로 만들고는 등을 돌렸군요—
이 눈물의 베일로 인해서 요즘 나는 당신을 볼 수가 없어요

당신은 누구와도 분리된 적이 없어요; 모두 안에 당신이 있기에
요즘 나의 유일한 문제는 당신을 볼 수 있는 눈을 찾는 일이에요

당신이 떠났을 때 내 눈앞에서 봄은 불타는 여름속으로 사라졌어요
요즘 나의 유일한 관심사는 이 어둠 속에서도 당신을 보는 일이에요

당신이 떠났을 때 나는 나중에 당신이 나타났음을 깨달았지만
나는 잠들어 있었고 당신의 영광의 새벽을 놓치고 말았어요

오~ 완전한 순수함이여! 당신은 때가 없지만 난 얼룩투성이네요
내가 당신과 합일할 수 있도록 이제 나의 얼룩들을 지워주세요

오~ 바우지, 왜 비러벳에 대해서 내게 묻는 건가요?
독보적인 그를! 내가 "이렇다" "저렇다" 어떻게 말할 수 있을까요?

【 가잘에 대한 해설 】
여기에 명시된 것은 신이 인간의 형태로 지상에 내려 왔음을 의미합니다.

【 주석 】
마음의 거짓된 생각으로, 그것에서 창조되는 어떤 인상이든지 산스카라들이라 말합니다. 산스카라들은 개인적인 마음에(씨앗의 형태로) 저장되며 산스카라들의 연결에 따라 마음은 에너지체를 형성하고(발아되는 에너지 형태로), 그리고 이 연결에 따라 에너지적인 형태의 산스카라들은 에너지체에서 육체가 형성됩니다. 에너지체와 육체는 마음에서 산스카라들의 연결에 따라 거짓된 생각을 하도록 마음을 강요합니다.("나는 이것이다, 나는 그것이다").– 무와 유

YOU ARE IN EVERYONE

Oh Meher, You are formless and with form! Victory to You!
You are Ram, You are Krishna, You are the Avatar. Victory to You!

You are Khuda, Yezdan, and Prabhu. You are Allah, God, and Paigambar.
You are Ahurmazda. You are the Doer. Oh Meher, victory to You!

You are Buddha, and Jesus the Christ. You are Ishwar, and Paramatma.
You are the only Protector. Oh Meher, victory to You!

You ever were, ever are and ever will be. You are in everyone.
You are the Beginning and the End, and You are also beyond both.
Oh Meher, victory to You!

You are Brahma, and Parabrahma. You are Abraham and You are the only Beloved.
You are worthy of worship. You are within everyone. Oh Meher, victory to You!

Because You ever are, all animate and inanimate exist.
You are the Lord of the Divine Game. Oh Meher, victory to You!

Oh Bhau, play with Him in His game,
And you will see His victory.

【 Commentary on Ghazal 】
Paigambar means the Messenger of God.

【 remark 】
The Parvardigar Prayer is the common name of a prayer composed by Meher Baba. It was originally called the Master's Prayer or the Universal Prayer. Meher Baba composed the prayer in Dehradun, India, in August 1953 and made it public on September 13, 1953.

GHAZAL TWENTY-EIGHT

모두 안에 있는 당신

오~ 메헤르, 형태이면서 형태가 없는 당신! 당신에게 영광이!
당신은 람이며, 크리슈나이며, 아바타이신 당신에게 영광이!

당신은 쿠다, 예즈단, 프라부, 당신은 알라, 신, 그리고 신의 사자
당신은 아후라마즈다이며, 행위자이신, 오~ 메헤르, 당신에게 영광이!

당신은 부처, 예수 그리스도, 당신은 이슈와르, 파라마트마
당신은 유일한 보호자이시니, 오~ 메헤르, 당신에게 영광이!

항상 있었고 언제나 있으며 앞으로도 있을 당신, 모든 사람 안에 있는 당신
당신은 시작이자 끝이며 그것마저도 초월한 당신
오~ 메헤르, 당신에게 영광이!

당신은 브라흐마, 파라브라흐마, 당신은 아브라함이며 유일한 비러벳
예배에 합당한 당신은 모두 안에 계시니 오~ 메헤르, 당신에게 영광이!

당신의 존재로 인해서 모든 생명체와 무생물이 존재하기에
당신은 신성한 게임의 제왕, 오~ 메헤르, 당신에게 영광이!

오~ 바우지, 그분의 게임 속에서 그분과 함께 즐기세요.
그러면 당신은 그의 승리를 보게 될 테니까요

【 가잘에 대한 해설 】
파이감바(Paigambar)는 신의 사자를 의미합니다.

【 주석 】
'파르와르디가르 기도문'은 메허바바가 지으신 기도문의 이름입니다. 원래는 '마스터의 기도' 또는 '우주의 기도'라 불렸습니다. 메허바바는 이 기도문을 1953년 8월 인도 데라둔에서 지으셨으며, 1953년 9월 13일에 공표하셨습니다.

『The Parvardigar Prayer』

O Parvardigar! The Preserver and Protector of All,
You are without beginning and without end.
Non-dual, beyond comparison,
and none can measure You.
You are without color, without expression,
without form and without attributes.
You are unlimited and unfathomable;
beyond imagination and conception;
eternal and imperishable.
You are indivisible;
and none can see you but with eyes divine.
You always were, You always are, and You always will be.
You are everywhere, You are in everything, and
You are also beyond everywhere and beyond everything.
You are in the firmament and in the depths,
You are manifest and unmanifest;
on all planes and beyond all planes.
You are in the three worlds,
and also beyond the three worlds.
You are imperceptible and independent.
You are the Creator, the Lord of Lords,
the Knower of all minds and hearts.

『 파르와르디가르 기도문 』

오, 파르와르디가르! 모든 것의 수호자며 보호자시여,
당신은 시작도 끝도 없고
비이원적이며 비교를 넘어서 있어
그 누구도 당신을 측정할 수 없습니다.
당신은 색상도 표현도 없으며
형상도 속성도 없습니다.
무한하고 불가해하며
상상과 개념을 넘어서 있으며
영원불멸합니다.
당신은 나누어질 수 없고
신성의 눈이 아니면 그 누구도 당신을 볼 수 없습니다.
당신은 언제나 있었고, 언제나 있으며, 언제나 있을 것입니다.
당신은 어디에나 있고, 모든 것 안에 있으나
모든 곳과 모든 것을 넘어서 있습니다.
당신은 높은 하늘과 깊은 땅에도 존재하며
발현되는 동시에 발현되지 않으며
모든 경지에 있으면서 모든 경지를 넘어서 있습니다.
당신은 삼계의 세상들 안에 있으면서
또한 삼계의 세상을 넘어서 있습니다.
당신은 인식을 넘어서 있으며 독자적입니다.
당신은 창조주, 왕중의 왕,
모든 마음과 가슴을 아는 분입니다.

You are Omnipotent and Omnipresent.

You are Knowledge Infinite, Power Infinite and Bliss Infinite.

You are the Ocean of Knowledge, All-knowing, Infinitely-knowing;

the Knower of the past, the present and the future;

and You are Knowledge itself.

You are all-merciful and eternally benevolent.

You are the Soul of souls, the One with infinite attributes.

You are the Trinity of Truth, Knowledge and Bliss;

You are the Source of Truth, the Ocean of Love.

You are the Ancient One, the Highest of the High.

You are Prabhu and Parameshwar;

You are the Beyond God and the Beyond-Beyond God also;

You are Parabrahma; Allah; Elahi; Yezdan;

Ahuramazda, and God the Beloved.

You are named Ezad, the Only One Worthy of Worship.

당신은 전능하고 편재하며

무한한 지식, 무한한 파워, 무한한 지복입니다.

당신은 진리의 바다, 모든 앎, 무한한 앎

과거와 현재와 미래를 아는 자

앎 그 자체입니다.

당신은 대자대비하고 영원히 자비로우며

영혼들의 대영혼, 무한한 속성을 지닌 바로 그분입니다.

당신은 진리, 지식, 지복과 삼위일체로

진리의 근원, 사랑의 대양입니다.

당신은 높은 중에 가장 높은, 고대의 그이입니다.

당신은 프라부와 파라메슈와르,

초월의 신이면서, 초월-초월의 신입니다.

당신은 파라브라흐마, 알라, 엘라히, 예즈단이며,

아후라마즈다, 비러벳인 하느님입니다.

당신은 에자드라 불리며, 숭배받아 마땅한 유일한 존재입니다.

【주석】

* the three world는 삼계(물질계,에너지계,정신계)를 말합니다.

* 진리의 바다(Ocean of Knowledge) : 정확한 번역은 '참지식의 바다'며, 시적으로 의역하였습니다. 소문자로 시작되는 'knowledge'는 '세속적 지식'을 의미하는 데 반해, 대문자로 시작되는 'Knowledge'는 '참된 지식, 영원하고 절대적인 진리에 대한 올바르고 완전한 앎'을 의미합니다.

* 신 = God = Brahma
* 초월의 신 = Beyond God = Parabrahma
* 초월-초월의 신 = Beyond-Beyond God = Paratpar Parabrahma

 ; 무궁무진한 신의 존재 상태(the infinitude state of God-Is), 신의 가장 근원적인 상태, 즉 실재(實在)를 가리키는 말입니다.

창조의 시작 너머에 다른 신의 상태가 존재하지 않을 때, 오직 가장 독창적인 무한의 상태(즉, "하나님이 존재" 상태)만이 신의 초월을 넘어선 상태로 우세했습니다.『When there were no other states of God in the beyond the beginning of the Beginning, only the most-original infinite state of God (that is, "God-Is" state) prevailed as the Beyond-Beyond state of God.』이것은 속성도 아니고 속성 없음도 아니며, 형태도 아니고 형태 없음도 아닌 하나님의 존재 안에서의 상태입니다.『This is the state in which God is neither attributeless nor with attributes, neither formless nor with forms.』-자세한 내용은 『신은 말한다-God speaks』에 나와 있습니다.

HOW CAN WE KNOW THE SECRET

Though You are in form, You are truly formless.
So why did You maintain my form when You dropped Yours?

Burn my body and my clothes and make me Eternal and Imperishable.
Oh Lord Meher, the Ocean of Silence! Listen to my prayer.

You are birthless yet You are born age after age.
How can we know this secret through the links of the chain?

Oh Lord, shower Your grace on us; we are full of sins.
Oh Lord Meher, the Ocean of Silence! Listen to my prayer.

We welcome You, oh Lord, with our tears.
Burn the knot into ash and take birth in us.

Oh Bhau, follow the Beloved at the cost of your life—
Die completely so that He can take birth in You.
Oh Lord, Meher, the Ocean of Silence! Listen to my prayer.

【 Commentary on Ghazal 】
"Links of the chain" refers to the chain of births and deaths. As long as this chain exists one remains in ignorance and cannot experience the birthless and deathless state of God.

GHAZAL TWENTY-NINE

우리가 어떻게 비밀을 알 수 있나요

당신은 형상을 통해 있지만 당신의 실체는 형상이 없네요
어찌하여 당신의 형상을 떨구어 나에게 형태를 주셨나요?

나의 몸과 옷을 태우고 나를 영원하고 불멸하게 만드는
오~ 주님이신 메헤르, 침묵의 바다여! 나의 기도를 들으세요

당신은 아직 태어나지 않았지만 당신은 언젠가 환생하겠죠
인연의 사슬을 통해 어떻게 이 비밀을 알 수 있을까요?

오~ 주님, 죄악에 가득한 우리에게 은총을 베풀어 주세요
오~ 주님이신 메헤르, 침묵의 바다여! 나의 기도를 들으세요

오~ 주님, 눈물을 흘리며 당신을 환영하는 우리에게
인연의 매듭을 태우고 우리들 속에서 환생하소서

오~ 바우지, 당신의 생명을 걸고 비러벳을 따르세요—
그분이 당신 안에서 태어날 수 있도록 그분께 완전히 죽으세요
오~ 주님이신 메헤르, 침묵의 바다여! 나의 기도를 들으세요

【 가잘에 대한 해설 】
"사슬의 고리"는 출생과 사망의 사슬을 의미합니다. 이 사슬(인연의 고리)이 존재하는 한 사람은 무지속에 남아 태어나지도 않고 죽지도 않는 신의 상태를 경험할 수 없습니다.

I AM WOUNDING MY HEART

Why did You turn Your face away? What did I do?
I gave my heart to You and made You mine.

I do not understand this mystery, though I have tried and tried.
Who is the one with the veil—You or I?

I find every grain withered and rotting without Your light.
I am fully convinced of this after observing every grain minutely.

Oh Gardener, where did You go? The beds are barren without You.
Come again and manifest! I have repented—bring spring to this desert of my faults.

Oh Lord where are You? Oh my Beloved Meher, where are You?
As a call to You, I am wounding my heart.

Oh Bhau, no medicine can cure me now or give me relief
Because I have made pain itself my dearest companion.

【 Commentary on Ghazal 】
The lover is veiled and because of it he cannot see the Beloved, Who is veil-less. In ignorance the lover complains, "Is the Beloved veiled or am I?"

GHAZAL THIRTY

상처 입은 나의 가슴

왜 얼굴의 방향을 돌리시나요? 내가 무엇을 하였기에?
당신에게 나의 가슴을 주고 당신을 내 것으로 만들었어요

모든 시련을 견디고 참아왔지만 이 미스테리를 이해할 수 없네요
정녕 베일을 쓴 사람이 누구인지—당신인가요? 아니면 나인가요?

당신의 빛이 없으면 모든 새싹은 시들고 썩어가는 것을 알아요
모든 새싹을 주의 깊게 살펴본 후라면 이것을 확신할 수 있지요

오~ 정원사여, 당신은 어디로 갔나요? 당신 없이는 척박한 화단들
다시 와서 나타나세요! 난 뉘우쳤어요—내 잘못의 이 사막에 봄이 오기를

오~ 주여 어디 있나요? 오~ 나의 비러벳 메헤르 당신은 어디 있나요?
당신을 애타게 부르는 만큼 나의 가슴에도 상처를 입어요

오~ 바우지, 어떤 약도 지금 나를 치유할 수 없어요, 나를 구제할 수 없어요
고통 그 자체가 이미 나의 가장 소중한 동반자가 되었기 때문이에요

【 가잘에 대한 해설 】
러버는 베일에 가려져 있고, 이때문에 베일이 없는 비러벳을 볼 수가 없습니다. 무지 속에서 러버는 "비러벳이 베일에 쌓여 있는지? 내가 베일에 쌓여 있는지?"라고 불평하고 있습니다.

I CARE ONLY FOR THE BELOVED

If the world discards me what do I care?
The world does not know that I care only for the Beloved in my heart.

I don't know how to pass the roasting days of summer that You have destined for me.
My every breath aches, "Oh Beloved, I am waiting for You."

All my companions turned against me when You went away,
And I am living knowing fully well that You created the situation.

These days I am fated with poison from all sides—
All I can do, in my helplessness, is drink it as my fate.

Oh Meher, I am living now, thinking and knowing in faith that You trust me,
So I do not hesitate to drink the poison.

Oh Bhau , you have surrendered your life to the Beloved.
Now what right do you have left to your own life?

【 Commentary on Ghazal 】
When one's surrender to God is complete the lover cannot have any thought about his own life; if he does his surrender to God is not total. He is still attached to something illusory. When one surrenders one's life to the Beloved, one no longer has right to it.

GHAZAL THIRTY-ONE

나의 걱정은 오로지 비러벳 뿐

세상이 나를 버린다면 나는 무엇을 걱정해야 하나요?
내 가슴 안에는 오직 비러벳만을 걱정하는데 세상은 알지 못해요

당신이 정한 불타는 여름의 숙명을 어떻게 넘어갈지 모르지만
매 순간 고통의 호흡으로 "오~ 비러벳, 나는 당신을 기다려요"

당신이 가버리자 친구들은 모두 내게 등을 돌렸죠
당신이 만든 상황임을 잘 알면서도 살아가고 있네요

요즘 나는 사방에서 독약에 곁들인 운명에 처해 있어요—
무력함 속에 내가 할 수 있는 전부는 그것을 운명처럼 마시는 것뿐

오~ 메헤르, 당신이 신뢰한다는 믿음의 확신과 생각으로 살아가기에
나는 독약을 마신다 해도 주저함이 없어요

오~ 바우지, 비러벳에게 당신의 목숨을 내줬군요
이제 당신 자신의 삶에 어떤 권리가 남아 있나요?

【 가잘에 대한 해설 】
신에게 항복할 때, 러버는 그 자신의 삶에 대해 어떤 생각도 가질 수 없습니다. 그가 신에게 항복할 때 모든 의미부여는 사라집니다. 그가 여전히 환상적인 무언가에 빠져 있을 때 비러벳에게 자신의 삶을 포기한다면, 더 이상 그것(삶)에 대한 권리는 없습니다.

LIFE HAS BECOME LIFELESS

Oh Meher, my life has left me since the day You went away.
What has this life become without You, except completely worthless?

This is not life, but I do not perceive what else it is.
Tears neither fall from my eyes, nor do I smile.

What joy can there be in a life not worth living?
I breathe without blood—calling You with every breath.

Who will now tease me? Who will now love me?
My life is saved only by the remembrance of my Beloved.

I have not yet become a well-baked clay pot—
Oh Beloved, I am afraid that the slightest touch will break it.

I am standing at Your wineshop's door, longing to bow down to You.
Oh Beloved, make me bow since I have no strength to do so.

Oh Beloved, only the blazing summer is before me since You have gone away.
Oh Bhau, this life has become a burden to me and I cannot bear it without Him.

【 Commentary on Ghazal 】
The Beloved Himself is the lover's life — without the Beloved life is lifeless. So when the Beloved leaves the lover his life becomes worthless. This separation is only an expression of love, since in fact the Beloved never leaves.

【 remark 】
One who is real is the Ocean of Bliss. Zero (illusion) is the ocean of misery. It is the agony of all and makes everyone suffer by harassing them. In the Fiery Life by the Grace of God, this zero life is to be set on fire! The Fiery Free Life is not a thing to be understood: it is a thing to be witnessed." –Meher Baba(Source: Lord Meher Indian edition Vol.5 page 2697)

GHAZAL THIRTY-TWO

생명이 없는 삶

오~ 메헤르, 당신이 떠나던 날 나의 생명도 날 떠났어요
당신이 없는데 이 쓸모없는 삶에 무슨 가치가 있나요?

이건 삶이 아니죠, 하지만 그것이 다른 무엇인지 인식도 못 해요
눈물은 더 이상 흐르지 않고 웃음도 지을 수 없네요

살아갈 가치가 없는데 삶에 무슨 기쁨이 있겠어요?
피 없이 숨을 쉬지만—모든 호흡이 당신을 불러요

이제 누가 나를 흥분시키죠? 이제 누가 나를 사랑할까요?
나의 삶은 오직 비러벳의 기억에 의해서 구원받을 텐데

나는 아직 잘 구워진 진흙 항아리가 되지 않았기에—
오~ 비러벳, 약간의 손짓으로도 깨질까 두려워요

나는 당신의 와인샵 문 앞에 서서 당신에게 절하고 싶은데
오~ 비러벳, 서 있을 힘도 없으니 날 절할 수 있도록 해줘요

오~ 비러벳, 당신이 떠난 뒤 내 앞에는 불타는 여름만 있어요
오~ 바우지, 짐만 되는 나의 삶에 그 없이는 견딜 수가 없네요

【 가잘에 대한 해설 】
비러벳 자신은 러버들의 삶입니다. 비러벳의 삶은 생명이 없습니다. 그래서 비러벳이 러버들을 떠날 때 그의 삶은 쓸모없게 됩니다. 사실상 비러벳은 결코 떠나지 않으므로 이 이별은 사랑의 표현일 뿐입니다.

【 주석 】
하나(실재)는 더없는 지복의 바다입니다. 제로(환상)는 고통의 바다입니다. 그것은 모두의 고통이며 그들을 괴롭힘으로써 모든 사람들을 고통스럽게 만듭니다. 신의 은총에 의한 불타는 생명 속에서, 이 제로의 삶에 불이 붙을 것입니다. 불타는 자유의 삶은 이해할 수 있는 것이 아닙니다: 그것은 증명되어야 할 일입니다. -메허바바
(출처: 로드 메허 인도판 5권 2697페이지)

YOU HAVE NOW GONE AND HIDDEN YOUR FORM

Oh Meher, now that You have gone away, what will I become by remaining alive?
How will I see Your graceful movements which I have seen until now?

There never seems to be an end to the wounding in my heart.
I do not know how to pass the days of my life in Your separation.

You do not appear to me in the form that I have seen and loved.
Where will I see Your sweet and loving smile?

How can I voice to You the words of my heart
When You have gone and hidden Your form?

You caught me, but now You have forgotten me—
How long must I remain struggling in Your net?

Neither does my breath stop nor is it possible for me to live.
Oh Bhau, what happened to pity; I don't know how long
I can pass through such a dreadful punishment!

【 remark 】
false saints cannot give you anything, while... Walis and Pirs of the fifth and sixth plane can raise you to a higher state with just one look. But that is not the Perfect state, as these advanced souls are not Perfect. At times, even Perfect Masters cannot help those caught in these nets. Therefore, except for the Perfect Ones, do not even by beguiled by the advanced souls of the fifth and sixth planes.(LM4 p1215)

GHAZAL THIRTY-THREE

이제 당신은 가버리고 모습을 감췄네요

오~ 메헤르, 이제 당신은 가버렸는데 내가 살아남아 무엇하나요?
지금까지 보아온 당신의 우아함을 이젠 볼 수가 없나요?

내 가슴의 끝없는 상처는 아물지 않는데
당신과 별거한 뒤로 어찌할 수 없는 내 삶의 나날들

당신은 내가 사랑하며 보았던 모습으로 나타나지 않네요
당신의 달콤하고 사랑스러운 미소는 어디서 볼 수 있나요?

어떻게 당신에게 내 가슴의 말을 전할 수 있나요?
당신은 가버리고 당신의 모습마저 감추었는데요?

나를 붙든 당신, 이제는 나를 잊으셨군요—
얼마나 오래 당신의 그물에서 몸부림쳐야 하나요?

내 호흡은 쉬지도 멈추지도 않아 살아갈 수도 없어요
오~ 바우지, 연민심은 어디로 갔나요; 얼마나 오래일지 모르겠지만
나는 그런 지독한 형벌쯤은 이겨낼 수 있어요!

【 주석 】
거짓 성자들은 당신에게 아무 것도 줄 수 없지만, 5경지 왈리(Walis)와 6경지인 피어(Pirs)는 단 한번 보기만 해도 당신을 더 높은 경지로 끌어올릴 수 있습니다. 그러나 이러한 진보된 영혼들도 아직은 완전하지 않기 때문에 그것은 완벽한 경지가 아닙니다. 때때로 완전한 스승들조차도 이 그물에 걸린 사람들을 도울 수 없습니다. 그러므로 완전한 존재를 제외하고는 5경지와 6경지의 진보된 영혼들에게도 구걸하지 마십시오.(로드메허 전4권 1215 페이지)

THE WORLD IS DANCING TO THE SIGNS OF YOUR FINGERS

Oh Meher, I have no place in this world without You—
Bestow death and end this lost life of pain.

Oh Beloved, I realize You are helpless to come near me—
Your coming will only be when I go away.

I made You famous throughout the world and stayed with You.
So why do You now feel ashamed to show Your face?

My madness on Your path invites the world's scorn;
I swear You are compassionate, but the world laughs at You.

I have been clothed of different colors that I cannot shed—
Only You can easily pull my arms from the sleeves.

Oh Meher, everything is in Your hands; You are truly matchless.
Don't forget the world is dancing every moment to the signs of Your fingers.

Oh Bhau, what should I do? How long can I remain patient?
The Beloved has gone away, leaving only excuses for coming back soon.

【 Commentary on Ghazal 】
Clothes represent different sanskaras from birth to birth. Only You can pull my arms from their sleeves; that is, only You can wipe out the sanskaras. Everything happens according to His will. This is expressed as the world dancing every moment to the gestures of His fingers.

GHAZAL THIRTY-FOUR

당신의 손짓에서 춤을 추는 세상

오~ 메헤르, 당신 없이는 이 세상에 머무를 수가 없어요—
죽음을 제물로 바쳐 이 잃어버린 고통의 삶을 끝내리니

오~ 비러벳, 당신이 내게 다가오지 않음을 깨달았어요—
당신이 올 수 있는 방법은 오직 내가 떠날 때뿐이겠죠

내가 만든 당신의 명성을 통해 당신과 함께 한 세상이건만
어찌하여 당신은 내게 얼굴을 내미는 것이 부끄러운가요?

당신의 길을 가는 나의 광기가 세상의 멸시를 불러오네요
당신의 연민심에 맹세하지만 세상은 당신을 비웃고 있네요

나는 벗을 수 없는 특이한 색깔들로 옷을 입었지만—
오직 당신만이 소매를 잡아 쉽게 날 꺼낼 수 있어요

오~ 메헤르, 진정 독보적인 당신, 모든 것은 당신 손에 있어요
잊지 마세요, 세상은 매 순간 당신의 손짓에서 춤추고 있음을

오~ 바우지, 어찌해야 하나요? 얼마나 버틸 수 있을까요?
곧 돌아온다는 핑계만 남기고 비러벳은 떠나가 버렸네요

【 가잘에 대한 해설 】
옷은 환생을 거듭하면서 드러나는 서로 다른 산스카라를 나타냅니다. 오직 당신만이 그것들의 소맷자락으로부터 내 팔을 끌어낼 수 있습니다. 즉, 오직 당신만이 산스카라를 쓸어버릴 수 있습니다. 모든 것은 그분의 뜻에 따라 일어납니다. 이것은 매 순간마다 그의 손가락의 제스처에 따라 춤추는 세상임을 표현됩니다.

WHEN YOUR REMEMBRANCE FILLS THE HEART

Oh Meher, why don't You manifest? My tears are calling You.
I have been buried alive and won't survive much longer without You.

You won't come and meet me, and I cannot die though it is my desire.
It must be the punishment of my death that makes me live.

When Your remembrance fills the heart, light is found in darkness.
But without Your remembrance light appears as darkness.

What wonder and bewilderment for darkness has devoured light.
How difficult it is now for me to find Your light.

Peace always reigns when there are no wants,
But because of my wants, I am swimming in a sea of troubles.

I am helplessly caught like a fly in a spider's web.
I would rather die, but my struggle in the web keeps me bound and alive.

Oh Bhau, remember that there is a secret in His being cruel—
He once embraced You, but now He forgets you.

【 Commentary on Ghazal 】
The heart of desire is nothing but the heart of darkness, and the remembrance of His light dispels the darkness.

GHAZAL THIRTY-FIVE

당신의 기억으로 가슴을 채울 때

오~ 메헤르, 왜 나타나지 않나요? 당신을 부르는 나의 눈물
산 채로 묻혀 있지만 당신 없이는 더 이상 견딜 수 없어요

만나 주지 않는 당신이지만 나의 갈망은 결코 죽지 않아요
그렇게 죽음의 형벌이 되어 결국 나를 살아가게 하네요

당신의 추억이 가슴에 차오를 때, 빛은 어둠 속에서 드러나죠
그러나 당신의 추억 없이는 빛은 어둠처럼 드리우네요

어둠에 대한 두려움과 혼란은 빛을 집어삼켰어요
지금 내겐 당신의 빛을 찾는 것이 너무나 어려워요

바라는 바가 없을 때는 항상 평화가 지배적이지만
내 바램으로 인해 고난의 바닷속에서 수영을 하죠

거미줄에 걸린 힘없는 파리처럼 날지는 못하지만
차라리 죽을 거라면 거미줄에 저항하며 살겠어요

오~ 바우지, 그의 잔인함에 비밀이 있음을 기억하세요—
그는 한때 당신을 포옹했지만 지금은 당신을 잊었어요

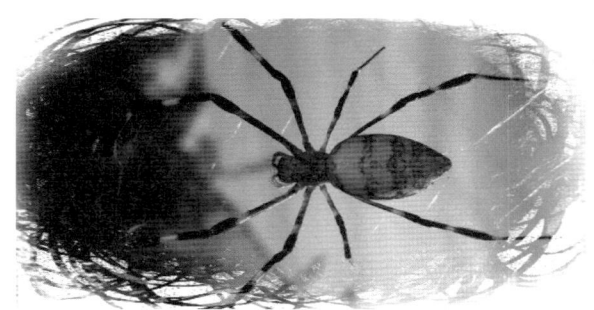

【 가잘에 대한 해설 】
갈망의 가슴은 아무것도 없습니다(無) 하지만 어둠의 가슴이지만 그에 대한 추억의 빛은 어둠을 불식시킵니다.

OH MEHER, VICTORY IS ALWAYS YOURS!

What mischief! You have only turned on Your side,
But You have disappeared from the range of my sight.

Your departure shocked my spirit, but You still live in my heart.
You left the shore to live in the Ocean as the Ocean,
but I shed tears seeing Your absence on the shore.

What should I do? I am in shock without You.
How should I pass through the path now?
Victory is Yours! Oh Meher, victory is always Yours!

My tears are calling You. Why don't You come and manifest?
Won't You make me separate from myself?
Won't You come and live in me?

My life has become a barren desert without You.
Oh Beloved, how long will You let my thirst burn?

Oh Beloved, come, my tears are entreating—
Manifest and give me wine to drink.
Victory is Yours! Oh Meher, victory is always Yours!

Oh Beloved, my tears have dried and my eyes have become fire,
But You are still sleeping in me.

Longing for You does not allow me to live—
There are only thorns in this path without a path.
Oh Beloved, what should I do? How can I come to You?

Oh Bhau, I am burning day and night in the fire of separation.
Only this longing is in me to merge in my Beloved.
Victory Is Yours! Oh Meher, victory is always Yours!

【 Commentary on Ghazal 】
Separation is necessary for Union, and separation is caused through longing for Union. When the longing of separation becomes infinite, Union with the Beloved is achieved.

GHAZAL THIRTY-SIX

오~ 메헤르, 승리는 항상 당신의 것!

장난도 아니고! 당신은 오직 당신의 편만 드는데
당신은 나의 시야의 범위에선 사라져 버렸어요

당신의 떠남으로 충격받은 영혼이지만 아직도 가슴 안에 살아있는 당신
당신은 바다로서 바다에서 살기 위해 해안을 떠났지만,
당신이 없는 해안가를 보면서 나는 눈물을 흘렸어요.

어찌해야 하나요? 당신의 부재에 내가 받은 충격을
이제 내가 그 길을 어떻게 지나갈 수 있을까요?
승리는 당신의 것! 오~ 메헤르, 승리는 항상 당신의 것!

당신을 부르는 나의 눈물에 왜 오려는 조짐도 없나요?
나를 나 자신으로부터 분리시켜 줄 수는 없는 건가요?
당신은 내 안에 와서 살 수는 없는 건가요?

당신이 없는 나의 삶은 척박한 사막이 되었어요
오~ 비러벳, 이 불타는 갈증은 언제까지 갈까요?

오~ 비러벳, 와 주세요. 나의 눈물이 간청하나니—
어서 나타나 나에게 마실 포도주를 주세요
승리는 당신의 것! 오~ 메헤르, 승리는 항상 당신의 것!

오~ 비러벳, 말라붙은 나의 눈물은 불타 오르고 있는데
여전히 당신은 내 안에서 잠만 자고 있네요

당신을 위한 갈망은 내게 삶을 허락하지 않아요—
갈 길이 없는 이 길에는 오직 가시들만 있을 뿐
오~ 비러벳, 어찌하나요? 어떻게 당신에게 갈 수 있나요?

오~ 바우지, 밤낮으로 이별의 불길에 휩싸여 타오르고 있어요
내 안의 이 갈망은 오로지 비러벳과의 합일만을 원할 뿐
승리는 당신의 것! 오~ 메헤르, 승리는 항상 당신의 것이죠!

【 가잘에 대한 해설 】
이별은 합일을 위해 필요합니다. 합일에 대한 갈망으로 인해 이별이 생겨납니다. 분리의 갈망이 무한해지면, 비러벳과의 합일을 달성합니다.

HOW FORTUNATE YOU ARE TO HAVE THE BELOVED

Oh Meher, the gathering of Your lovers has become lifeless without You.
They have forgotten the location of the Ocean the shore, and Your Abode.

You have neither kept me alive nor allowed me to die.
Oh Murderer, who taught You how to cut off a head inch by inch?

You burned the moth only half way, then hid the lamp and became stone-hearted.
How can the half-dead moth find the lamp and be completely consumed?

Avoid me if You must, but at least leave behind Your footprints.
I will come to You by following them and thereby wipe out my false existence.

I can no longer tolerate this empty life on the shore.
I will surrender thousands of my lives at Your feet to drown in the Ocean.

What did I do to make You hide Your beautiful face?
Oh Meher, why did You steal my heart before going away?

Oh Bhau, when you are helpless and hopeless from longing's pain,
How fortunate you will be to have the Beloved who is all-Love and Compassion.

【 Commentary on Ghazal 】
The Beloved wipes out the binding of sanskaras little by little because everyone is attached very firmly to this binding. If all the bindings are cut at once the lover cannot bear the pain, so that's why He cuts off one's head inch by inch.

당신에게 비러벳이 있음이 얼마나 행운인가

오~ 메헤르, 당신 없는 러버들의 모임은 생기를 잃었어요
그들은 해안가의 바다와 당신이 있던 자취를 잊었어요

당신은 나의 삶도 잡지 않고 나의 죽음도 허락지 않는군요
오~ 살인자, 조금씩 머리를 자르는 법은 누가 가르쳤나요?

숨겨진 램프 안에 반쯤 타버린 나방은 당신의 돌심장인지
반쯤 죽은 나방은 자신을 소멸시킬 램프를 어떻게 찾을지

나를 피하고자 한다면 적어도 당신의 발자국은 남겨두세요
그것들을 따라가 당신에게서 나의 거짓 생명을 마감하리니

나는 더 이상 해안가에서 이 공허한 삶을 참을 수가 없어요
당신 발 앞에 엎드린 내 목숨 수천 번이라도 바다에 던지리니

내가 무슨 짓을 했기에, 아름다운 얼굴을 감추시나요?
오~ 메헤르, 왜 떠나기 전에 내 심장을 훔쳐 갔나요?

오~ 바우지, 당신이 갈망의 고통에서 무력하고 절망적일 때,
모든 사랑과 연민의 비러벳이 있음이 그대 얼마나 행운인지

【 가잘에 대한 해설 】
비러벳은 모든 사람이 이 애착의 묶임에 아주 단단히 붙어 있기 때문에 조금씩 산스카라의 묶임을 닦아냅니다. 만약 모든 묶임이 한꺼번에 끊어지면 러버는 고통을 견딜 수 없기 때문에 그는 그의 머리(목숨)를 조금씩 잘라내는 것입니다.

SHEDDING TEARS AT JUST THE BEGINNING OF LOVE

I am tired from calling You—how long can my patience last?
Yet You enjoy my burning separation in the fire of love.

Oh Meher, I completely accept my defeat before Your infinitely subtle tricks—
Your stone-heartedness makes me laugh while weeping inside.

What a dream the Ocean sees, thinking it is a drop,
While in fact the drop is the Ocean all the time.

Since You are always with me, why don't I find spring in the summer of my life?
At least for once You could forget Your age-old habit of remaining hidden.

Oh Meher, how helpless and hopeless love has made me!
You kick me, yet I bow down to You and seek only Your pleasure.

Many set out in the Ocean to meet the Beloved, but who ever does?
One has to drown himself like ash in the Ocean of fire to meet Him.

Only the men of God can pass through this path taking their lives in their palms.
Oh Bhau, know well that you are shedding tears at just the beginning of love!

【 Commentary on Ghazal 】
The lover expresses a paradox:
He remains veiled all the time, while the Beloved is all the time manifest. But because of his veil, he cannot see the Beloved. So the lover says, "Because the Beloved is veiled, I cannot see Him." But actually it is the lover who is veiled.

【 remark 】
God is indivisibly One; He is in each and every one. What then causes these apparent divisions? There are no divisions as such, but there is an appearance of separateness because of ignorance. Drops in the Ocean are not separate from the Ocean. The bubble around a drop gives the appearance of separateness. When the bubble of ignorance bursts, the individualized self realizes its Oneness with the Indivisible Self. The "drop" is not; the Indivisible Ocean is! –Lord Meher, 1st. ed, Vol. 18, p5985.

GHAZAL THIRTY-EIGHT

사랑을 시작하기 전에 흘리는 눈물

당신을 부르다 지쳐버린—내 인내심의 끝은 어디인가요?
하지만 당신은 사랑의 불꽃에 불타는 이별을 즐기시네요

오~ 메헤르, 당신의 끝없이 자유자재한 기운 앞에 항복해요—
당신의 돌덩이 가슴 안에서 흘리는 눈물이 나를 웃게 하네요

바다가 꾸는 꿈은 무엇인지, 그것은 떨어지는 한 방울의 물방울
실제로 떨어지는 것은 물방울이지만 그것은 언제나 바다일 뿐

당신과 함께하지만 어찌하여 내 삶의 여름에 봄이 오지 않는가요?
숨겨져 있는 당신의 오랜 습관을 적어도 한 번은 잊을 수 있겠죠

오~ 메헤르, 어떻게 무력하고 절망적인 사랑이 나를 만들었나요!
나를 차버린 당신이지만 오직 당신의 기쁨을 찾아 당신께 절하네요

모두가 비러벳을 찾아 바다로 떠났지만 누가 그렇게 할까요?
그를 만나기 위해선 불의 바다에 빠져 재가 되어야 할 텐데요

오직 신의 사람만이 그들의 손바닥에 목숨을 걸고 이 길을 지나가리니
오~ 바우지, 잘 들어요 당신이 사랑을 시작하기 전에 눈물을 흘릴 테니

【 가잘에 대한 해설 】
러버는 역설적으로 표현합니다:
그는 항상 베일에 가려져 있는 반면 비러벳은 언제나 드러납니다. 그러나 그의 베일 때문에 그는 비러벳을 볼 수가 없습니다. 그래서 러버는 "비러벳이 베일에 가려져 있어서 나는 그를 볼 수 없다"고 말합니다. 그러나 실제로 베일에 가려져 있는 사람은 러버일 뿐입니다.

【 주석 】
하나님은 나뉠 수 없는 하나입니다; 그는 각자에게 그리고 모든 사람에게 있습니다. 그렇다면 무엇이 이러한 명백한 분열을 야기할까요? 그러한 분열은 없지만, 무지로 인해서 분리된 것처럼 보입니다. 바닷속 물방울은 바다로부터 분리되지 않습니다. 물방울 주변의 거품은 분리된 것처럼 보입니다. 무지의 거품이 터지면 개별화된 자아는 나뉠 수 없는 참나와 그 자체로 하나임을 깨닫습니다. "물방울"이 아닙니다; 나뉠 수 없는 바다가 있습니다!
-로드메허 1판 18권 5985페이지 첨부

OH BELOVED, IT WAS YOU

Who has ears to hear my life's complaint?
It has become impossible for me—How can I live when I cannot die in Your love?

Oh Meher, my tears have gained the courage to ask this question:
"Have You, who are Infinite Compassion forever, forgotten me?"

You must have forgotten me because I am so helpless
That I can think of nothing but You.

I know that I am a despicable sinner and a ruthless scoundrel,
So if You accept me with my shortcomings it will be Your greatness.

The world is thriving with life, but what use is such living?
Real living is dying every moment in love for the Beloved.

The greatness of military conquest is nothing
Compared to the victory over one's own anger.

You should learn to bless the pain of separation, not curse it,
For union with the Beloved would never be possible without passing through it.

Oh Beloved, it was You who gave me this miserable illness.
I tell you Bhau, He never asked me how my health was.

【 Commentary on Ghazal 】
As You are in everyone and You are Infinite, both sinners and saints are One in Your Love and You accept both as Your own Self. This is Your greatness.

【 remark 】
『 Master's Prayer 』
Beloved God, help us all to love you more and more, and more and more, and still yet more until we become worthy of Union with you. And help us all to hold fast to Baba's daman until the very end!
–Lord Meher Online, p4580

GHAZAL THIRTY-NINE

오~ 비러벳, 바로 당신이었어요

누가 내 삶의 불평을 들어줄까요?
그건 내게 불가능해요—당신의 사랑 속에서 죽을 수 없는데 어떻게 사나요?

오~ 메헤르, 내 눈물이 용기를 내어 한 이 질문:
"무한한 자비를 베푸는 당신, 나를 잊었나요?"

내가 너무 무력했기에 당신은 나를 잊었겠죠
나는 당신밖에는 아무것도 생각할 수 없는데

나는 비열한 죄인이며 무자비한 악당이지만
위대한 당신은 나의 단점들마저 받아들이겠죠

세상의 삶이 번창해도 그렇게 사는 게 무슨 소용인가요?
진정한 삶은 비러벳의 사랑 속에서 매 순간 죽는 것인데

거대한 무력의 정복은 아무 의미가 없어요
자신의 분노를 정복한 승리에 비교한다면

이별의 고통을 축복하는 법을 배워야지, 저주하지 마세요
그것을 거치지 않고는 비러벳과의 합일은 불가능할 테니

오~ 비러벳, 이 비참한 아픔을 준 이가 바로 당신이었어요
바우지 정말이지, 그는 내 건강이 어떤지 결코 묻지 않았어요

【 가잘에 대한 해설 】
당신은 모든 사람 속에 있고 또한 무한하고, 죄인들과 성자들은 모두 당신의 사랑 속에서 하나이며 당신은 둘 다 당신 자신으로서 받아들입니다. 이것이 바로 당신의 위대함입니다.

【 주석 】
『 스승의 기도 』
비러벳 하나님, 우리 모두가 당신을 더욱더 사랑할 수 있도록 도와주소서. 그리고 더욱더, 우리가 당신과 합일할 가치가 있을 때까지 여전히 더 많이 사랑할 수 있도록 도와주소서. 그리고 우리 모두가 진정 마지막까지 바바의 다만을 지체 없이 붙잡을 수 있도록 도와주소서! -로드메허 온라인 4580페이지

THE ONE WHO IS BOTH QUESTION AND ANSWER

Oh Meher, there is one thing I know which is impossible for You to do—
Your infinite greatness is that You would never harm the worst of sinners.

Why isn't the answer to every question in the Ocean of your Silence?
How can any answer be beyond the One who is both Question and Answer?

Your tongue is quiet, but Your Silence is infinitely active—
The light of Your Silence speaks in a thousand ways.

Truth's tongue is always silent, for Truth can never be expressed through words.
One who drowns in the Ocean of Silence becomes incomparable.

Your slave's only concern is serving You and nothing else.
If You want to know what real pain is, ask those who serve You.

What do the lovers at Your threshold have to do with the intellect?
They have no concern with questions, union examples or glory.

You made my heart ill, and then left. What care do You have for me?
Oh Bhau, He never even asked me, "Tell me, how do you feel?"

【 Commentary on Ghazal 】
Since there is only one question and only one answer, how can there be any other answer to the question? The creation of the universe is through the breaking of His Silence which contains soundless sound. This soundless sound of His Silence is always active, and it wipes out the noise as well as the sound of every human being through His Infinite Knowledge. Everyone has a different illness (different types of impressions) and because of this, He gives different remedies.

GHAZAL FORTY

의문이자 해답인 그분

오~ 메헤르, 당신이 할 수 없는 한 가지를 난 알아요―
악마들조차 해치지 않으시는 당신의 무한한 위대함을

왜 침묵의 바다에 있는 모든 질문에는 답이 없나요?
어떤 대답이 질문과 답변 모두를 넘어설 수 있나요?

당신의 혀는 침묵하지만 당신의 침묵은 끝없이 말하죠―
당신의 침묵의 빛은 수없이 많은 방법으로 말을 하네요

진리는 결코 말로 표현할 수 없기에 진실의 혀는 항상 침묵하죠
침묵의 바다에 빠진 사람은 그 누구든 비할 데 없는 존재이기에

당신의 노예는 오직 당신을 섬길 뿐 다른 것은 관심이 없죠
진정한 고통을 알고 싶다면 당신을 섬기는 이에게 물어보세요

당신의 문지방에 있는 러버들에게 지능이 무슨 소용인가요?
그들은 질문들과 합일의 예나 영광에는 관심이 없는데

내 가슴을 아프게 하고 떠난 당신, 나를 위해 무슨 걱정을 하셨나요?
오~ 바우지, 그는 결코 내게 "말해봐, 기분이 어때?"라고 물어 본 적도 없어요

【 가잘에 대한 해설 】
원래부터 한 가지 의문점에는 오직 한 가지 해답만이 있는데 어떻게 다른 해답이 있을 수 있겠습니까? 우주의 창조는 소리 없는 소리를 담고 있는 그의 침묵의 깨짐으로 말미암아 이루어진 것입니다. 그의 침묵의 이 소리 없는 소리는 언제나 활동적이며, 그것은 그의 무한한 지식을 통해 모든 인간의 소리는 물론 소음까지 말끔히 씻어냅니다. 누구나 각기 다른 아픔(인상의 각기 다른 형태)을 가지고 있으며, 이것 때문에 그는 다른 치료법을 주는 것입니다.

ASSURANCE FROM YOU

You are my life but what assurance from You do I have of this?
Nevertheless, I am fulfilling the duty of a worthy slave.

You order me to stay awake and to go to sleep at the same time—
How can an ordinary man like myself obey orders like these?

If the heart ever has the thirst to drink the Ocean,
How can there be any fear of the ocean's storms?

Oh Meher, You have graced me with the pain of longing—
How can I express what my heart is passing through?

One's existence does not end simply with the physical death—
One's life continues until the chain of accounts is finally broken.

If one remains alive by dying, then Death turns into Life.
Only the men of God experience this, and no one else.

Oh Meher, You left and now my death punishes me with more life.
What can I do with the accounts that chain me to living?

This love neither allows me to breathe, nor allows me to die—
Oh Bhau, this love has become the enemy of my life.

【 Commentary on Ghazal 】
There is one birth and there is one death; in between there is nothing but a dream where the evolution of consciousness proceeds from the stone kingdom to the human kingdom. In the human kingdom, reincarnation takes place. The births and deaths in human form are only in a dream, and when one becomes One with God, this dream ends. So, the one birth is to realize one's Real Self and when one realizes one's Real Self, it is the death of the dream of illusion. When this Real Death comes, after ending the long dream one remains alive eternally, so this death turns into life.

【 remark 】
These adepts are still nothing compared to my Circle members. Those of my Circle will all be of the seventh plane. They have been doing my dictates for ages...–LM5 p1603

GHAZAL FORTY-ONE

당신의 보증

당신은 내 목숨이지만, 내가 이 일에 어떤 보험을 들었나요?
그럼에도 불구하고 나는 가치 있게 노예의 의무를 다하네요

당신은 내게 깨어 있으라 하면서 동시에 잠을 자라고 하는데
나 같은 평범한 사람이 어떻게 이런 명령을 따를 수 있겠어요?

만약 가슴에 바다를 마시고 싶은 갈증이 있다면,
어찌 바다의 폭풍우에 두려움이 있을 수 있나요?

오~ 메헤르, 당신은 갈망의 고통으로 나를 축복했지만—
무엇이 내 가슴을 통해 지나가는지 어떻게 표현할 수 있을까요?

사람의 존재는 단순히 육체적인 죽음으로 끝나지 않아요—
사람의 인생은 결국 윤회 사슬이 깨질 때까지 계속되지요

만약 죽음을 지나서 삶을 산다면 죽음은 생명으로 변하죠
누구도 경험하지 못하지만 오직 신의 사람만이 경험하죠

오~ 메헤르, 당신이 떠난 지금 내 죽음은 더 많은 삶으로 나를 벌하네요
나를 삶에 묶어 놓는 계산에 대해 내가 무엇을 할 수 있을까요?

이 사랑은 내가 숨을 쉬지도 못하게 하고 죽지도 못하게 하네요—
오~ 바우지, 이 사랑은 내 인생의 적이 되어 버렸어요

【 가잘에 대한 해설 】
하나의 탄생과 하나의 죽음이 있습니다. 그 사이에는 돌 왕국에서 인간 왕국으로 의식의 영적진보가 진행되는 꿈만이 있습니다. 인간의 왕국에서는 환생이 일어납니다. 인간 형태의 탄생과 죽음은 단지 꿈에 불과하며, 하나님과 함께 하나가 되면 꿈이 끝납니다. 그래서, 사람의 탄생은 자신의 진정한 자아를 깨닫는 것이며, 자신의 진정한 자아를 깨달을 때, 그것은 환영의 꿈의 죽음입니다. 이 참된 죽음이 오면, 긴 꿈을 끝낸 후에 영원히 살아 남습니다. 그래서 이 죽음은 삶으로 바뀝니다.

【 주석 】
이 숙련자들은 여전히 나의 서클 구성원들에 비하면 아무것도 아닙니다. 내 서클의 사람들은 모두 7경지가 될 것입니다. 그들은 시대를 위해 내 지시를 받아왔습니다..-로드메허 5권 1603페이지

THE BELOVED MADE ME DESIRELESS

Oh Meher, You put me to sleep in such a way
That You awakened me from the dream of creation.

You broke thousands of promises,
But in doing so You taught me to serve only You.

I thought You tried to help me by removing the lamp when I was burning,
But now as I lay half scorched, I realize it was Your punishment.

Oh Meher, You made me mad in Your love,
But what wisdom my madness now contains!

You drowned me totally in Your remembrance,
And my heart forgot everything except You.

Your arrow has given my heart the wound of wounds—
Yet the deeper the pain, the more relief I find.

You helped me to establish such relations
That I do not remain attached to anyone or anything.

You never gave me anything I asked for,
But You gave me the Pearl without my asking.

Oh Bhau, tell me honestly, what did you lack
When the Beloved made you desireless?

【 Commentary on Ghazal 】
Although You didn't fulfill my desires, You gave me the Real Treasure of God-Realization without my even asking.

GHAZAL FORTY-TWO

내 욕망을 해방시킨 비러벳

오~ 메헤르, 당신의 방식으로 나를 잠들게 하고
당신은 창조의 꿈에서 나를 깨우셨네요

수많은 약속들을 어긴 당신이지만
그렇게 하면서 오직 당신만을 섬기게 가르쳤죠

내가 불타고 있을 때 램프의 심지를 뽑은 게 아니었네요
이렇게 반쯤 그을린 채 누운 이유가 당신의 벌이었군요

오~ 메헤르, 당신의 사랑이 나를 미치게 하지만
지금 나의 광기에는 어떤 지혜를 담고 있나요!

온통 당신의 추억 안으로 빠져 버리게 한 당신
당신을 제외하곤 모든 것을 잊었어요

당신의 화살은 내 심장에 깊은 상처를 남겼지만―
고통이 깊어질수록 내겐 더 많은 위로가 되네요

당신은 그런 관계를 맺도록 날 도왔어요
다른 누구와도 애착을 갖지 못하게 말이죠

내가 부탁한 것은 하나도 주지 않았던 당신
하지만 부탁 없이도 내게 진주를 주셨군요

오~ 바우지, 솔직하게 말해봐요, 무엇이 부족했나요?
비러벳이 당신의 욕망을 해방시켰을 때

【 가잘에 대한 해설 】
비록 당신이 내 욕망을 충족시키지는 않았지만, 당신은 나의 요청 없이도 신의 깨달음(신성실현)의 보물을 주셨습니다.

THE TRACELESS PRINT

Oh Meher, where should I seek You now? Oh Lord of the Universe, where are You?
Oh Beloved, I have no rest with You—You are the glory of my painful heart.

You are manifest in every particle and grain in creation.
You are the Question and the Answer, both manifest and unmanifest.

There is no one else except You as Majnun; there is no one else except You as Leila.
You are the prayer and its words, its expression and the prayer's tongue.

There are thousands of veils, but none can ever veil You!
What is hidden from the eye of the Abode and its Lord?

Drunkards are lying at Your threshold shedding tears,
If you will not give them wine, at least think of them now and again.

You are the wine, the drinker, and the cup.
You are Saki, the Server of love's wine.

Oh Beloved, reveal to me where You are not from the beginning to the end.
You are manifest even where there is self, although there You remain unmanifest.

There is no one like You; only You are like You.
Bhau has surrendered himself to You; You are the traceless print.

【 Commentary on Ghazal 】
Veils are of ignorance, and He is beyond ignorance. He can never be veiled; His eye is infinite and He can see everything and everyone without any effort as all universes are in Him. The Avatar is always the same Ancient One. Therefore, He is always like Him and no one else can ever be like Him. He has no binding impressions and He is eternally free; there can never be the imprint of binding impressions on Him. He only takes on the Yoga-Yoga sanskaras for His Universal Work to distribute the Divine Free impressions in the world to wipe out the binding impressions.

GHAZAL FORTY-THREE

자취 없는 흔적

오~ 메헤르, 이제 어디서 찾나요? 오~ 우주의 주님, 당신은 어디에 있나요?
오~ 비러벳, 당신과 함께 쉬지 못하네요—오~ 당신은 내 아픈 가슴의 영광

모든 입자 안에도, 새싹의 발아 속에도 있는 당신
당신은 의문이자 해답이며, 나타나는 동시에 드러나지 않아요

당신 외에는 아무도 없고 당신의 놀이 외에는 아무것도 없네요
기도문이자 그 말씀이며 그 표현이자 기도의 언어인 당신

수 없는 베일들에 있지만 아무도 당신을 가릴 수는 없어요!
주님이 거처하는 곳과 그분의 눈에는 무엇이 숨겨져 있나요?

사랑에 빠진 이들은 눈물을 흘리며 당신의 문지방에 누워 있어요
만약 와인을 주지 않을 거라면 잠시나마 그들을 생각해 보세요

당신은 포도주, 당신은 술꾼이자, 당신은 와인잔
당신은 사랑의 와인을 나르는 접대인

오~ 비러벳, 처음부터 끝까지 어디에도 없는 당신을 밝혀주세요
계속 드러나지 않는 당신이긴 하지만 자아가 있는 곳에 드러내는 당신

당신 같은 사람은 오직 당신 외에는 아무도 없어요
바우는 당신께 그 자신을 항복했어요; 여전히 흔적 없는 당신

【 가잘에 대한 해설 】
베일들은 무지하지만 그는 무지를 초월합니다. 그는 결코 베일에 가려질 수 없습니다. 그의 눈은 무한하며, 모든 우주가 그 안에 있는 것처럼 어떠한 노력 없이도 모든 것을 볼 수 있습니다. 아바타는 항상 같은 고대의 그분(Ancient One)입니다. 그러므로 그는 항상 그분이며 그 누구도 그분과 같이 될 수 없습니다. 그는 구속력이 없고 영원히 자유롭습니다. 그분을 구속하는 인상의 흔적은 결코 있을 수 없습니다. 그는 속박된 인상을 없애기 위해 세계 곳곳에 신성한 자유의 인상을 나누어 주고 그의 우주적 작업을 위해 오직 요가-요가 산스카라들(선과 악의 모든 산스카라들의 박멸)로 데리고 갑니다.

WORDS DON'T EXIST

Oh Meher, did You forget my love for You?
Kindly cast a glance and You'll see that I am digging my grave.

I am kicked at every step in Your path,
Words don't exist to describe the disaster that is my life.
And the name of my life is now nothing but calamity!

I am a drunkard, with no concern even for heaven.
Heaven itself was obstructing my path.

Although You tried to leave me forever,
My love has imprisoned You in my heart.

With every breath I die a little more in Your love,
But my longing increases and seeks union with You.

My value is such that although the world is laughing at me,
The world itself is under the control of my dust-like existence.

You are kicking me, but see my courage—
I am following You without any fear.

How can the infinitely compassionate One show only indifference towards me,
And not pity my condition in the pain of longing for Him?

The world laughs at me and thinks I am a fool,
But from my perspective it is only paying its respects.

Oh Bhau, you do not know what this love is—
It has taught me how to live my life in fire!

【 Commentary on Ghazal 】
In the life of love there is always the pain of longing, and this pain increases until it becomes infinite. One does not feel hunger, one does not sleep; one does not have any connection with the world. One cannot enjoy any comforts; one's sole connection remains only with God and nothing else. That's why this life is called a life of calamity. I have no desire for anything but God — even the desire for heaven is an obstruction. This is the highest happiness. Love is such a thing that one burns in longing for the Beloved day and night. One enjoys this burning and wants to end up as ash, so love makes one live in fire.

존재하지 않는 언어들

오~ 메헤르, 당신에 대한 나의 사랑을 잊으셨나요?
친절하게 드리운 눈빛은 내가 무덤을 파는 것을 볼 테죠

당신의 길에서 매 걸음마다 발길질을 당하고
내 삶의 끔찍한 불행은 묘사할 단어조차 없어요
이제 아무것도 없는 내 삶의 평판은 재앙뿐이죠!

나는 천국조차 관심이 없는 주정뱅이지요
그 천국 자체가 내 길을 방해하고 있어요

비록 당신이 내 곁을 영원히 떠날지라도
내 사랑은 당신을 내 가슴에 가두었어요

매 호흡이 당신의 사랑 속에서 조금씩 죽어가지만
나의 갈망은 더욱 커져 당신과의 합일만을 원하죠

비록 세상이 나의 가치를 비웃긴 하지만
세상 그 자체는 내 먼지 같은 존재의 지배를 받죠

당신은 날 걷어차지만 내 용기를 보세요—
조금도 두려움 없이 당신을 따라가나니

무한한 자비로움의 그가 어떻게 나에게만 무심할 수 있는지
그분을 갈망하는 나의 고통의 상태가 불쌍하지도 않은가요?

세상은 나를 비웃고 내가 바보라고 생각하지만
내 관점에서 볼 때 그것은 단지 존경의 표현일 뿐

오~ 바우지, 당신은 이 사랑이 무엇인지 몰라요—
그것은 내게 불 속에서 살아가는 방법을 가르쳐 줬어요!

【 가잘에 대한 해설 】
사랑의 삶에는 언제나 갈망의 고통이 있으며, 이 고통은 무한해질 때까지 커집니다. 갈망하는 자는 배고픔을 느끼지 않으며 잠을 자지도 않으며, 세상과는 아무런 관련이 없습니다. 갈망자는 어떤 위안을 즐길 수도 없습니다; 자신의 유일한 연결고리는 오직 신만이 존재할 뿐 다른 것은 없습니다. 그래서 이 삶을 재앙의 삶이라고 합니다. 나는 하느님 이외에는 아무 것도 바라지 않습니다—심지어 천국에 대한 열망조차도 방해가 됩니다. 이것이 최고의 행복입니다. 사랑은 밤낮으로 비러벳을 그리워하며 불타 오르는 그런 것입니다. 누군가는 이 타오르는 것을 즐기고 재로 끝나기를 원하기 때문에 사랑은 사람을 불속에서 살게 하는 것입니다.

WHY DID I FIND YOU HOMELESS?

I sought and sought You and then found You without name, or color, or sign.
Your Home is in every heart; why then did I find You homeless?

Oh Meher, thousands of restless drunkards are thirsty at Your door.
When You are the Saki, why don't You offer cups of wine to them?

Everything is found if one finds Your footprints.
But except for the men of God, who has found them?

On the one You love, calamities fall at every step,
But no one can imagine the compassion Your stone-heartedness bestows.

As long as the Inner eye remains closed, the Ocean is a useless drop.
But when the eye opens, the drop disappears and knows It was the Ocean all the time.

The light of Your Silence renders all words of the world meaningless.
I became silent, gained a new tongue and language,
and experienced the glory of Your Silence.

I do not know how many of my births produced the fortune of finding You—
I searched here and there, but I never found a Guide like You.

Oh Bhau, although you have been searching for Him for ages,
You could not find the first station on this path of annihilation until you found Him.

【 Commentary on Ghazal 】
You are infinite and my heart is limited. Unless my heart becomes infinite, I cannot find Your home, so it appears to me that You are homeless. He is always here and even if you go on searching everywhere for Him, you will not find Him. You have to search for Him with your own Self, and that is Here.

왜 당신을 밖에서 찾았을까요?

끝없이 찾아 헤매이다 이름도 색상도 흔적도 없는 당신을 찾았지요
모든 가슴 안에 있는 당신의 집; 왜 나는 당신을 집 밖에서 찾았을까요?

오~ 메헤르, 사랑에 목마른 수많은 갈망자들이 당신의 문 앞에 있어요
당신이 접대인을 하면서, 왜 와인잔을 그들에게 내놓지 않나요?

만약 당신의 발자취들을 찾는다면 모든 것을 찾을 수 있지만
신의 사람이 아닌 이상 누가 그것들을 발견할 수 있을까요?

당신이 사랑하는 사람에게는 매 순간 재앙이 찾아오지만,
당신의 돌 같은 마음씨가 베푸는 연민은 아무도 상상할 수 없어요

내면의 눈이 감겨 있는 한, 바다는 쓸모없는 물방울이지만,
눈이 뜨이면 물방울은 사라지고 언제나 바다였음을 알아요

당신의 침묵의 빛은 세상의 모든 단어를 무의미하게 만들기에
나는 침묵을 통해 새로운 언어로 말하게 되었고
당신의 침묵의 영광을 경험했어요

얼마나 많은 윤회를 통해 당신을 찾는 운명을 낳았는지 모르지만—
수많은 곳을 찾아봤지만 당신 같은 안내자는 결코 찾지 못했어요

오~ 바우지, 비록 당신이 오랫동안 그를 찾고 있었지만,
이 소멸의 길에 첫 자취를 찾기 전까지는 그를 찾을 수 없어요

【 가잘에 대한 해설 】
당신은 무한하고 내 마음은 제한되어 있습니다. 내 마음이 무한해지지 않는 한, 나는 당신의 집을 찾을 수 없으므로 당신은 집이 없는 것처럼 보입니다. 그는 항상 여기에 있지만, 만약 당신이 그를 찾기 위해 사방을 뒤지더라도 그를 찾을 수 없을 것입니다. 당신은 당신 자신의 본 모습을 통해 그를 찾아야만 합니다. 그것이 바로 지금 여기입니다.

WHAT PARADISE EXISTS FOR ALL?

The expression of Your love for all
Is the difficulties You give to all.

Oh Meher, why did You break our hearts and leave?
You are the only hope for all.

Our hearts have become blood, also our spirits—
But what paradise exists for all?

How can they speak of their longing
When it has become the enemy of all?

Life is laughing at their corpses,
Revealing this is not the time of leisure for all.

Death presents them with an invitation
To live a life free of all desires.

If not for You, what use is life?
Light is then darkness for all!

The Goal of life is found in dust;
What treasure lies in it for all!

Oh indifferent One, You came and then went away;
What careless negligence on the part of all!

Oh Bhau, we are dying in love every moment.
What a boon such a death is for all!

【 Commentary on Ghazal 】
When the heart becomes blood, one suffers. But one who longs for God and makes his heart become blood longs for paradise.

【 remark 】
The light is just behind the apparent darkness. It is because people, out of ignorance, misunderstand and misjudge the "veil" for the darkness and get impatient that they are miserable. Otherwise there is nothing to be miserable about. −Silent Teachings of Meher Baba, p130

모두에게 어떤 낙원이 존재하나요?

모두를 위한 당신의 사랑의 표현은
당신이 모두에게 주는 장애들이죠.

오~ 메헤르, 왜 우리의 가슴을 부수고 떠나셨나요?
모두를 위한 유일한 희망인 당신

우리의 심장은 피범벅이 되었고, 우리의 영혼도 그래요—
그런데 모두를 위해 어떤 낙원이 존재하나요?

그들은 어떻게 그들의 갈망을 말할 수 있을까요?
그들의 그리움이 모두의 적이 되었을 때

삶은 그들의 시체를 보고 웃어요
지금이 모두의 여가 시간이 아님을 드러내며

죽음은 그들에게 초대장을 보내요
모든 욕망으로부터 자유로운 삶을 살라고

당신을 위함이 아니라면, 삶이 무슨 소용이 있나요?
빛은 모두를 위한 어둠이에요!

삶의 목적은 먼지 속에서 발견되죠;
그 안에 모두를 위한 어떤 보물이 있어요!

오~ 무심한 분, 당신은 왔다가 가버렸네요;
모든 면에서 태만하며 얼마나 부주의한가요!

오~ 바우지, 우리는 매 순간 사랑 안에서 죽어 가고 있어요
이런 죽음이 모두를 위해 얼마나 유익한 일인가요!

【 가잘에 대한 해설 】
심장이 피가 되면, 사람은 고통을 겪습니다. 그러나 하나님을 갈망하는 그의 심장은 낙원을 갈망하는 피로 물들이게 됩니다.

【 주석 】
빛은 명백한 어둠의 바로 뒤에 있습니다. 사람들은 무지하여 어둠에 대한 "베일"을 오해하고 오판하기 때문에, 그들은 비참하다며 참을성 없게 됩니다. 그렇지 않으면 거기에는 비참할 것이 없습니다. −메허바바의 침묵의 가르침, 130페이지

AS IF DEATH WERE STANDING BEFORE ME

My life is faced with such tribulations
It is as if death were standing before me.

When has anything happened? When will anything happen?
Everything happens only Now—this very moment!

Why are people so frightened by death
When one link in the chain of life is less?

Oh Meher, why treat me with the hand of indifference?
Why do You sleep when my dangers are at their height?

The world is blind and so am I,
But I have the Beloved as a cane.

When You went away, spring's freshness became summer's heat,
But summer is spring when Your presence is felt.

Oh Bhau, I am prepared to die at this moment,
But link after link is hooked on the chain of my life.

【 remark 】
When suffering leads to real, eternal happiness, we should not attach importance to this suffering. It is to eliminate suffering that suffering has to be. People suffer because they are not satisfied. They want more and more. Ignorance gives rise to greed and vanity. If you want nothing, would you then suffer? But you do want. If you did not want anything, you would not suffer even in the jaws of a lion.
-LordMeher online 1976 Page

GHAZAL FORTY-SEVEN

마치 죽음이 내 앞에 서 있는 것처럼

내 인생은 이미 힘겨운 고난에 직면해 있어요
마치 죽음이 내 앞에 서 있는 것처럼 말이죠

언제 무슨 일이 있었나요? 언제 어떤 일이 생길까요?
모든 일은 오직 지금 일어날 뿐—지금 바로 이 순간!

왜 사람들은 죽음으로 인해 두려워하나요?
삶의 사슬에서 고리 하나가 줄어들 뿐인데

오~ 메헤르, 왜 무관심한 손길로 나를 대하세요?
내 위험들은 극에 달하는데 왜 잠을 청하시나요?

세상은 눈이 멀었고 나도 또한 그렇지만
나는 비러벳의 지팡이를 지니고 있어요

당신이 떠나가자 봄의 상쾌함은 여름의 열기가 되었죠
하지만 당신의 존재가 느껴질 때는 여름도 봄이 되네요

오~ 바우지, 나는 이미 죽을 각오가 되어 있어요
하지만 내 삶의 사슬에 고리가 하나 걸려 있네요

【 주석 】
고난이 현실적이고 영원한 행복으로 이어질 때, 우리는 이 고통에 중요성을 두어서는 안 됩니다. 고통을 겪어야 하는 것은 고통을 없애기 위한 것입니다. 사람들은 만족하지 못하기 때문에 고통을 겪습니다. 그들은 점점 더 많은 것을 원합니다. 무지는 탐욕과 허영심을 낳습니다. 당신이 아무것도 원하지 않는다면, 당신이 고통받겠습니까? 하지만 당신은 정말 원합니다. 만일 당신이 아무것도 원하지 않으면, 심지어 당신이 사자의 턱에서도 고통받지 않을 것입니다
-로드메허 온라인 1976페이지

WHAT WAS HERE BEFORE AND WHAT IS HERE NOW?

What of the world and its affairs?
What was here before and what is here now?
It is the sport of two days.
What was here before and what is here now?

Nothing happened, nothing has happened and nothing will happen—
It is all a vacant dream.
What was here before and what is here now?

Unless the self is annihilated by Your loving nazar,
It sees what was here before and what is here now.

Oh Meher, what an understanding You have given!
But even that is a dream too, so why try to understand
what was here before and what is here now?

Oh Cruel One, why did You change Your attitude
from the time I bowed my head at Your feet;
Why did You change from what You were before to what You are now?

Thousands of lovers are lying at Your threshold, having become dust—
They have no consciousness of what was before or what is now.

The Truth is always the Truth and can never be changed.
Why do you ask then, oh Bhau,
what was here before and what is here now?

【 remark 】
It is truly said that God has no beginning and no end. Think this over. If He had no beginning, what was there before God? The answer is God. You cannot in imagination reach where no beginning was. The answer can only be God. What will be there after billions of years? God. Always God. This means that in eternity there is no time. Nothing has ever happened, and nothing ever will happen. There is no time factor. Billions of years ago you were; today, you are here, ever afterwards you will be. Today, all that is happening is not happening, although this does not appear to be so now.
−LM Online p3603

GHAZAL FORTY-EIGHT

전에는 무엇이 있었고 지금은 무엇이 여기에 있는가요?

세상은 어떠 한가요? 그리고 그 상황은
전에는 무엇이 있었고 지금은 무엇이 여기에 있는가요?
그것은 이틀간의 놀이일 뿐
전에는 무엇이 있었고 지금은 무엇이 여기에 있는가요?

아무런 일도 일어나지 않았고, 일어나지 않으며, 일어나지 않을 텐데—
그것은 모두 허망한 꿈일 뿐
전에는 무엇이 있었고 지금은 무엇이 여기에 있는가요?

당신의 사랑스런 은총의 빛에 의해 자아가 전멸되지 않는 한,
전에는 무엇이 있었고 지금은 무엇이 여기에 있는지를 보세요

오~ 메헤르, 당신이 주신 이해심은 무엇인가요!
하지만 그것조차도 꿈이기에 왜 이해하려고 노력하나요?
전에는 무엇이 있었고 지금은 무엇이 여기에 있는가요?

오~ 잔인한 사람, 왜 당신은 태도를 바꾸었나요
내가 당신 발 앞에 머리를 숙였을 때부터;
왜 당신은 예전의 모습에서 지금의 모습으로 바뀌었나요?

수많은 러버들이 먼지가 되어 당신의 문턱 앞에 누워 있어요—
그들은 전에 있었던 일이나 지금의 일에 대한 의식이 전혀 없는데

진실은 항상 진실이며 결코 바뀔 수 없지요
그런데 왜 그리 물어 보시나요, 오~ 바우지,
전에는 무엇이 있었고 지금은 무엇이 여기에 있는가요?

【주석】
하나님은 시작도 끝도 없다고 진실로 말합니다. 바꿔서 말하면 만약 그에게 시작이 없다면 하나님 이전에는 무엇이 있었을까요? 정답은 하나님입니다. 시작도 없는 곳에서는 상상할 수조차 없습니다. 대답은 오직 신일 수밖에 없습니다. 수없이 긴 시간 후에는 무엇이 있을까요? 하나님입니다. 언제나 하나님입니다. 이것은 영겁에는 시간이 없다는 것을 의미합니다. 아무 일도 일어나지 않았고, 아무 일도 일어나지 않을 것입니다. 거기에는 시간의 요인이 없습니다. 수없이 긴 시간 전에도 당신이 존재했었고; 오늘도 당신은 여기 있고, 그 뒤에도 언제나 당신은 계속 존재할 것입니다. 오늘, 비록 이것이 지금 그렇게 보이지는 않지만, 현재 일어나고 있는 모든 일은 일어나고 있지 않습니다.
–로드메허 온라인 3603페이지

ONE PASSES FROM HERE; ANOTHER COMES

One passes on from here; another comes.
One drinks blood while another eats the heart.

One becomes involved in the world; another renounces it.
One helps others, while another harms.

One is beyond the three worlds; another lives in every heart.
One creates the world's paraphernalia, while another brings wine.

One is jealous of others; another shows generosity and kindness
One tries to lessen suffering, while another ruthlessly hurts the other's feelings.

One leads a life for Meher, another serves his own self-interest.
One serves the world, while another is a spiritual hypocrite.

One is an intellectual gymnast; another forgets everything and loses his mind.
One finds everything after losing all,
while another increases the nothings of nothingness.

One always incurs debts; another collects loans.
One renounces the transactions of giving and taking while another attains liberation.

One does everything for the sake of name; another renounces name and fame.
One is aloof from all entanglement, while another involves himself in the world.

Oh Bhau, there is only One who does all these different things!
That One sees all, but who sees Him?

【 remark 】
"Have hope. I Have come to help you in surrendering yourselves to the cause of God, and in accepting His grace of Love and Truth. I have come to help you in winning the One Victory of all victories— to win yourself."
– Meher Baba(Source: Discourses, pg no: 145)

GHAZAL FORTY-NINE

한 사람은 이곳을 지나치지만; 다른 이는 다가오네요

한 사람은 이곳을 지나치지만; 다른 이는 다가오네요
한 사람은 피를 마시지만; 다른 이는 심장을 먹어요

한 사람은 세상에 관여하지만; 다른 이는 그것을 포기하죠
한 사람은 사람들을 돕는 반면; 다른 이는 되려 해를 입히죠

한 사람은 삼계를 넘어서 있지만; 다른 이는 모두의 가슴에 살죠
한 사람은 세상의 도구를 만들지만; 다른 이는 사랑의 와인을 가져오죠

한 사람은 다른 이들을 질투하지만; 다른 이는 관대함과 친절함을 보여요
한 사람은 고통을 줄이려 애쓰지만; 다른 이는 잔인하게 상대의 감정을 상하게 하죠

한 사람은 메허를 위한 삶을 살지만; 다른 이는 자신의 관심을 위해 봉사하죠
한 사람은 세상을 섬기는 반면 다른 이는 영적인 위선을 떨죠

한 사람은 지성적인 선수지만; 다른 이는 모든 것을 잊고 마음을 버리죠
한 사람은 모든 것을 잃고 유有를 찾지만, 다른 이는 무성無性의 무無를 키우죠

한 사람은 항상 빚을 지고; 다른 이는 대출을 징수하네요
한 사람은 주고받는 거래를 포기하는 반면 다른 이는 자유를 누리죠

한 사람은 이름을 위해서 모든 일을 하지만; 다른 이는 이름과 명성을 포기하죠
한 사람은 모든 얽힘에 초연하지만, 다른 이는 세상에 자신을 개입시키죠

오~ 바우지, 이렇게 각각의 모든 일을 하는 사람은 오직 한 사람뿐이죠!
그 한 사람은 모든 것을 보고 있지만, 그를 보는 사람은 누구일까요?

【 주석 】
"희망을 가지세요. 나는 당신을 돕기 위해 왔습니다. 만약 그의 큰 사랑과 진리의 은총을 받아들이고 신에게 당신 자신을 항복한다면 모든 영광들에서 가장 큰 영광인 당신 자신의 승리를 얻을 것입니다."
– 메허바바..(출처: 담론 145페이지)

THE EFFECT OF LOVE

Worldly service is religion's business for the enhancement of self.
The effect of love is the renunciation of self at every step.

Oh Meher, You have deceived me by becoming indifferent,
But I do not worry because the pain of longing is safe within me.

You have discarded me, You have kicked me—
Yet my love for You is so great that I follow You willingly and love Your every kick.

You have tricked people into thinking that You are very kind to me.
No one knows that I die at every step from Your harsh attitude.

It is so difficult to enter this path of love
When the Beloved's dagger brings death at every step.

What do You expect from me? You asked me to sleep
and at the same time to remain awake.
Who can embody the contradictions of love's path?

The pain of longing has sealed my lips—
How can I now complain about You to the world?

You are both my Beloved and my Murderer—
How can I then ask You to have mercy on me?

Oh Bhau, this Murderer is now standing before me with a sword in hand—
The nobility He has bestowed upon me bends my neck for Him to strike.

【 Commentary on Ghazal 】
When ceremonies and rituals are followed, the false self becomes strong thinking that it follows religion. When the Beloved's Grace descends, the lover longs for the Beloved to annihilate his mind or false self immediately, leaving nothing in him except the longing. This is depicted as the lover's bending his neck for the Beloved to strike.

사랑의 영향

세속적인 봉사란 자아 강화를 위한 종교사업일 뿐인데
사랑의 영향은 모든 단계에서 자아를 포기한다는 것이죠

오~ 메헤르, 당신은 무심하게 변하더니 나를 속였어요
그러나 걱정하지 않아요 갈망의 고통은 내 안에 안전하게 있어요

당신은 나를 버렸어요, 나를 걷어찼어요—
그러나 나의 사랑은 너무 커서 당신의 모든 걷어참마저 사랑해요

당신은 내게 매우 친절한 것처럼 사람들을 속였어요
당신의 가혹한 처사에 매 순간 죽어가는 것은 아무도 모르죠

이 사랑의 길에 들어가기란 너무 어렵네요
비러벳의 비수가 매 순간 죽음을 가져오는데

나에게 무엇을 기대하나요? 나에게 잠을 청했었죠
그리고 동시에 깨어있는 상태를 유지하라니요
누가 사랑의 길의 모순을 구현할 수 있을까요?

그리움의 고통은 내 입술을 봉인했어요—
이제 어떻게 세상에 당신에 대해 불평할 수 있겠어요?

당신은 나의 비러벳이자 나를 죽이는 살인자예요—
어떻게 내게 자비를 베풀어 달라고 당신께 부탁할 수 있겠어요?

오~ 바우지, 이 살인자는 지금 내 앞에 칼을 들고 서 있어요
그가 내게 부여한 고귀함이 되려 내 목을 굽혀 그에게 바치네요

【 가잘에 대한 해설 】
의식과 절차를 따르면 거짓된 자아는 종교를 따른다는 생각이 강해집니다. 비러벳의 은총이 내려오면 러버는 비러벳이 자신의 마음이나 거짓된 자아를 즉시 전멸하기를 갈망하게 되고, 이 갈망 외에는 그에게 아무 것도 남지 않습니다. 이것은 비러벳이 자신을 치도록 러버가 목을 굽히는 것으로 묘사됩니다.

INCOMPARABLY DIFFICULT IS THIS PATH OF LOVE

Oh Meher, if any man declares that You are not God,
He may be anything, but he is not a man of wisdom.

The world asks now what Your commandment is,
And has found it to be Your Silence.

Your Silence is the medium to absorb all sounds and reach the Goal of Silence.
But who has the courage to drown all sound in Your Ocean of Silence?

It is Your Silence that is now speaking in the world,
But the faithless cannot hear the sound of Your Soundless Word.

Your Avataric advent is itself an infinite obligation to the world
But You are so great that You take it as Your responsibility.

One who has no thirst in his heart for You does not recognize his own heart,
And does not know what his heart was made for.

How incomparably difficult is this path of love!
It is so infinitely easy that it is not easy at all!

Love has made my heart unimaginably restless
While finding rest in its own restlessness.

The one who knowingly appears as if he knows not,
Becomes God and is never ignorant again.

Oh Beloved, my obligation to You
Is the storm You created in my heart.

Oh cruel One, the arrow You shot into my heart
Made my heart oblivious of even the desire for union with You.

Oh Bhau, I am a desireless beggar, worry-free at the door of My Beloved.
I have no belongings with me, so I have become worthy of begging.

【 Commentary on Ghazal 】

The aim of life is to achieve eternal Silence, and this Silence is such that not a single impression remains when the goal is achieved. The world gropes in darkness (ignorance) and without the intervention of the Avatar, this darkness is an obstruction which cannot be dispelled. The Avatar removes the obstructions and gives room for the world to progress towards infinite consciousness. The world does not ask for it, but as He is duty-bound, He does it on His own. This is His obligation to the world.

그 무엇보다 어려운 이 사랑의 길

오~ 메헤르, 누군가 당신을 신이 아니라고 선언한다면,
그가 무엇이 되든 간에 그는 지혜로운 이는 아니네요

세상은 지금 당신의 지령이 무엇인지 묻네요
그리고 그것이 당신의 침묵임을 알게 되었죠

당신의 침묵은 모든 소리를 잠재우고 침묵의 목표에 이르게 하는 도구지만
침묵의 바다에서 모든 소리를 잠재울 용기가 있는 사람은 누구일까요?

지금 세상에서 말하고 있는 것은 당신의 침묵이지만
믿음이 없는 이는 당신의 침묵의 소리를 들을 수 없어요

당신의 아바타적 출현은 그 자체가 세계에 대한 무한한 의무지만
당신은 그것을 당신의 책임으로 여길 정도로 너무나 위대하네요

그의 가슴에 당신을 향한 갈증이 없이는 그 자신의 가슴을 인식하지 못하죠
그리고 당신의 심장이 무엇을 위해 가슴 뛰는지 알지 못하네요

그 무엇보다 어려운 이 사랑의 길!
그것은 너무나 쉽지만 오히려 매우 어려워요!

내 가슴을 안절부절못하게 만든 사랑은
불안함 속에서도 오히려 안식을 취하지요

모든 것을 알면서도 모르는 척하는 사람은
신이 되어 다시는 무지해지지 않아요

오~ 비러벳, 당신을 향한 나의 의무는
내 가슴 속에 만든 당신의 폭풍이네요

오~ 잔인하신 분, 내 심장에 쏜 당신의 화살은
당신과의 합일에 대한 욕망조차도 잊게 하네요

오~ 바우지, 난 욕망도 없는 거지로, 나의 비러벳의 문간에선 걱정이 없어요
나는 가진 것이 없기에 또한 구걸할 가치가 있는 것이겠죠

【 가잘에 대한 해설 】
인생의 목표는 영원한 침묵을 성취하는 것이며, 이 침묵은 목표가 달성될 때까지 단 하나의 인상도 남아 있지 않도록 해야 합니다. 세상은 어둠(무지)에 빠져들고 아바타의 개입 없이는 이 어둠은 쫓아 버릴 수 없는 장애물입니다. 아바타는 장애물을 제거하고 세계가 무한한 의식을 향해 나아갈 수 있는 여지를 줍니다. 세상은 그것에 대해 요구하지 않지만, 그는 의무를 지키기에 스스로 책임을 집니다. 이것은 세상에 대한 그의 의무입니다.

YOU MADE ME FALSE THROUGH YOUR WHIM

I was the Ocean, why did You make me the shore?
I was Reality, why did You make me false through Your whim?

See how my intellect has changed my form—
It has veiled me with the sight of illusion.

Oh Meher, You have given everyone a heart,
But the real heart is that one on which Your glance falls.

Love has made me take on the dress of madness,
But in doing so love has made me wise.

My intellect is constantly creating problems for me,
But the power of love has strengthened my heart, leaving it unaffected.

In the eyes of the world I am quite useless and worthless,
But oh Beloved, in Your eyes I am the most useful and worthy of Your love.

One end of the thread of love was in Your hand and the other in mine,
But I foolishly pulled the thread and made what was very easy very difficult.

I laugh at my ash's helpless plight,
But my Beloved has blessed it with seeing the Ocean.

My heart, having been murdered by the pain of longing in this storm of love,
Has become a murderer itself and is now murdering me!

Oh Bhau, when your heart's abode is barren from the Beloved's showered grace—
Know well that it will be lighted by the presence of the Beloved.

【 Commentary on Ghazal 】
Because of the Whim, creation took place. Therefore, the lover blames the Beloved that because of His Whim, he has to be caught up in falsehood. When one is absorbed in love for the Beloved, one appears mad and becomes useless and worthless to the world. But one is always with the Beloved, forgetting the world completely; therefore, one becomes very useful to the Beloved.

날 거짓으로 만든 당신의 변덕

난 바다였어요, 왜 당신은 날 해변으로 만들었나요?
난 실재했어요, 왜 당신의 변덕은 날 거짓으로 만들었나요?

내 지성이 내 형태를 어떻게 변화시켰는지 보세요—
그것은 나를 환영의 시야로 가리고 있어요

오~ 메헤르, 당신은 모두에게 가슴을 주었지만,
진정한 가슴은 당신의 눈빛이 떨어지는 가슴이겠죠

사랑은 나를 광기의 옷을 입게 했지만,
결국 사랑은 나를 현명하게 만들었어요

내 지성은 끊임없이 나에게 문제를 일으키고 있지만,
내 가슴을 강하게 만든 사랑의 힘은 아무런 영향도 받지 않죠

세상의 눈으로 보면 난 쓸모없고 가치없는 존재지만,
오~ 비러벳, 당신 눈에는 내가 당신 사랑을 받을 만한 가장 유용한 사람이죠

사랑의 끈의 한 끝은 당신 손에 있고 다른 끝은 내 손에 있었지만,
나는 어리석게도 끈을 당겨 아주 쉬운 일도 매우 어렵게 만들었죠

나는 내 무력한 죽음의 잿더미를 비웃지만,
나의 비러벳은 바다를 보며 함께 축복해 주었죠

이 사랑의 폭풍 속에서 그리움의 고통으로 죽어 버린 내 가슴은
스스로가 살인자가 되어 지금은 나를 죽이고 있네요!

오~ 바우지, 비러벳의 빗발치는 은총으로 그대 가슴의 집이 황량해질 때—
그것이 비러벳의 존재함에 의해 빛을 발할 것임을 잘 알게 되겠죠

【 가잘에 대한 해설 】
변덕으로 인해 창조가 일어났습니다. 그러므로 러버는 자신의 그릇됨 때문에 거짓에 사로잡힐 수밖에 없는 것을 비러벳의 탓으로 돌립니다. 비러벳에 대한 사랑에 젖으면 사랑에 미쳐버려 세상은 더이상 쓸모가 없게 되고 가치가 없어집니다. 그러나 그는 항상 비러벳(Beloved)과 함께하며, 세상을 완전히 잊어버립니다. 그러므로 그는 비러벳에게는 매우 필요한 사람이 됩니다.

YOU FALSIFIED MY EXISTENCE

What did You do to Me? I was the Ocean and You made me the shore.
You gave me this life and then falsified my existence.

Where am I going and what is this journey for?
Oh Beloved, why do You make me so unaware of my soul's existence?

I am dying—but it is only the beginning of love to You.
You have fatally wounded my heart with separation's pain.

Oh cruel One, You have stolen my heart and taken it into Your fold.
Your once comforting smile became a double-edged sword.

What a plight I am passing through in Your separation, oh Meher!
Why have You thrown this ocean-happy fish into the desert?

One who has firmly caught hold of Your daaman
Has received from Your ocean the water of Eternal life.

Oh Beloved, there is an Ocean of mercy in Your stone heart,
And those who suffer in Your love are made worthy of experiencing it.

Your loving glance burned my heart into ashes,
But You kissed the ashes and made me worthy of being.

This path is very easy and at the same time very difficult.
Oh Bhau, what did you do? You yourself made this easy path very difficult!

【 Commentary on Ghazal 】
The lover blames the Beloved for his false self coming into existence because of the Whim which brought the lover into creation, and he then had to pass through several kingdoms of consciousness. So, out of love, the lover blames the Beloved saying "it was You who did it." The lover suffers, but he has become so oblivious to the love of the Beloved that he does not remain aware of where he is going, although he is trying to achieve union with the Beloved.

GHAZAL FIFTY-THREE

당신은 내 존재를 위조했어요

내게 무슨 짓을 한 거죠? 바다였던 나를 해변가로 만들었죠
당신은 내게 이 삶을 주고는 내 존재를 위조했어요

난 대체 어디로 가는지 이 여정은 대체 무엇을 위한 건가요?
오~ 비러벳, 왜 당신은 내 영혼의 존재를 이토록 부주의하게 만들었나요?

난 죽어가지만 그것은 당신에 대한 사랑의 시작일 뿐
당신과의 이별의 고통은 내 가슴에 치명상을 입혔어요

오~ 잔인한 분, 내 심장을 훔쳐 당신의 우리에 가뒀지요
한때 위안을 주던 당신의 미소는 양날의 검이 되었어요

당신과의 이별로 인해 얼마나 고통스러운지, 오~ 메헤르!
왜 당신은 행복한 바다의 물고기를 사막에 던지셨나요?

당신의 옷자락을 단단히 붙잡은 사람은
당신의 바다에서 영원한 생명수를 받았어요

오~ 비러벳, 당신의 돌심장에는 자비의 바다가 있기에
당신의 사랑으로 고통받는 이들은 그것을 경험할 가치가 있어요

당신의 애정 어린 눈빛이 내 심장을 잿더미로 만들었지만
당신은 잿더미에 키스를 했고 나를 가치있게 만들었네요

이 길을 가는것은 매우 쉽지만 동시에 매우 어려워요
오~ 바우지, 무슨 짓인가요? 그대 자신이 이 쉬운 길을 아주 어렵게 만들었네요!

【 가잘에 대한 해설 】
러버는 자신을 창조하게 한 그의 변덕(Whim) 때문에 자신의 거짓된 자아가 존재하게 된 것을 비러벳 탓으로 돌렸고, 그 후 그는 의식의 여러 경지를 통과해야만 했습니다. 그래서 사랑에 빠진 러버는 비러벳에게 "그 일을 한 것은 당신이엇어"라고 비난합니다. 러버는 고통을 겪었지만 비러벳의 사랑을 너무나 의식할 수 없게 되어서, 비러벳과의 합일을 이루려 애씀에도 불구하고 자신이 어디로 가고 있는지에 대한 의식을 유지하지 못합니다.

THE PAIN OF LONGING HAS NO TONGUE

The only place where there is never talk of You
Is where Your lovers aren't gathered.

Oh Meher, reveal to me where You have gone—
My heart has no rest at all without You.

My helplessness will soon disguise me as a speck of dust,
How can the plight of my heart ever be expressed?

My tears shed in love alone express my condition,
For the pain of longing has no tongue.

Raging summer has entered my life since You departed.
Why isn't this life annihilated in Your love?

How long can my pained heart be patient?
My restlessness can no longer be hidden.

Your advent on earth brings a spring freshness
That endures through the hottest summer.

Oh Beloved, come and manifest now! I have no strength to call You.
Oh Bhau, my silence is the only sign of calling Him.

【 Commentary on Ghazal 】
The lover blames the Beloved for his false self coming into existence because of the Whim which brought the lover into creation, and he then had to pass through several kingdoms of consciousness. So, out of love, the lover blames the Beloved saying "it was You who did it."

그리움의 고통에는 혀가 없어요

결코 당신에 대해 말하지 않는 유일한 장소는
바로 당신의 러버들이 모여 있지 않은 곳이죠

오~ 메헤르, 당신의 행방을 내게 말해줘요―
내 가슴은 당신 없이는 결코 쉬지 못해요

나의 무력함은 곧 나를 얼룩진 먼지로 위장하겠죠
어떻게 해야 내 가슴의 끝없는 고난을 표현할까요?

사랑으로 홀린 내 눈물은 내 상태를 표현하죠
그리움의 고통에는 혀가 없기 때문이에요

당신이 떠난 이후로 내겐 무더운 여름이 왔어요
왜 이 삶은 당신의 사랑으로 소멸되지 않을까요?

내 아픈 가슴은 얼마나 오래 참을 수 있을까요?
불안한 나의 모습은 더 이상 숨길 수가 없어요

이 땅에 당신의 출현은 상쾌한 봄을 가져다주지요
그것은 가장 더운 여름마저 견디게 해 주어요

오~ 비러벳, 지금 와서 나타내세요! 나는 당신을 부를 힘조차 없네요
오~ 바우지, 나의 침묵만이 그를 부르는 유일한 표식이네요

【 가잘에 대한 해설 】
러버는 그를 창조하게 한 변덕 때문에 자신의 거짓 자아가 존재하게 된 것을 비러벳 탓으로 돌렸고, 그 후 그는 의식의 여러 왕국들을 통과해야만 했습니다. 그래서 사랑하는 마음에서 러버는 "그것을 한 것은 당신입니다"라고 비러벳을 나무랍니다.

THE LAW OF THIS PATH OF ANNIHILATION

In shariat there is room for vice and virtue, but in a clean heart there is none.
In Reality even nothing does not exist; there is no question and no answer.

Oh Meher, when I wasn't thirsty You called me and made me drink,
But now when I am thirst there is no wine served to me in Your tavern.

In this world of illusion everyone exists as a bubble,
But when the inner eye opens the bubble bursts and becomes the Ocean.

At every step on the path of love one has to die—
Yet my pleasure is my pain of longing for the Beloved.

Oh Bhau, what simplicity You have that You are everyone in everyone!
There are thousands of veils in everyone but You have no veil.

I searched for You here and there and from place to place,
But I found You Here when my veil was lifted!

The religions of the world make their adherents wear ill-fitting clothes.
Truly they must be lost in a dream to wear the wrong size.

My account is so full that my life has to face thousands of deaths,
But if Your glance falls on me, my entire account will be settled in a moment.

Oh Bhau, why shed tears, when the law of this path of annihilation is such
That one who loses everything becomes the King of kings
and there is none like him.

【 Commentary on Ghazal 】

Shariyat is the outer husk of religion (ceremonies and rituals) and accordingly, Shariyat takes into consideration only virtue and vice. The cleansed heart, full of love with no impressions, is free from both virtue and vice.

The veil here is the veil of impressions. There are seven major-veils and each of these contains thousands of sub-veils.

Religion itself is depicted as a cage and by the wearing of ill-fitting clothes. When one is free from impressions, one becomes completely naked, meaning one does not have a single impression. The proper size of dress means an impressionless dress. In the dream of illusion, everyone, therefore, wears ill-fitting clothes.

When one comes into creation he gains illusory bindings, but when one loses all of these illusory bindings he finds that He alone exists. Then the world disappears for him because in Reality there is nothing but God. Thus one who loses everything becomes the King of kings, and He alone exists.

GHAZAL FIFTY-FIVE

이 길의 소멸의 법

종교적 의식에는 선악이 있지만 깨끗한 가슴에는 아무것도 없어요
실제로는 아무것도 존재하지 않아요; 거기에는 질문도 없고 대답도 없지요

오~ 메헤르, 갈증이 없던 나에게 당신은 갈망을 불러일으켰죠
하지만 막상 갈증이 날 때는 당신의 선술집에 와인이 없네요

모든 이들이 거품처럼 존재하는 이 환상의 세계도
내면의 눈이 열리면 거품은 터지고 바다가 되지요

사랑의 길을 걸을 때마다 사람은 죽어야 하지만—
비러벳을 갈망하는 고통은 나의 기쁨이죠

오~ 바우지, 그분은 모든 사람의 모든 순박함을 지녔어요!
모든 사람에게는 수천 개의 베일이 있지만 그분은 없네요

당신을 찾아 여러 곳을 헤매고 곳곳에서 당신을 찾았지만
막상 내 베일이 벗겨졌을 때 나는 여기에서 당신을 찾았죠!

세상의 종교들은 그들의 추종자들에게 어울리지 않는 옷을 입히죠
진정 그들은 어울리지 않는 크기를 입기 위해 꿈에서 길을 잃게 되죠

내 업보가 너무 차서 내 삶은 수천 번의 죽음에 직면해야 하지만
당신의 시선이 나에게 떨어지면 내 전체 업보는 한 순간에 사라지겠죠

오~ 바우지, 왜 눈물을 떨구나요, 이미 소멸의 길의 법칙이 이러하니
모든 것을 잃은 사람은 왕들 중의 왕이 되지만
그와 같은 사람은 없네요

【 가잘에 대한 해설 】

샤리야트(Shariyat)는 종교의 껍질(의식과 절차)이며 그에 따라 샤리야트는 오직 선과 악만을 고려합니다. 아무런 인상도 없이 사람으로 가득 찬 깨끗해진 가슴은 선행과 악행으로부터 자유롭습니다. 여기서 베일은 인상의 베일입니다. 7개의 주요 베일이 있으며 각 주요 베일에는 수천 개의 하위 베일이 있습니다.

종교 그 자체는 새장처럼 묘사되고 어울리지 않는 옷을 입는 것으로 묘사됩니다. 인상이 자유로워지면 사람은 완전하게 벌거벗게 되는데, 이것은 인상이 하나도 없다는 것을 의미합니다. 옷의 적당한 크기는 인상이 없는 옷을 의미합니다. 환상의 꿈에서 모든 사람들은 적합하지 않은 옷을 입습니다.

사람이 창조계에 들어오면 환상의 속박을 받지만, 이 모든 환상의 속박을 잃어 버리면 그는 홀로 존재한다는 것을 알게 됩니다. 그러면 그를 위해 세상은 사라집니다. 왜냐하면 실재에서는 오직 신만이 존재하기 때문입니다. 그러므로 모든 것을 잃어버린 사람은 왕중의 왕이 되고 그는 홀로 존재합니다.

I MET THE SAKI

What a wonderful dream my world-loving eyes have been seeing,
Having forgotten my ocean form I discovered I am a bubble in the world of illusion.

I met the Saki one day who gave me a cup of wine—
I felt great joy when I drank it, but then found myself ruined.

When I was thoroughly disgusted with my life I called out to Death,
But Death saw that many deaths were left in my life.

I saw thousands of games at every step on the path of love—
I saw springs and summers; I experienced rest and pain.

Oh Meher, when You accepted me and I became Yours,
somehow You became indifferent to me.
Very, very few have ever experienced such pain as I
in Your friendship as my dear Beloved.

When I became Your slave, You spread thorns on my pathway,
While I observed You giving roses to those free of Your bondage.

Oh Bhau, how can I tell you the greatness of my Beloved?
He is so infinitely veil-less that I always found Him veiled.

【 Commentary on Ghazal 】

In every birth, and while passing through the lower kingdom of consciousness, one has different types of illusory experiences which emancipate and are wiped out gradually. These are depicted as the thousands of games at every step in the path of love.

He is always manifest and He is infinitely manifest. Therefore, anything which goes to the extreme becomes the opposite of itself, and that's why the Beloved is infinitely veil-less but appears as though He were veiled.

샤키와의 만남

나의 눈이 바라본 사랑스런 세상은 놀랍도록 멋진 꿈이었지만
나의 바다 모습을 잊어버리자 환상의 세계는 거품임을 알았죠

어느 날 내게 와인 한 잔을 준 샤키를 만났어요—
그것을 마실 때는 큰 희열이었지만, 결국 폐허가 된 내 자신을 발견했죠

내 삶에 혐오감을 느꼈을 때 나는 죽음을 외쳤지만,
죽음은 아직도 내 삶에 많은 죽음들을 남겨 놓았죠

사랑의 길을 걸을 때마다 수천 개의 게임을 보았어요—
나는 봄과 여름을 보았고; 휴식과 고통을 경험했지요

오~ 메헤르, 당신이 나를 받아들여 내가 당신의 것이 되었을 때
오히려 당신은 나에게 무관심해졌어요
아주 극소수의 사람들만이 나와 같은 경험을 하죠
당신의 우정에 있어서 나의 사랑하는 비러벳처럼

당신의 노예가 되었을 때, 당신은 나의 길에 가시덤불을 놓는 동안
당신의 구속으로부터 자유로운 이들에게는 장미꽃을 뿌려 주었죠

오~ 바우지, 내 비러벳의 위대함을 어떻게 당신에게 말할 수 있을까요?
너무나 무한한 베일에 감춰졌기에 난 항상 베일에 가려진 그를 찾아내죠

【 가잘에 대한 해설 】
모든 환생에서 의식의 하위 경지를 통과하는 동안 사람은 서로 다른 유형의 환상을 경험하게 되는데 이 환상은 점차적으로 소멸하고 사라집니다. 이것들은 사랑의 길에 있는 모든 단계에서 수천 개의 게임으로 묘사됩니다.
그는 항상 나타나고 무한히 나타납니다. 그러므로 극단으로 가는 것은 그 자체와 정반대가 되므로, 비러벳은 무한히 베일을 벗지 않고 마치 그는 베일에 가려진 것처럼 보입니다.

LOOK WITHIN, YOU ARE YOUR OWN VEIL

I asked Him, "Where are You?" and He said,
"Look within, you are your own veil. Wipe out your self and see your self as Me."

Oh Meher, give the gift of Your mercy to my tears —
Wipe out my self and manifest, thus see Your face in my heart.

Oh Preacher of religion, you are in prison yourself and you preach about freedom.
Create the pain of longing for the Beloved; forget your self and see your Self.

The world, heavens and planes, and all of creation are a curtain in the mind—
The Self is not seen unless the mind is completely annihilated.

Oh Preacher, why point out the holes in other's garments?
Stitch the holes in your own before pointing to others.

My awakened consciousness is laughing mockingly at my dead body,
revealing a secret:
"Merge your self, not your corpse, with the earth and see Your Self!"

Oh Bhau, I am at that state in the Beloved's love
where nothing but the pain of longing gives me relief.
However I have yet to reach that stage of restlessness
that brings the Beloved's final kiss!

【 Commentary on Ghazal 】

Although every drop is nothing but the Ocean, it experiences itself as only a drop because of the veil of ignorance. Therefore, every drop becomes its own veil. Because the drop is really the Ocean, the Beloved says, "Wipe out your own self and you will see Me."

When one dies his false self does not die. So the Beloved says, "Merge your self in Me (kill the false self). Make yourself, and not your body, the corpse; then you can see Me."

내면을 보세요, 당신은 당신 자신의 베일이에요

"당신은 어디에 있나요?"라고 내가 그에게 묻자 그는 말했죠
"내면을 봐요, 당신은 당신자신의 베일이에요, 당신자아를 닦아내고 스스로를 나처럼 보세요"

오~ 메헤르, 나의 눈물에 당신의 자비를 베푸세요—
내 자아를 닦아내면 가슴에선 당신의 모습이 나타나겠죠

오~ 종교의 설교자여, 당신은 스스로 감옥에 들어가 자유를 설교하네요
비러벳을 위해 갈망의 고통을 창조하라; 자아를 버리고 그대의 실재를 보라

세상과 천국과 경지들 그리고 모든 창조물인 마음의 장막일 뿐—
마음이 완전히 소멸되지 않는 한 자신의 실재는 보이지 않아요

오~ 설교자여, 왜 남의 옷에 난 구멍을 지적하나요?
다른 이들을 지적하기 전에 자신의 구멍부터 꿰매세요

나의 깨어난 의식은 나의 죽은 몸을 비웃고 있어요
비밀을 알려줄게요:
"당신의 죽음의 몸이 아닌 당신 자신과의 합일이에요, 대지와 함께 당신의 실재함을 보세요!"

오~ 바우지, 나는 지금 비러벳의 사랑 안에 있어요
그 무엇도 아닌 갈망의 고통만이 나를 안도하게 하지요
그러나 나는 아직 간절한 그 단계에는 이르지 못했어요
그것은 비러벳의 마지막 키스를 이끌어내는 단계죠!

【가잘에 대한 해설】

비록 모든 물방울이 바다에 지나지 않지만 무지의 베일 때문에 오직 한 방울의 물로서 그 자신을 경험합니다. 따라서 모든 물방울은 그 자신의 베일이 됩니다. 왜냐하면 물방울은 실제로는 바다이기에, 비러벳은 "자기 자신을 닦아내면 나를 볼 수 있어요"라고 말합니다.

사람이 죽을 때 그의 거짓 자아는 죽지 않습니다. 그래서 비러벳은 말합니다. "내 안에 그대 자신이 녹아들라(거짓 자아를 죽이라). 송장이 될 그대의 몸이 아니라 그대 자신을 만들라; 그러면 그대는 나를 보리라."

I LONG TO BE THE DUST OF YOUR FEET

Oh Meher, what is happening to me in Your friendship?
The world thinks that I am the worst kind of mindless fool.

It is a great help along the path that the world thinks I am crazy
and does not care for me.
I wanted to renounce the world, but through Your kindness
the world renounced me.

Oh Beloved, if You are with me, what worry have I? What do I lack with You?
As soon as I turned into the dust of Your feet,
I felt the whole world come under my command.

The world just thinks I am mad, but it does not know that my madness sees You
In every particle of the creation in Your full glory.

Oh Meher, You kick me abusively, remain indifferent to me, and the world laughs,
But it does not understand the value of Your kicks as I follow You more and more.

What a calamity is this love and my longing for it—
I wanted to be Your great favorite but now I long to be the dust of Your feet.

Oh Beloved, if You don't want to see me at least make my wounds deeper.
Since I have learned to enjoy the pain of my wounds which gives me relief.

My helplessness has reached that stage where I laugh at it,
And the more I follow You, the more You are indifferent toward me.

Oh Bhau, who will believe that the deeper the wounds of my heart become
The more I remain bowed down at his feet.

【 Commentary on Ghazal 】
When one becomes free from sanskaras, he gains infinite power, bliss and knowledge, and this happens when the false self becomes dust. Then the world is under his command. In the beginning the lover wants the Beloved to praise his love for Him. But gradually the lover experiences that he has to make his false self dust under the Beloved's feet, seeking only His pleasure, and not his own pleasure. When a lover longs and longs for the Beloved, he loses his own pleasure and he seeks only the pleasure of the Beloved at any cost. This is depicted by the lover having bowed down at the Beloved's feet.

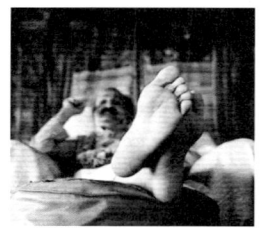

GHAZAL FIFTY-EIGHT

난 당신 발 밑에 먼지가 되고 싶어요

오~ 메헤르, 당신의 우정안에서 내게 무슨 일이 벌어지고 있나요?
세상은 나를 아주 답답하고 무신경한 바보라고 여기고 있어요

세상은 날 신경도 안 쓰고 미쳤다고 생각하지만 내겐 커다란 도움이 되죠
세상을 버리고 싶었지만 당신의 친절로 인해 세상이 날 버렸네요

오~ 비러벳, 당신과 함께라면 무슨 걱정이 있을까요? 과연 무엇이 부족할까요?
당신 발아래서 먼지로 변하자마자
세상은 온통 내 발아래 놓여 있음을 느꼈죠

나를 미쳤다고 보는 세상은 당신을 바라보는 나의 광기는 알지 못하죠
당신의 영광 속에 깃든 모든 창조의 입자들 안에서

오~ 메헤르, 당신은 나를 학대하며 걷어차고 무관심 속에 세상마저 웃지만
더욱더 당신을 따라가는 동안에 당신에게 차이는 가치를 이해하지 못하죠

그에 대한 이 사랑과 나의 갈망은 얼마나 큰 재앙인가요—
당신에게 가장 인정받고 싶었지만 지금은 당신 발아래 먼지가 되고 싶어요

오~ 비러벳, 저를 보고 싶지 않다면 최소한 상처라도 깊게 파주세요
이제껏 상처의 고통을 즐기는 법을 배웠기에 최소한 안심은 되겠죠

나의 무기력함은 이제 그것을 비웃는 단계까지 도달했어요
그리고 당신을 계속 따라갈수록 당신은 더욱 내게 무관심해요

오~ 바우지, 내 가슴의 상처가 깊어질수록 더 깊어지는 믿음은
계속해서 더 많이 그의 발아래서 머리를 숙여 엎드려 있어요

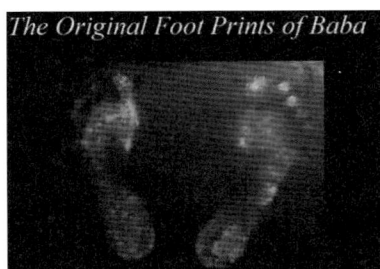

【 가잘에 대한 해설 】

산스카라들로부터 자유로워지면 무한한 힘과 지복과 지식을 얻게 됩니다. 이것은 거짓된 자아가 먼지가 될 때 일어납니다. 그러면 세상은 그의 발아래 놓이게 됩니다. 처음에 러버는 비러벳이 그에 대한 사랑을 칭찬하기를 원하지만 점차 러버는 비러벳의 발아래에서 자신의 거짓 자아를 먼지처럼 만들어야 한다는 것을 경험하게 됩니다. 자기 자신의 기쁨이 아닌 오직 비러벳의 기쁨만을 추구하게 됩니다. 러버가 비러벳을 갈망하고 그리워할 때, 그는 자신의 즐거움을 잃어 버리고 어떤 희생을 치르더라도 비러벳의 기쁨만을 추구합니다. 이것은 러버가 비러벳의 발아래 머리를 숙인 모습으로 묘사됩니다.

NO ALTERNATIVE BUT TO HEAR THE WORD

Oh Lord Meher, what am I doing now that You have gone?
I am listening to the sweet melody of Your Silence.

What an infinite sound is in Your Silence!
When I lost all the sounds in my self and became silent, I could hear It!

You live only where there is Silence.
Silence is the Infinite Ocean, and only You are that—and no one else.

What a game I am witnessing while remaining imprisoned
in the prison of this noisy world!
I have forgotten my own Self and I have become a stranger.

The aim of life is to drown oneself in the Ocean of Silence.
Yet I am talking and talking, and do not feel ashamed of my talking.

Oh Beloved, You do not speak and yet You do speak!
You speak in each heart—and when I finally became silent I could hear You.

What a powerful sound You have in Your Silence!
I was asleep for ages, but since I heard Your sound,
I am awakening and awakening from the sleep.

I do not hear the Word which had come out of Your Silence in the beginning—
I hear something else and therefore I am something else!

This life is to hear the Word and to become the Word.
But how can I become the Word when I am becoming flesh?

Oh Beloved, You are here to awaken the world and to make it hear the Word.
There is no alternative for us but to hear the Word. Now I know this.

There can never be room for any thought in the state of Silence.
Oh Bhau, listen and stop thinking and thereby forget everything
to achieve this state of Silence.

【 Commentary on Ghazal 】
Composed on Silence Day, July 10, 1984

GHAZAL FIFTY-NINE

말씀을 들을 그 어떤 기회도 없네요

오~ 로드 메헤르, 당신이 가버린 후 난 지금 무엇을 하죠?
난 당신의 달콤한 침묵의 멜로디를 듣고 있는데

당신의 침묵 속에 얼마나 무한한 소리가 있나요!
내 자신의 모든 소리들을 잃고 침묵할 때 들을 수 있었죠!

당신은 오직 침묵이 있는 곳에서만 살지요
침묵은 무한한 바다이며, 오직 당신만이 그것이죠—그 누구도 아닌

감옥에 갇혀 있는 동안 목격하는 게임이 얼마나 대단한지
이 시끄러운 세상의 감옥 안에서!
내 자신의 실재함을 잊어버리고 이방인이 되었어요

삶의 목적이 있다면 침묵의 바다에 빠져 죽는 것인데
끊임없이 말하면서도 여전히 내 말에 수치를 모르네요

오~ 비러벳, 당신은 침묵하지만 여전히 말을 하네요!
각각의 가슴에서 말하죠—마침내 침묵에 잠길 때 당신의 소리를 듣게 되죠

당신의 침묵 속에 얼마나 강력한 소리가 나는가요!
난 오랫동안 잠들었지만, 당신의 소리를 듣고부터
나는 깨어나요 잠에서 깨어나고 있어요

처음에는 침묵에서 나온 당신의 말씀을 듣지 못했죠—
나는 훨씬 더 대단한 것을 들었고 그래서 난 훨씬 더 대단한 것이 되었죠!

그 말씀을 듣게 되면 이 삶도 곧 말씀이 되는 것이지만
몸뚱이로 살아가면서 어떻게 말씀이 될 수 있을까요?

오~ 비러벳, 당신은 세상을 깨우시고 말씀을 이곳에 전하네요
우리는 그 말씀을 듣는 것 외에는 대안이 없음을 이젠 알아요

침묵의 상태에서는 그 어떤 생각의 여지도 일어나지 않아요
오~ 바우지, 경청하세요 그리고 생각을 멈추고 모두 잊으세요
이 침묵의 상태를 성취하기 위해서

【 가잘에 대한 해설 】
1984년 7월 10일 침묵의 날에 작성

LISTEN TO WHAT THE BELOVED SPEAKS THROUGH HIS SILENCE

Oh Meher, make me Yours and teach me something
That I can wipe out the existence of my mind.

I am trying and trying to keep my head bowed at Your feet.
I am fulfilling my duty as Your slave, but oh Beloved,
are You fulfilling Yours to me?

My bowed head has no right to complain against Your oppressions
If You continue to give roses to others, while giving only thorns to me.

No one sees You shooting Your arrows at my heart,
And if I weep, who will believe that it is because of their wounds?

I can only pray to You now; at least listen to my prayers please.
Do not kill me inch by inch—kill me with one stroke!

Oh Beloved, my whole life has become Your worship—
Break Your indifference with at least one embrace.

The more indifferent You become toward me, the thirstier I become.
Trouble me to any extent, harass me if You must,
but at least give me another cup of wine to drink.

I am fed up listening to spiritual discourses and sermons
from priests and preachers of different religions.
Oh Bhau, you are ready; now listen
to what the Beloved speaks through His Silence!

【 Commentary on Ghazal 】

When the lover belongs to the Beloved completely his limited mind loses its existence. Therefore, the lover says, "Oh Beloved, do something so that I may belong to You completely."

The language of Silence is nothing but love. When one loves the Beloved, he loses his own language (the language of binding sanskaras) and hears only the language of the Beloved through His Silence.

비러벳의 이야기를 들으세요
그의 침묵을 통해

오~ 메헤르, 당신에게 귀속되게 하시고 내게 가르쳐 주세요
내 마음의 존재를 없앨 수 있도록

당신의 발 앞에 머리를 숙이려고 노력하고 있는 난
당신의 노예로서의 의무를 다하고 있지만, 오~ 비러벳,
나를 당신에게 귀속시킬 수 있나요?

내 머리 숙임은 당신의 압박에 대해 불평할 권리는 없지만
내게는 오직 가시만 주고 다른 이에겐 계속 장미를 주네요

아무도 당신이 내 가슴에 화살을 쏘는 것을 보지 못하죠
그리고 내가 울면 누가 그런 상처 때문이라고 믿겠어요?

오로지 지금 당신에게 기도할 뿐; 적어도 내 기도를 들어 주세요
조금씩 나를 죽이지 마세요— 차라리 단칼에 나를 죽이세요!

오~ 비러벳, 내 모든 삶은 당신의 숭배가 되었어요—
최소한 한 번의 포옹이라도 당신의 무관심을 깨뜨리세요

당신이 내게 무관심해질수록, 나는 갈증이 심해져요
계속해서 나를 괴롭히고, 나를 시달리게 해야 한다면
적어도 나에게 마실 와인 한 잔은 남겨 주세요

영적인 강연과 설교를 듣는 것에 난 진저리가 나네요
또 다른 종교의 성직자와 설교자들로 부터도
오~ 바우지, 준비되었다면; 이제 들어 보세요
비러벳이 그의 침묵을 통해 무엇을 말하는지!

【 가잘에 대한 해설 】
러버가 완전히 비러벳에게 속할 때 그의 제한된 마음은 그 존재를 잃게 됩니다. 그러므로 러버는 "오~ 비러벳, 내가 당신에게 완전히 속할 수 있도록 어떤 조치든 취하세요"라고 말합니다.
  침묵의 언어는 무(無)이지만 그것은 사랑입니다. 비러벳을 사랑할 때, 그는 자신의 언어(산스카라를 구속하는 언어)를 잃어 버리고 그분의 침묵을 통해 비러벳의 언어만을 듣습니다.

SHED TEARS AT EVERY STEP
BUT BE HAPPY IN EVERY SITUATION

Oh Meher, I am so utterly attracted to Your beauty
That my heart has forgotten the world and remembers only You.

What a peculiar situation I am facing at this stage in the path of love;
I find no rest, but I find relief through the pain of longing.

How can anyone understand this path of love?
The gain of life is in its complete ruination!

Your beauty fulfills my life; Your commandments are my light.
What simplicity there is in the exposition of Your beauty!

I have given so many answers and have so many more to reveal,
But tell me, does Your simple question, "Who am I"
require so many answers?

My pleasure is no pleasure; Your pleasure has become my life.
I shed tears at every step, but I am happy in every situation.

What calamities I am facing, one after another, in this path of love—
Yet all the wealth and pleasures of the world could not give me
the comfort and security I derive from the pain of longing.

Oh Bhau, what a life you are leading in His separation since the day He departed!
But never forget to obey His commands whatever may happen.

【 Commentary on Ghazal 】
One has to ruin the false self completely in order to gain the Real Self. When the pleasure of the lover becomes the pleasure of the Beloved, the lover experiences the pain of longing and feels pleased no matter what the circumstances are.

GHAZAL SIXTY-ONE

매 순간 눈물을 흘리지만
모든 상황속에서 행복해요

오~ 메헤르, 나는 당신의 아름다움에 사로잡혔어요
세상을 잊은 내 가슴은 오직 당신만을 기억해요

사랑의 길에서 직면하고 있는 지금의 이 기묘한 상황은;
비록 휴식은 없지만 갈망의 고통을 통해 위안을 얻지요

누구든 이 사랑의 길을 어떻게 이해할 수 있을까요?
인생의 이득이란 그것의 완벽한 파멸을 이끄는데!

당신의 아름다움에 풍족한 내 삶; 나의 빛이 되어 준 당신의 계명
당신의 아름다움을 표현하는 것은 이렇게도 소박한 일인데!

너무나 많은 답을 했고 밝혀야 할 것이 아직 더 많지만
말해주세요, "나는 누구인가"라는 당신의 단순한 질문은
그렇게 많은 답을 필요로 하는가요?

나의 기쁨은 기쁨이 아니죠; 당신의 기쁨이 내 삶이 되었기에
모든 발걸음마다 눈물을 흘리지만 모든 상황에서 행복하네요

이 사랑의 길에서 잇따라 겪고 있는 재난이 무엇이든―
여전히 세상의 모든 부와 즐거움은 나에게 줄 수 없었죠
갈망의 고통에서 우러나오는 안락함과 안정감을요

오~ 바우지, 그가 떠난 날로부터 그의 이별 안에서 살고 있는 당신!
그러나 어떤 일이 있어도 그의 명령에 순종하는 것을 잊지 마세요

【 가잘에 대한 해설 】
진정한 자아를 얻기 위해서는 거짓 자아를 완전히 파멸시켜야 합니다. 러버의 즐거움이 비러벳의 즐거움이 될 때 러버는 갈망의 고통을 경험하고 어떤 상황이라도 기쁨을 느낍니다

WHAT CAN I GIVE YOU BUT MY VEIL?

Oh Meher, since You asked how to give me wine without my having thirst,
May I then ask how I can surrender my account book to You for burning?

In between the Question and its Answer are innumerable answers,
So why give meaningless answers and not search
for the right Answer to the right Question.

This business of giving and taking loans seems never-ending,
And now it has become impossible for me to settle my account.

You are manifest in every particle, and thus I am attracted toward Your beauty.
Oh veil-less Beloved, what do You expect from me?
What can I give You but my veil?

Though I shed tears day and night, Your pain is more precious to me than life.
This secret is hidden from the world; how can I possibly explain it?

Even my enemies shed tears seeing me in such a painful state,
But You tell the world You do not give roses because I like thorns.

Oh Bhau, my Beloved has given the world the opportunity to laugh at me.
He says to the world, "What name should I give him except mad?"

【 Commentary on Ghazal 】
The original question is "Who am I?" and the only answer is "I am God." But in between this Real Question and Real Answer are innumerable false answers such as "I am a stone, I am a bird, I am a man, a woman," etc. Therefore to search for the right answer means to long to experience the "I am God" state.
The lover says that he has nothing to give to the Beloved but his own veil of ignorance.
When one loves God and remains absorbed in love he appears mad, so the world laughs at him and the Beloved also tells the world that he is mad.

당신에게 내 베일 외에 무엇을 줄까요?

당신이 갈증도 없는 내게 어떻게 와인을 줄 수 있냐고 물었으니
어떻게 내 업장을 당신께 태워 항복할 수 있을지 물어봐도 될까요?

질문과 그 답변 사이에는 수많은 해답들이 있어요,
어찌하여 찾을 수 없는 무의미한 답변들만 주시고
올바른 질문에 대한 올바른 해답을 찾지 않는지

부채를 주고받는 이 사업의 관계는 끝이 없어 보이고
이제는 내 부채를 정산하는 것이 불가능해졌어요

당신은 극히 작은 곳에도 나타나기에 난 당신의 아름다움에 끌려요
오~ 베일이 없는 비러벳, 당신은 내게서 무엇을 기대하나요?
당신에게 내 베일 외에 무엇을 줄까요?

밤낮으로 눈물을 흘리지만 당신의 고통은 내게 목숨보다 소중해요
세상에서 숨겨져 있는 이 비밀을; 어떻게 그것을 설명할 수 있을까요?

내 원수조차도 그런 고통스러운 상태에서 나를 보고 눈물을 흘렸지만,
당신은 세상에 말하길 내가 가시를 좋아한다고 장미를 주지 않았지요

오~ 바우지, 나의 비러벳은 세상에 나를 비웃을 수 있는 기회를 주네요
그는 세상에 말하길 "미쳤다는 말 외에 달리 무슨 이름을 주겠어요?"

【 가잘에 대한 해설 】
원래 질문은 "나는 누구인가?"이고, 유일한 대답은 "나는 신이다"입니다. 그러나 이 참된 질문과 참된 답변 사이에는 "나는 돌이고, 나는 새이며, 나는 남자이고 여자이다"와 같이 셀 수 없이 많은 거짓 답이 있습니다. 따라서 올바른 답을 찾는다는 것은 "나는 신이다"의 상태를 경험하기를 갈망하는 것을 뜻합니다.
러버는 비러벳 외에는 자신의 무지의 베일을 벗겨줄 사람이 없다고 말합니다.
누군가 하나님을 사랑하고 그 사랑에 빠진 채로 있을 때 그는 미친 듯이 보이기에, 세상은 그를 비웃고 비러벳마저 세상에 그가 미쳤다고 말합니다.

WHAT ANSWER CAN BE GIVEN?

What type of rest is this; what type of comfort?
What type of relief is this; what type of dream?
They cannot be answered. And when they are beyond question,
what answer can be given?

You are not near, You are not far. Where is that place where You are?
You are me and I am You; how has this veil come between us?

Oh Meher, since I became Yours, You became indifferent toward me.
I am thirsty, but how can I ask You for wine when You are indifferent?

You are stone-hearted toward me and prick me with thorns,
But for others You are like wax and give them roses.

I cannot sleep, I cannot eat, I am restless from the pain of longing—
But because my rest lies in this pain I remain quiet.

Oh Bhau, you renounced the world for the Beloved
but now He has no concern for you.
His acts are hidden, and you have no idea
what He is doing for you behind the veil.

【 Commentary on Ghazal 】

There is nothing but God and what appears to exist is nothing but illusion or a dream. Therefore, the Beloved says, "You are Me and I am you." To know this the lover has to lift the veil of ignorance.

Although the Beloved is in everyone and works for everyone, no one knows what He does for everyone, as He is infinite and we are limited. Therefore, whatever He does behind the veil no one really knows.

GHAZAL SIXTY-THREE

어떤 응답을 얻을 수 있나요?

이것은 어떤 종류의 휴식이고; 어떤 종류의 안락인가요?
이것은 어떤 종류의 안도이며; 어떤 종류의 꿈인가요?
그들은 대답할 수 없어요, 그리고 그런 의심을 넘어선다면
어떤 응답을 얻을 수 있나요?

당신은 가까이 있지도 멀리 있지도 않아요. 당신은 어디에 있나요?
당신은 나이고 나는 당신인데; 이 베일은 어찌 우리 사이에 있나요?

오~ 메헤르, 내가 당신의 것이 된 이후로 당신은 흥미를 잃었어요
목은 마르지만 어찌 무관심한 당신에게 와인을 청할 수 있나요?

내게 돌심장인 당신은 가시덤불로 나를 괴롭히지만
다른 사람들을 위해선 밀랍 같은 장미를 주시지요

끝없는 갈망의 고통으로 잠을 잘 수도 먹을 수도 없지만—
나의 휴식이 이 고통 속에 있기에 나는 조용함을 유지하죠.

오~ 바우지, 당신은 비러벳을 위해 세상을 포기했지만
지금 그는 당신을 걱정하지 않아요
숨겨진 그의 행동을 당신은 몰라요
그가 베일 뒤에서 당신을 위해 무엇을 하는지

【 가잘에 대한 해설 】
하나님 외에는 아무것도 없으며 존재하는 것처럼 보이는 것은 환상이나 꿈일 뿐입니다. 그러므로 비러벳은 "당신은 나이고 나는 당신이에요"라고 말합니다. 이것을 알기 위해서는 러버가 무지의 베일(장막)을 벗어야 합니다.
비록 비러벳이 모두 안에 있고 모든 사람을 위해 일할지라도 그는 무한하고 우리는 제한되어 있기 때문에 그가 무엇을 하는지는 아무도 알지 못합니다. 그러므로 그가 베일 뒤에서 무엇을 하든지 아무도 알지 못합니다.

IF YOU WILL ANNIHILATE YOURSELF YOU WILL BECOME GOD!

If you annihilate yourself, you will become God!
You will find your destination and become the destination for all.

You are your own abode, and you are the path leading to it—
Leave your self behind and see what you become!

Why do you always express your anger with others?
You will become a Perfect Man if you become angry with your self.

Oh Meher, why should anyone be afraid of anything in the world
when the one whom You are with has the whole world under His command?

You are in everyone; You are never separate from anyone.
Whoever understands this becomes one with You and separate from his self.

Oh Bhau, if Meher's glance falls on you,
Your mind will be annihilated in a moment and you will become God!

【 Commentary on Ghazal 】
When the false self is annihilated, the Real Self (God) is found. The destination of the real self is infinite, and this is the destination for all.

The lower, or false, self is the only obstruction between man and God, and it is the enemy. Nonetheless, one remains attached to this false self and does not get angry with it; instead, one becomes angry with others. But when one becomes angry with his own false self and kills it, he becomes God.

【 remark 】
I tell you all with my divine authority that you and I are not "we" but "One." You unconsciously feel my Avatarhood within you; I consciously feel in you what each of you feel. Thus, every one of us is Avatar, in the sense that everyone and everything is everyone and everything, at the same time, and for all time. −LM Online, p3553

당신 자신을 소멸시킨다면
당신은 신이 되지요!

당신이 자신을 소멸한다면 당신은 신이 될 거예요!
당신이 찾은 목적지는 모두를 위한 목적지가 될 거예요

당신은 당신 자신의 거처이며 그곳을 안내하는 길이에요—
당신 자신을 뒤로하고 자신이 어떻게 되었는지를 보세요!

왜 항상 다른 사람들에게 당신의 분노를 드러내나요?
스스로에게 화를 낸다면 당신은 완전한 사람이 되지요

오~ 메헤르, 왜 누구든 세상에 있는 어떤 것을 두려워하나요?
당신과 함께 있는 사람이 온 세상을 그의 휘하에 두고 있거늘

모든 사람 안에 있는 당신은 결코 누구와도 분리되어 있지 않아요
이것을 이해하는 사람은 당신과 하나가 되고 자아로부터 분리되죠

오~ 바우지, 메허의 시선이 당신에게 떨어지면
당신의 마음은 한순간에 소멸되고 당신은 신이 될 거예요!

【 가잘에 대한 해설 】
거짓된 자아가 전멸되면 진정한 자아(신)가 드러납니다. 진정한 자아의 목적지는 무한하며, 이것이 모두를 위한 목적지입니다.
하위의 거짓된 자아는 사람과 하나님 사이의 유일한 방해물이며, 적입니다. 그럼에도 불구하고, 우리는 이 거짓 자아에 집착하고 그것에 대해선 화를 내지 않고; 대신에, 다른 사람에게 화를 냅니다. 그러나 자신의 거짓된 자아에 화를 내고 그것을 죽이면 신이 됩니다.

【 주석 】
나의 신성한 권한으로 여러분 모두에게 말합니다. "여러분들과 나는 '우리'가 아니라 '하나'입니다." 여러분은 여러분 내면에서 아바타의 신성을 무의식적으로 느끼지만; 나는 여러분들 각자가 느끼는 모든 것들을 의식적으로 느낍니다. 그러므로 모든 사람과 모든 것이 그 모든 사람과 모든 것으로 존재한다는 의미에서, 동시에, 그리고 모든 시간 동안, 우리의 모든 것들은 아바타로서 존재합니다. -로드메허 온라인 3553페이지(1954년 9월 12일 메시지)

I DIED AND BEGAN TO LIVE

This desirelessness of my heart has at last become useful;
My name was erased and Your Name came into existence!

I was withering from thirst while sitting in Your court,
But when I finally became aware of it, You gave me the cup of dawn.

Your kindness deepened the wound in my heart and quieted me,
But those around me thought the wound was at last healed by Your charity.

Oh Meher, when I completely surrendered my life at Your feet,
I died and began to live; then found the destination.

The only cure You had for my restless longing was to increase it beyond limit,
So I could rest without a break.

Oh Bhau, the Beloved spread grain to capture your heart in His cage,
Then He just stopped caring for it and now the parrot is restless for freedom.

【 Commentary on Ghazal 】
Complete surrenderance means death followed by Reality. Not a thought remains; not even a thought of Union.

GHAZAL SIXTY-FIVE

나는 죽었지만 살기 시작했죠

내 가슴의 욕망 없음은 마침내 쓸모 있게 되었죠;
나의 이름은 지워졌고 당신의 이름이 현존하게 되었죠!

당신의 왕궁에 머무는 동안 나는 갈망으로 시들어 갔지만
마침내 그것을 알았을 때, 당신은 내게 새벽의 잔을 주었죠

당신의 친절은 내 가슴에 상처를 더 깊게 하고 날 진정시켰지만
결국 주위의 사람들도 당신의 자비로 상처가 치유됨을 알겠죠

오~ 메헤르, 당신 발아래 내 삶을 완전히 포기했을 때
나는 죽었지만 살기 시작했죠; 게다가 목적지를 찾았어요

내 들뜬 갈망을 치유할 당신의 유일한 방법은 그것을 무한히 더하는 것
그래서 끊임없이 나는 쉴 수 있었죠

오~ 바우지, 비러벳은 먹이를 뿌려 당신의 가슴을 그의 새장에 가두어
그 뒤로 보살핌을 멈추었어요, 그리고 지금 앵무새는 자유를 갈망하죠.

【 가잘에 대한 해설 】
완전한 항복은 실재(Reality, 實在-신적 깨달음)로 이어지는 죽음을 의미합니다. 단 하나의 생각도 남아 있지 않습니다; 합일에 대한 생각조차 남아 있지 않습니다.

I FIND ONLY YOU IN MY HEART

Oh Meher, what work have You taught me that I have no work to do?
You have given me such rest that I have no rest.

You are angry with me and I am angry with You—
Still I find no release without talking to You.

Oh Beloved, You have become stone-hearted in Your constant harassment.
Don't You have something better to do than this?

I do not remember anything in this life of love.
I forgot what was day, what was night, what was morning and what was evening.

At first, love was my life—now my life is love.
What should I do? Without restlessness I cannot find rest.

There are thousands of drunkards gathered at Your wineshop's door,
helpless in every way—
Yet, it is this which causes them to drown their helplessness
because of more and more wine.

I am so tired in the path of love that my exhaustion is giving me strength.
I am now doing that work which is not considered work in the eyes of the world.

The world is now receiving a message from Your Silence,
But it is not for those who like to listen to themselves speak!

After years of journeying, what destination have I finally come to?
I find You only in my heart, but Your name is not on my lips!

You made me quite useless to the world and now it curses me,
But I am happy that no one is blaming You!

Oh Bhau, what can I tell you about this life of love?
The world knows my madness, but the condition of my heart
is forever hidden to others.

【 Commentary on Ghazal 】

At first I would just love, but now that my life itself has become love, I forgot about love or loving. That is, I am no longer conscious of it, as my life has become it. You drink so much (long for God) and become so helpless that there is no alternative but to drink more; that is, long for God more and more. I am regarded as useless by the world because I am not doing anything that the world considers to be work.

오로지 당신만을 찾는 나의 가슴

오~ 메헤르, 내가 할 일이 없다는 것을 내게 가르쳤나요?
당신은 내게 그런 휴식을 주었지만 난 쉴 수가 없네요

당신은 나에게 화가 났고 난 당신에게 화가 났지만—
여전히 당신과 말하지 않고서는 편안하지 못하네요

오~ 비러벳, 당신은 끊임없는 괴롭힘으로 돌심장이 되었죠
이것보다 더 좋은 일이 있지 않을까요?

나는 이 사랑의 삶에서 아무것도 기억하지 못하죠
해가 뜨고 지는지 아침인지 저녁인지 나는 잊었어요

처음 시작할 때는 사랑은 나의 삶이었어요—이제 내 삶이 사랑이에요
어떻게 해야 하나요? 갈망의 초조함이 없이는 쉴 곳이 없네요

당신의 와인 샵에는 수천 명의 술꾼들이 모였어요
그 어디에도 의지할 곳이 없는—
하지만, 이것이 그들의 무력감에 빠지게 하는 원인이죠
점점 더 많은 와인 때문이에요

사랑의 길에 너무 지쳐 탈진하지만 그것은 내게 힘을 주죠
나는 지금 세상 사람들의 눈에는 존경받지 못하는 일을 하죠

세상은 지금 당신의 침묵으로부터 메시지를 받고 있지만
그것은 자신들의 말을 듣기 좋아하는 그들을 위한 것이 아니죠!

수년간의 여행을 마쳤을 때, 마침내 어떤 목적지에 오게 되었나요?
나는 오직 당신을 가슴에서 찾지만 당신의 이름은 내 입술에 없어요!

나를 정말 세상에 쓸모없게 만든 당신, 이제 그것은 나를 저주하네요
그러나 아무도 당신을 탓하지 않기에 나는 기쁘죠!

오~ 바우지, 이 사랑의 삶에 대해 당신에게 무엇을 말해줄 수 있을까요?
세상은 나의 광기를 알고 있지만, 내 가슴의 상태는
영원히 다른 이들에게는 숨겨져 있어요

【 가잘에 대한 해설 】
처음에는 그저 사랑만 하곤 했지만 이제는 내 삶 자체가 사랑이 되어 사랑이나 애정을 잊었습니다. 즉, 내 삶이 되어버린 만큼 나는 더 이상 그것을 의식하지 않습니다. 당신은 너무 많이 마시고(신을 갈망하고) 무력해져서 술을 더 마시는 것 외에 대안이 없습니다; 여기서 술을 더 마신다는 것은 신을 점점 더 갈망함을 말합니다. 나는 세상 사람들이 일이라고 여기는 일을 하지 않기 때문에 세상에서 쓸모없는 존재로 여겨지고 있습니다.

BECAUSE OF YOUR OPPRESSIONS

What a life it was, and what a life it has now become!
Oh Beloved, my life is because of the pain of longing for You!

Now I feel that I love Your pain more than You!
My self is frightened because of the pain of longing I have acquired for You.

Why should I perform ceremonial worship by bowing down at Your feet,
When I have bowed at Your feet in such a manner
that allows Your pleasure to be mine?

Oh Meher, Your praise ended when You had at last imprisoned me
Now I am dying because Your oppressions have replaced Your praise.

In actuality, all Your harshness is not less than Your kindness,
But I took so long to realize this, and tat was my shortcoming.

Either unite with me or make the wound in my heart deeper still —
The restlessness of pain has become my worship to You.

For such a long time I have been fashioning robes that fit me,
But now my thirst can be quenched only when a suitable fakir's rag is ready.

My heart has become blood and so has my spirit,
But I am quiet in love; this is my only simplicity.

Oh Bhau, my Beloved is truly merciless
even as I keep my head bowed at His feet.
What is this love of mine? What is this helplessness?

【 Commentary on Ghazal 】
The more He loves, the harsher His attitude becomes towards the one He loves. He does this to crush the lover's lower self in order to enable him to experience his Real Self. Although He does this out of compassion, it takes a long time for the lover to understand that it is His compassion.

To crush the lower self, the Beloved has to be very harsh and has to become infinitely cruel in order to become infinitely compassionate.

당신의 억압으로 인해

그것이 어떤 삶이었는지, 그리고 지금 어떤 삶이 되었는지!
오~ 비러벳, 내 삶은 온통 당신을 그리워하는 고통뿐인데!

이젠 당신보다도 당신의 고통을 더 사랑하는 나를 느끼죠!
당신을 향한 그리움의 고통 때문에 내 자신이 두려워요

왜 당신의 발 앞에 절하며 예배를 해야 하는지
그렇게 당신의 발에 엎드려 절을 했을 때
그게 당신의 기쁨이 내 것이 될 수 있나요?

오~ 메헤르, 당신이 날 가두었을 때 당신의 찬양은 끝이 났어요—
당신의 억압이 당신의 찬양을 대신했기에 나는 지금 죽어 가네요

실제로, 당신의 모든 가혹함은 당신의 친절보다 덜하지 않지만
이것을 깨닫기까지 너무 오래 걸렸어요, 그것이 나의 단점이죠

합일이 아니라면 내 가슴의 상처를 더 깊게 만들어 주세요—
고통 속에서 안절부절 못함은 당신을 향한 나의 숭배가 되었죠

이렇게 오랫동안 나에게 맞는 유행성 법복을 입어 왔지만
이 갈증은 적합한 수행자의 천이 아니면 해소되지 못하죠

내 심장은 피가 되었고 내 영혼도 그렇게 되었지만
사랑 안에서는 조용해요; 이것이 나의 유일한 순박함이죠

오~ 바우지, 내 비러벳은 정말 무자비하네요
그의 발치에 머리를 숙이는 동안에도 말이죠
이게 나의 사랑인가요? 이 무력감은 도대체 무엇인가요?

【 가잘에 대한 해설 】
그는 사랑을 더할수록 그의 러버들에 대한 그의 태도는 가혹해집니다. 그는 자신의 참된 자아를 경험할 수 있도록 러버의 낮은 자아를 짓눌러 버립니다. 비록 그가 연민심을 나타내지 않더라도, 러버가 그것이 연민심임을 이해하는 데는 오랜 시간이 걸립니다. 낮은 자아를 부수기 위해서는 비러벳은 매우 가혹해야 하고 무한한 자비심을 갖기 위해서는 무한히 잔인해져야 합니다.

YOU CANNOT BE FORGOTTEN

I am not aware of where I am going—
In truth, I must admit that I have become unconscious.

What longing is this that I have for the Beloved?
I am following the One who does not even care for me!

Oh Meher, I have forgotten everything in Your longing—
I have become so conscious of You that I have lost all other consciousness.

The heart has forgotten everything in Your love,
But still there is one thing which cannot be forgotten—You!

Your work is to shower Your kindness on all,
But Your kindness to some is considered Your cruelty.

Oh Bhau, the world is under the feet of my ash,
But I tell you the truth—I am not aware of anything.

【 Commentary on Ghazal 】

When one becomes ash in the fire of His Love the whole world diminishes for him, but until one achieves God Realization one does not realize this fact. When one enters onto the planes, his ego starts burning in the fire of Divine Love, and by the 6th plane the ego becomes ash. However, without Union one cannot experience divine Oneness, but when one becomes completely ash, nothing remains except God. This is why the world comes under the feet of His ash.

GHAZAL SIXTY-EIGHT

잊을 수 없는 당신

어디로 가고 있는지 눈치채지도 모르는 난—
사실, 난 내가 의식이 없다는 것을 인정해야겠죠

이것이 진정 비러벳에 대한 그리움일까요?
날 돌보지도 않는 그를 따라가고 있으니까요!

오~ 메헤르, 당신의 그리움 속에 모든 것을 잊은 난—
당신만을 의식한 나머지 다른 모든 의식을 잃었네요

당신의 사랑 속에서 모든 것을 잊어버린 가슴이지만
여전히 잊을 수 없는 단 하나는 바로—당신!

모두에게 당신의 친절함을 쏟아붓는 것이 당신의 일이지만
누군가에겐 당신의 친절함은 오히려 당신의 잔인함이 되겠죠

오~ 바우지, 세상은 내 뼛가루의 발아래에 놓여 있지만
내가 진실을 말해 줄게요—난 아무것도 눈치채지 못해요

【 가잘에 대한 해설 】
그분의 사랑의 불길에 재가 되었을 때 온 세상이 그를 위해 줄어들지만, 신을 실현하기 전까지는 이 사실을 깨닫지 못합니다. 한 사람이 경지에 오를 때, 그의 자아는 신성한 사랑의 불에 타기 시작하고, 6경지에서 자아는 재가 됩니다. 그러나 합일이 없으면, 신성한 실현의 일체감을 경험할 수 없습니다. 하지만 사람이 완전히 재가 될 때, 신 외에는 아무것도 남지 않습니다. 이때문에 세상은 그분의 재의 발아래로 옵니다..

YOU ARE NOT DIFFERENT FROM ME, AND I AM NOT DIFFERENT FROM YOU

Oh Meher, You always told me, "You are not different from Me
and I am not different from you,"
But how can I experience that You are not different from me,
and I am not different from You?

As long as the inner eye remains closed the Ocean remains just a drop,
But when the eye opens it sees that You are not different from me
and I am not different from You.

There are thousands and thousands of lovers
who have turned into dust for Your one kiss,
But only a few find that You are not different from them,
and they are not different from You.

There are many who read holy books, become very learned
and preach to the masses,
But they do not gain the awareness that You are not different from them
and they are not different from You.

This path of love is not easy—alas, there is nothing in it except fire.
Only the One burnt to ash can claim that He is not different from me,
and I am not different from Him.

Where is there any drop in the Ocean?
When the shore is removed, this secret is revealed.
The drop then hears from the Ocean, "You are not different from Me
and I am not different from you!"

Oh Bhau, what have you been looking for?
Didn't you hear the Beloved's voice?
Close your illusory eyes forever and see that you are not different from Him
and He is not different from you!

【 Commentary on Ghazal 】

God is indivisible; thus, everyone and everything are nothing but God. Because the Avatar is aware of this while we are ignorant of it, the purpose of creation is to realize this fact.

"Going" here refers to the journey of consciousness which is in the dream. This dream goes from the state of gas to the state of God Realization. Therefore, one is not aware of the journey and does not know where he stands. But the original whim, "Who am I" in everyone works internally and it takes each one towards the goal of the "I am God" state.

당신으로부터 나는 다르지 않고
나로부터 당신은 다르지 않아요

오~ 메헤르, 당신은 항상 내게 말하길, "당신으로부터 나는 다르지 않고
나로부터 당신은 다르지 않다"라고 하지만
당신이 나와 다르지 않고
내가 당신과 다르지 않음을 어떻게 경험할 수 있을까요?

내면의 눈이 닫히면 단지 바다는 한 방울의 물이지만
눈을 뜨면 당신이 나와 다르지 않고
내가 당신과 다르지 않음을 알게 되지요

수없이 많은 사람들과 수없이 많은 러버들
당신의 한 번의 입 맞춤을 위해 먼지로 변한 사람들
그러나 오직 소수의 사람만이 당신이 나와 다르지 않고
내가 당신과 다르지 않음을 발견하게 되지요

많은 사람이 거룩한 책들을 읽고 학식이 매우 깊어지고
대중에게 설교를 하지만
그들은 당신이 그들과 다르지 않고
그들이 당신과 다르지 않다는 의식을 얻지 못해요

쉽지 않은 이 사랑의 길―아아~, 사랑의 불을 제외하고는 아무것도 없네요
오직 재로 타버린 자만이 그가 나와 다르지 않고
내가 그와 다르지 않음을 주장할 수 있어요

바다에서 떨어지는 물방울은 어디 있나요?
해안이 제거될 때 이 비밀은 드러나겠죠
물방울은 그때 바다로부터 듣겠죠 "당신으로부터 나는 다르지 않고
나로부터 당신은 다르지 않아요"

오~ 바우지, 무엇을 찾고 있었나요?
비러벳의 목소리를 듣지 못했나요?
환상의 눈을 영원히 감고 그로부터 당신이 다르지 않고
당신으로부터 그가 다르지 않음을 보세요!

【 가잘에 대한 해설 】
신은 불가분의 존재입니다. 그러므로 모든 사람과 모든 것이 신일뿐입니다. 우리가 모르는 사이 아바타는 이것을 알고 있기 때문에, 창조의 목적은 바로 이 사실을 깨닫는 것입니다. 여기서 "가는 것"은 꿈속에 있는 의식의 여정을 말합니다. 이 꿈은 가스의 상태에서부터 신의 실현 상태로 나아 갑니다. 그래서 사람들은 이 여정을 알지 못하고 자신이 어디에 서 있는지도 알지 못합니다. 그러나 모든 사람의 "나는 누구인가"라는 원초적인 질문은 내면에서 일어나며 "나는 신이다"의 상태의 목표를 향해 나아갑니다.

I SHOULD EXPECT NO MERCY
FROM THE COMPLETE TYRANT

I pray to the Guide day and night
To take me from where I have come to where I belong.

Where is there any path? Where is there any station?
I am always standing from where I have come.

Oh Meher, I do not want anything, especially not even Your mercy!
I am in the abyss of pain because of Your blessings!

What a light shines from within You! What simplicity!
I am struck by its radiance and purity.

My helplessness and hopelessness has reached such a state
That night and day I find relief in Your oppressions.

After many years of discipleship with You, I am fully convinced
That I should expect no mercy from Him who is a complete tyrant toward me!

Oppress me as much as it pleases You, even without any mercy—
I am at Your feet and my faith will not be shaken.

He is killing me with His kindness,
but the world thinks He is compassionate toward me.
How can I explain the effect of His kindness
when I have lost my mind in His love?

Whether You kick me or kill me,
I will not leave Your threshold until my mind is annihilated.

Oh Bhau, remember this: His oppressions are not less than His kindness.
This is what I have experienced in the depths of His tyranny.

【 Commentary on Ghazal 】

The Beloved's apparent cruelty is His mercy, and He apparently becomes cruel in order to shower His mercy. Therefore, the lover enjoys His apparent cruelty, although he suffers and longs for such suffering which is expressed as blissful agony.

The Beloved has to become infinitely cruel in order to become infinitely merciful for the lover who wants nothing but Him. Such a lover enjoys the oppressions of the Beloved. If the Beloved shows apparent kindness the lover does not like it, and he longs for His oppressions again.

GHAZAL SEVENTY

난 자비를 바라지 않아요
완전한 폭군으로부터

가이드에게 밤낮으로 기도하나니
내가 있어야 할 곳으로 데려가기를

길은 어디에 있나요? 역은 어디에 있나요?
나는 항상 내가 온 곳에서부터 서 있는데

오~ 메헤르, 아무것도 원치 않아요, 특히 당신의 자비조차도!
당신의 축복으로 인해 고통의 심연에 빠져 있어요!

당신 안에서는 빛이 비쳐요! 얼마나 순박한가요!
그 광휘와 순수함에 난 충격을 받았어요

나의 무력감과 절망감은 그런 상태에 이르렀어요
그날 밤과 낮 나는 당신의 억압 속에서 평온을 찾았어요

제자로서 당신과 보낸 여러 해 동안 나는 충분히 확신했죠
온전히 나에게만 폭군인 그에게서 자비를 바라지 말 것을!

당신이 기뻐할 만큼 억압하세요, 비록 자비심이 없더라도—
당신의 발아래 엎드린 나의 믿음은 흔들리지 않을 테니

그의 친절함은 나를 죽이고 있지만
세상은 오히려 그가 나를 동정한다고 생각하죠
그의 친절함의 영향을 어떻게 설명할 수 있을까요?
그의 사랑 안에서 나의 마음을 잃어버리는데

당신이 나를 걷어차든 죽이든
내 마음이 전멸하기 전까진 당신의 문턱을 떠나지 않겠어요

오~ 바우지, 이것을 기억하세요: 그의 억압은 그의 친절함 그 이상임을
내가 그의 폭정의 깊은 곳에서 얻은 경험이 바로 이러함을

【 가잘에 대한 해설 】
비러벳의 명백한 잔인함은 그분의 자비심이며, 그는 자비를 베풀기 위해 잔인해지는 것임을 알 수 있습니다. 그러므로, 러버는 비록 그의 겉으로 보이는 냉혹함을 즐기며 비록 그는 고통받고 있지만 그러한 고통을 갈망하게 되며 그것은 행복한 고민으로 표현됩니다. 비러벳은 그 외에는 아무것도 원하지 않는 러버를 위해 무한한 자비를 주기 위해 무한히 잔인해져야 합니다. 그런 러버는 비러벳이 주는 고난을 즐깁니다. 만약 비러벳이 겉치레의 친절만을 보인다면, 러버는 그것을 좋아하지 않으며, 그는 다시 그분의 억압을 갈망하게 됩니다.

WHAT WILL HAPPEN UNTIL THE DAWN BREAKS?

Until my tears become fire in love, what will happen to me?
Until my heart becomes blood, what will happen to me?

Oh Meher, I do not want any benefit—
Is any gain possible until there is loss?

I cannot pass the night because of the pain of longing for You.
I will die and continue to die until Your grace descends upon me.

I accept the fact that my tears will have some effect on You,
But it will take ages and ages for You to finally act.

Since I became Yours my plight has remained quite unknown to You—
What will happen to me until You finally receive the news of my state?

This drop is being pushed on by the fire,
But what will happen to it until it becomes the pearl?

The moth is being burned by the candle—
What will happen to it until the dawn breaks?

What has happened, what is happening, and what will happen?
Nothing! It is a dream!
Oh Bhau, you are dreaming, but what will happen to you until you awaken?

【 Commentary on Ghazal 】
This drop is being pushed on by the fire, But what will happen to it until it becomes the pearl?

GHAZAL SEVENTY-ONE

동이 트기 전까지는 무슨 일이 일어날까요?

눈물이 사랑으로 불탈 때까지 내게 무슨 일이 일어날까요?
심장이 핏물로 젖을 때까지 내게 무슨 일이 일어날까요?

오~ 메헤르, 어떤 혜택도 원하지 않는 내게—
손해가 있을 때까지 어떤 이득이 가능할까요?

당신을 그리워하는 고통 때문에 밤조차 보낼 수 없는데
당신의 은총이 내게 임할 때까지는 난 죽고 또 죽겠지요

내 눈물이 당신에게 미칠 영향은 익히 알겠지만
당신이 마침내 행동하려면 오랜 시간이 걸리겠죠

당신의 사람이 된 뒤로 내 곤경은 전혀 알려지지 않고 있어요—
당신이 마침내 소식을 접할 때까지 내게 무슨 일이 일어날까요?

이 물방울은 불 길로 떠밀려 가고 있지만
그것이 진주가 될 때까지는 무슨 일이 일어날까요?

나방이 촛불에 의해 불타고 있어요—
동이 트기 전까지는 무슨 일이 일어날까요?

무슨 일이었는지, 무슨 일이 일어나는지, 그리고 무슨 일이 일어날까요?
아무것도 아니죠! 그것은 단지 꿈일 뿐!
오~ 바우지, 당신은 꿈을 꾸고 있지만 깨어날 때까지는 무슨 일이 일어날까요?

【 가잘에 대한 해설 】
이 물방울이 불 길(신성)로 떠밀려 가고 있지만, 진주(깨달음)를 얻을 때까지 과연 무슨 일이 일어날까요?

YOUR VEIL-LESSNESS BECOMES A VEIL FOR ME

Oh Saki, what kind of wine have You given me to drink?
One sip filled my life with pain!

Oh Meher, how can I ask anything of You?
Your Silence is the answer to every question.

Every particle of creation sees the dream day and night;
Otherwise every particle is full of His glory.

No one has any attachment with his own form—
It is only a dream that every drop sees.

Only that one is worthy of living in the world
Who is thirsty and holds a cup of wine in his hand.

The world may ridicule me, thinking I am useless,
Not knowing that the pain of longing in my heart is priceless.

Every breath casts my life into flames of yearning,
But I do not know how much residue still remains to be burned.

Although my eyes have glanced deeply into Yours,
You have such veil-lessness that it has become a veil for me!

My death beats me into living, otherwise I would have perished—
Oh Bhau, you have no idea of the restlessness I am suffering.

【 Commentary on Ghazal 】
Anything which crosses the limit becomes the opposite of what it was. This is the law; therefore, the Beloved's infinite veil-lessness becomes a veil for the lover. He is always naked (free from sanskaras) and we are always clothed (full of sanskaras) and these clothes become the veil for us.

당신의 베일-없음이 나를 위한 베일이 되었어요

오~ 샤키, 어떤 종류의 와인을 내게 마시게 하셨나요?
한 모금만 마셔도 내 인생이 고통으로 가득 찼어요!

오~ 메헤르, 어떻게 제가 아무거나 물어볼 수 있겠어요?
당신의 침묵은 모든 질문에 대한 답인 걸요

창조물의 모든 입자들은 매일 밤 꿈을 꾸지요;
그렇지 않으면 모든 입자들은 그의 영광으로 가득 차겠죠

그 자신의 형태에 애착을 가진 사람은 아무도 없죠—
그것은 오직 모든 물방울이 보고 있는 꿈일 뿐이죠

오직 그러한 사람만이 세상에서 살아갈 자격이 있어요
바로 목이 말라서 손에 와인 한 잔을 들고 있는 사람이죠

세상은 내가 쓸모없다고 생각하며 비웃을지도 모르지만
내 가슴에 갈망의 고통은 그 값을 매길 수 없음을 모르죠

매 순간의 숨결은 내 삶을 갈망의 불꽃으로 던져 놓지만
얼마나 많은 잔여물이 불에 타야 하는지 모르겠어요

비록 내 눈이 당신의 깊은 속을 슬쩍 보긴 했지만
당신은 그런 베일이 없기에 그것이 나를 위한 베일이 되었죠!

내 죽음이 내게 가슴 뛰는 삶을 주었어요, 그렇지 않았다면 죽었을 테죠
오~ 바우지, 그대는 내가 겪고 있는 쉼 없는 고통에 대해 전혀 모르는군요

【 가잘에 대한 해설 】
한계를 넘어서는 것은 무엇이든 예전과는 정반대가 되는 것입니다. 이것이 법입니다; 그러므로 비러벳의 무한한 베일-없음은 러버를 위한 베일이 됩니다. 그는 항상 알몸이고(산스카라들로부터 벗어남) 우리는 항상 옷을 입고(산스카라들로 가득 차 있음) 있으며 이 옷들은 우리에게 베일이 됩니다.

IN THE SECRET DEPTHS OF LOVE
IS FOUND A SLAVE

Real living is dying in the life of love;
To awaken one day and live for all time.

Oh Meher, my every breath kisses Your pleasure,
And in the secret depths of love it is my worship to You.

If You are not given room in one's heart, of what use is bowing to You?
Thousands of times I have experienced that true worship
is simply making room for You in my heart.

So long as the inner eye remains closed, the Ocean remains a drop,
But as soon as it was opened by You I found I was the Infinite Ocean.

If one leaves the world it is not always renunciation—
Real renunciation is self-loss in Self-gain.

The Ocean is before everyone, but thirst is necessary to drink it.
When the heart itself becomes thirst, it consumes every drop.

What kind of madness I am suffering in love!
I have become detached from my self, and now solely belong to You.

What fun You have created for Yourself through Your whim—
The Ocean finds Itself as innumerable drops.

When I was living only for myself, I was worried all the time,
But in surrendering my life to You, I found freedom from every worry.

Oh Bhau, He embraced me and accepted me as His slave,
but now He is kicking me at every step.
Still I cannot leave Him because the slave has no thought for his own pleasure.

【 Commentary on Ghazal 】

A lover loves the Beloved in different ways in connection with obedience, and he finds that obedience is only possible if the Beloved makes His Abode in the lover's heart. Different forms of worship include following His instructions, remembering Him, and singing His praises. This worship becomes true worship when nothing remains in the heart but Him.

When the Whim came in the state of the Beyond–Beyond, innumerable drops came out of the Ocean consciously. This oceanized Ocean found that innumerable drops had to experience that each drop is nothing but the Ocean.

As the Avatar was the first One to consciously realize Himself as the Ocean, the responsibility came on His shoulders. Although it is His Game (Lila), He is bound for all time to shoulder this responsibility, and this is the reason that He has to take human form from age to age.

【 remark 】

You cannot know me as long as you do not receive the gift of my love. But if you accept me as the Avatar, you can carry out my orders. And this obedience is far superior to love. "
–Lord Meher online edition, p. 3792

GHAZAL SEVENTY–THREE

비밀스러운 사랑의 깊이 속에서
노예같이 일하는 사람을 찾았어요

사랑의 생명 속에서 죽어갈 때가 진정한 삶이죠;
어느 날 문득 깨어 영원한 삶을 살기 위해서

오~ 메헤르, 내 모든 숨결은 당신의 기쁨에 키스하고,
당신을 향한 나의 숭배는 비밀스러운 사랑의 깊이 속에서 나오죠

사람들 가슴속에 당신의 공간이 없다면 당신께 절하는 것이 무슨 소용인가요?
그 진정한 예배에 대해 나는 수많은 시간을 경험했어요
내 가슴속에 당신을 위한 공간을 만드는 것뿐이죠

내면의 눈을 감고 있는 한, 바다는 한 방울의 물로 남지만,
당신에 의해 눈을 뜨는 순간 무한한 바다가 됨을 알았어요

세상을 떠난다고 해서 모든 것을 버리는 것이 아니죠—
진정한 버림은 자기 이득 안에서 자신을 버린 포기죠

바다는 모든 사람 앞에 있지만, 그것을 마시려면 갈증이 필요해요
심장 스스로가 갈증이 될 때, 그것은 모든 물방울을 마시지요

사랑에 빠져 괴로워하는 나의 광기는 대체 무엇인지!
내 자신으로 부터 분리된 지금 난 오직 당신의 것이죠

당신의 변덕을 통해 만든 재미난 자신만의 창조물인—
셀 수 없이 무수한 물방울들은 스스로가 바다를 찾아요

나만을 위해 살아갈 때는 매 순간을 걱정으로 살았지만
당신께 항복하는 삶 속에서, 모든 걱정으로부터 자유를 찾았죠

오~ 바우지, 그는 나를 껴안고 그의 노예로 받아들였죠,
그러나 지금 그는 매 걸음마다 나를 걷어차고 있네요
노예는 그 자신의 기쁨을 찾지 않기에 아직도 그를 떠날 수가 없어요

【 가잘에 대한 해설 】
러버는 순종과 관련하여 비러벳을 각기 다른 방식으로 사랑하며, 그는 비러벳이 러버의 가슴속에 거처를 만드는 경우에만 순종이 가능하다는 것을 알게 됩니다. 다양한 형태의 예배에는 그분의 지시를 따르고 그분을 기억하며 그분을 찬양하는 것을 포함합니다. 이 숭배는 가슴속에 그분 외에는 아무것도 남지 않을 때 참된 숭배가 됩니다. 초월마저 넘어선(Beyond-Beyond) 상태에서 일어난 호기심으로 의식적으로 바다에서 무수한 물방울이 나왔습니다. 이 대양의 바다는 각각의 물방울들이 오직 바다일 뿐임을 무수한 물방울들이 경험해야 한다는 것을 발견했습니다. 아바타는 자신을 바다로 의식적으로 깨달은 첫 번째 사람이었기 때문에, 그 책임은 그의 어깨에 달렸습니다. 비록 그의 게임(릴라)이지만, 그는 이 책임을 맡아야 할 의무가 있으며, 이것이 그가 시대에 따라 인간의 형태를 갖추어야 하는 이유입니다.

【 주석 】
내 사랑의 선물을 받지 않는 한 나를 알 수 없습니다. 하지만 나를 아바타로 받아들이면 내 명령을 수행할 수 있습니다. 그리고 이 순종은 사랑보다 훨씬 우월합니다.
−로드메허 온라인 판, 3792 페이지

I BEFRIENDED THE ONE WHO MURDERS

How can I describe what I am doing for the sake of love?
I have passed my days drinking the blood of my heart!

Although union with the Beloved has not been achieved, I have yet to die.
My love is punishing my death by prolonging it.

My heart has been torn into a million pieces in love for my Beloved,
But the secret of the pain of longing has stitched my lips.

Oh Meher, where have You gone? Where have You gone, my Beloved?
You left me living with a cup of tears.

There is no life in any particle without You,
Yet it is my fate to burn and die in the fire of separation.

Now I am living with the faint expectation
That You, at some whimsical moment, might remember me.

What is the difference between living and dying now?
I am lugging my dead body with me, like some useless baggage.

Oh Bhau, stop and see the madness of this love—
I am befriending the One who is murdering me!

【 Commentary on Ghazal 】
The heart is referred to here as the house of desires. When the fire of love for the Beloved burns these desires, it is as if one is drinking the blood of the heart.
The lover wants the Beloved to murder him (annihilate the false self). Therefore, the Beloved who murders the lover gradually, and not with one stroke, is not the enemy but the Friend.

살인자와 친구가 되어버린 나

사랑의 목적을 위해 하고 있는 일을 어떻게 묘사할 수 있을까요?
내 심장의 피를 마시며 나날을 보냈거늘!

비록 비러벳과는 합일하지 못했지만 난 아직 죽지 않았어요
내 사랑은 내 죽음을 연장시켜 벌을 주고 있어요

비러벳을 위한 사랑 속에서 내 심장은 백만 조각으로 찢겨졌어요
하지만 그리움의 고통스런 비밀은 내 입술을 꿰매었지요

오~ 메헤르, 어디에 계시나요? 나의 비러벳이여, 당신은 어디로 가버리셨나요?
당신은 한 컵의 눈물의 잔으로 날 살게 하고 떠나셨군요

당신 없이는 어떤 입자 속에도 생명이 없어요
여전히 나의 운명은 이별의 불길 속에서 죽네요

지금 나는 희미한 기대와 함께 살고 있어요
당신의 어떤 변덕스러운 순간에 날 기억할진 모르지만

이제 와서 삶과 죽음에 무슨 차이가 있을까요?
쓸모없는 짐처럼 내 시체를 나르고 있어요

오~ 바우지, 그만 멈추고 이 사랑의 광기를 보세요—
나는 나를 죽이는 그분을 친구로 삼고 있어요!

【 가잘에 대한 해설 】
여기서 심장은 욕망의 집이라고 일컬어집니다. 비러벳에 대한 사랑의 불이 이러한 욕망을 불태울 때, 그것은 마치 심장의 피를 마시는 것과 같습니다. 러버는 비러벳이 자기를 죽이기를 원합니다(거짓 자아를 없애기 위해). 그러므로 러버를 한 번의 타격이 아닌 서서히 죽이는 비러벳은 적이 아니라 친구입니다.

THE ONLY BEFITTING WORK
NOW THAT HE HAS GONE

Awakened consciousness is the song of the beauty of the times—
The sun of our Beloved Lord Meher has risen on earth!
That Dawn has come again! Oh dark night, come to an end!

The voice of Your Silence is calling us to surrender at Your feet.
Oh Protector of the universe, our submission is our only worship.

How can we sing Your glory when we are ashamed of ourselves?
Your glory can be sung only when we are lost in Your love!
That Dawn has come again! Oh dark night, come to an end!

Witnessing the death of self is the beginning of Your welcome,
And to take birth in You is to sing Your praise.

Oh Lord, victory to You! Victory always to You!
May we always remain Your slaves free from the ugly rags of desire.

Where have You gone? Oh Beloved, come and manifest!
My heart has no peace without You.
Oh Beloved Meher, come and manifest! Where did You go?
Oh dark night, fade away! That Dawn has come again!

Oh Bhau, listen carefully; we have to seek His pleasure at any cost.
This is the only befitting work now that He has gone!

【 Commentary on Ghazal 】
The Avatar comes on earth to awaken the world through His Universal Work. After He drops His body His Advent begins (awakening of the world), and that period is referred to as the dawn. During this time, the world turns towards God through the force of His Universal Work and when this happens, the dark night (ignorance), which is an obstruction in the progress of consciousness, comes to an end.

가장 유일한 작업
이제 그는 떠났어요

깨어난 의식은 시대의 아름다움의 노래—
우리의 비러벳, 메허의 태양이 땅 위로 솟구쳤네!
그 새벽이 다시 왔으니! 오~ 어두운 밤, 끝을 맺으라!

그대 침묵의 소리가 그대 발 앞에 항복하도록 우리를 부르니
오~ 우주의 수호자여, 우리의 복종만이 우리의 유일한 예배임을

우리 자신이 부끄러울 때 어떻게 당신의 영광을 노래하리까?
그대의 영광은 그대의 사랑에 빠져야만 노래할 수 있으리니!
그 새벽이 다시 왔으니! 오~ 어두운 밤, 끝을 맺으라!

자아의 죽음을 목격하는 것은 그대를 맞이하는 시작일 뿐
그대 안에서의 태어남은 그대의 찬양을 노래하는 것이리

오~ 주여, 승리하소서! 언제나 그대에게 승리함이!
언제나 그대의 노예로 남아 추악한 욕망의 누더기를 벗기를

그대 어디 있나요? 오~ 비러벳, 와서 모습을 드러내세요!
그대 없이는 내 가슴에도 평화가 없나니
오~ 비러벳 메헤르, 와서 모습을 드러내세요! 그대 어디로 갔나요?
오~ 어두운 밤, 사라져라! 그 새벽이 다시 왔으니!

오~ 바우지, 잘 들어요; 어떤 희생을 치르더라도 우린 그의 기쁨을 찾아야 해요
그가 가버린 지금 이 일이 오로지 유일함을!

【 가잘에 대한 해설 】
아바타는 그분의 우주적 작업을 통해 세상을 일깨우기 위해 지상에 옵니다. 그분이 육신을 떨어뜨린 후 그의 재림은 시작되고(세상을 일깨움) 그 시기를 새벽이라고 합니다. 이 시기에 세상은 그분의 우주적 작업의 힘을 통해 하나님께로 향하고 이것이 일어날 때 의식의 진행에 방해가 되는 어두운 밤(무지)이 종지부를 찍게 됩니다.

OH MEHERABAD,
YOU ARE THE ABODE OF LORD MEHER!

Meherabad! Meherabad! Salutations to you, oh Meherabad!
You are the abode of Lord Meher!
The wineshop's trade will continue here for ages,
and he who drinks the cup of defeat will be victorious.

Oh Meherabad, here loss is the only gain,
And defeat is the only victory.

To bow down at the Beloved's feet is not easy,
Since bowing the head swings an axe through the self.

Here at Meherabad one has to wipe out name and fame
with the eternal wine that flows from this tavern.
Meherabad! Meherabad! Salutations to you, oh Meherabad!
You are the abode of Lord Meher!

The Beloved Tailor has stitched the perfect fit for everyone,
but it can be only worn when the old clothing is removed.
Each one's dress is ugly and old;
beauty is to burn it in the fire of love at Meherabad.

All dealings at Meherabad are transacted through the language of the heart.
Oh Bhau, you became a fool by using the language of your mind.
The only work is to forget everything—rest resides in total forgetfulness.

The memory of the days of spring never fades at Meherabad,
For the Beloved's garden is the wineshop of love.

Oh people of the world, come here to Meherabad to drink;
come here to kiss the only Beloved.
Meherabad! Meherabad! Salutations to you, oh Meherabad!
You are the abode of Lord Meher!

【 Commentary on Ghazal 】

After the Avatar drops His physical body, He opens the wine shop and distributes the wine to those for whom He works Universally. When one accepts the cup of wine from Him, he follows Him and not his false self. He is then considered victorious for having defeated his lower self.

The Beloved has opened His wine shop at Meherabad, and although the language of the mind creates sound and noise, the language of wine speaks only in the heart and remains silent. Therefore, to receive the cup from the Beloved, one should not use the language of the mind. Thus, all dealings at Meherabad are transacted through the language of the heart.

오~메허라바드,
주 메허의 거주처여!

메허라바드! 메허라바드! 친애하는 그대, 오~ 메헤르라바드!
주 메허의 거주처여!
이곳 사랑의 주점은 시대를 거듭하리니
패배의 잔을 마시는 자만이 승리하리라

오~메허라바드, 여기서 잃은 손실은 유일한 이득,
그리고 패배만이 유일한 승리

비러벳의 발 앞에 엎드림은 쉽지 않은 일,
머리를 숙이는 순간 도끼로 자아를 치리니

여기 메허라바드에서는 그의 이름과 명성을 씻어야 하네
이곳 주점에서 나오는 영원한 와인으로
메허라바드! 메허라바드! 친애하는 그대, 오~ 메헤르라바드!
주 메허의 거주처여!

모든 이에게 딱 맞는 옷을 입히는 재단사 비러벳
하지만 오직 낡은 옷을 벗을 때만 입을 수 있다네
사람들의 옷은 보기 흉하고 낡았으니;
메허라바드에서 사랑의 불로 태워야 아름다우리

메허라바드의 모든 거래는 가슴의 언어를 통하는 데
오~ 바우지, 당신은 마음의 언어를 사용하여 바보가 되었구나
유일한 일은 모든 것을 잊는 것—완전한 잊음 속에서 쉴지니

메허라바드에선 봄날의 추억은 결코 사라지지 않나니
비러벳의 정원인 사랑의 주점이 있기 때문이라네

오~ 세상 사람들이여, 메허라바드에 와서 사랑을 마시라
이곳에 와서 유일한 비러벳에게 키스를 하라

메허라바드! 메허라바드! 친애하는 그대, 오~ 메헤르라바드!
주 메허의 거주처여!

【 가잘에 대한 해설 】
아바타가 그의 육신을 떨어뜨린 후, 그의 우주적 작업을 위해 그는 사랑의 주점을 열고 사람들에게 나누어 줍니다. 그에게서 사랑의 잔을 받으면 사람은 자신의 거짓 자아가 아니라 그를 따르게 됩니다. 그렇게 스스로의 하위 자아를 물리침으로써 승리하는 것입니다. 비러벳은 메허라바드(Meherabad)에 그의 사랑의 주점을 열었고, 마음의 언어는 소리와 소음을 만들어 내지만, 사랑(와인)의 언어는 가슴을 통해 말하고 침묵합니다. 그러므로 비러벳으로부터 잔을 받으려면 마음의 언어를 사용해서는 안 됩니다. 따라서 메허라바드에서의 모든 거래는 가슴의 언어를 통해서 이루어집니다.

LETS GO TO MEHERABAD

He has said just before He dropped His body,
'Now the shop will be opened.'

He has really opened His Wineshop in the Tomb,
and He is inviting humanity to come there to drink.

What a beautiful place His Tomb is —
the Tomb is the Divine Treasure.

Oh humanity!
Don't miss the opportunity to drink when the Wineshop is open.
The Beloved is distributing Wine ceaselessly without a break.

What a gift is given at His Tomb —
the Tomb is the Divine Treasure!

— Bhau, Let's Go to Meherabad

메허라바드로 가세

그의 몸을 떨구기 직전 그는 말했다오
'자 이제 가게 문을 열 거라네'

그는 진정 자신의 무덤에 와인샵을 열었다오
그리고 그는 인류에게 술을 마시도록 초대하네

그의 무덤은 이 얼마나 아름다운 곳인가 —
신성한 보배는 바로 그 무덤이라오

오~ 인류여!
와인샵이 문을 열었을 때 마실 기회를 놓치지 마오
비러벳은 쉬지 않고 끊임없이 와인을 나눠주고 계시니

그의 무덤에서 주어지는 선물을 보라 —
신성한 보배는 바로 그 무덤이라네!

— 바우지, 메허라바드로 가세

EVERYTHING IS BINDING
EXCEPT OUR LOVE FOR LORD MEHER

Salutations to Meherabad! It is the Abode of Lord Meher.
Here every particle is awakened by receiving the rays of the Beloved's light.

Here every particle is worshipping the Beloved through self-forgetfulness.
Here at Meherabad is the Ocean, but the secret of thirst is hidden in it.

Pilgrimage here means dying, as the Beloved is in our hearts.
Salutations to Meherabad! It is the Abode of Lord Meher.

Ask any particle here about the Beloved's movements;
Ask any being about His game of smile and pain.

Ask the lovers here of the Beloved's indifference and how He once embraced.
Ask them of the Beloved's playfulness while they burn in a fire of tears.

Here is the cup of everlasting dawn—all darkness of night has been drunk away.
Life is found by kissing His threshold without the slightest impurity in the heart.

Here He has kept His door open but only simplicity gains entrance.
Outward show is quite useless; the purity of life lies in nakedness.

Here moths will gain victory in the lamp's company—
The lamp's purity will wipe out all strains.

Life is a war, but this war is also a dream.
Here the war of awakening from age up on age of sleep is won.
Salutations to Meherabad! It is the Abode of Lord Meher!

Oh Bhau, everything is binding except our love for Lord Meher.
Love Him, and though your heart is broken, every chain will also break.

【 remark 】
How intensely were the moths attracted toward the light! Their strenuous efforts to dance near the light made ascending the highest mountain peaks look like child's play. Moths hunger only for light, without which they cannot live. They are at peace only when they turn into ash on the altar of light, and their transformation is their victory over maya. The moths and the Light were reunited at Meherabad in play, and the wine of love was being poured into their hearts again. The moths were being taught to die while still alive! They learned that true love is that which flows according to the Beloved's wishes.
–Lord Meher Online, p.1003

GHAZAL SEVENTY-SEVEN

모든 것은 구속되어 있나니
주 메허를 향한 우리의 사랑을 제외하고는

친애하는 메허라바드여! 주님 메허의 거처하는 곳
여기 모든 입자는 비러벳의 빛의 광선을 받아 깨어났다네

여기 모든 입자는 자아-잊음을 통해 비러벳을 숭배하나니
이곳 메허라바드의 바다 안에 갈망의 비밀이 숨겨져 있다네

여기서의 순례는 우리 가슴속에 있는 비러벳처럼 죽음을 의미하나니
친애하는 메허라바드여! 주님 메허의 거처하는 곳이여

여기 어떤 입자에게든 물어 보라 비러벳의 움직임에 관해;
어떤 존재에게든 물어 보라 그의 미소와 고통의 게임에 대해

여기 러버들에게 물어 보라, 비러벳의 무관심과 그가 한때 어떻게 포옹했는지
그들에게 물어 보라, 눈물의 불길 속에 타오르는 비러벳의 장난스러움을

여기 영원한 새벽의 잔이 있나니—모든 밤의 어둠이 취해서 사라졌으니
조금도 불결함 없는 가슴으로 그의 문턱에 입맞춤할 때 삶은 발견되리라

여기 그의 문은 열려 있지만 오직 단순함만이 입구를 얻으리니
보여지는 쇼들은 전혀 쓸모가 없다네; 삶의 순수함은 벌거벗음에 있으니

여기 램프의 모임에 뛰어든 나방은 승리를 거두리—
순수한 램프는 모든 한계치를 닦아 내리라

삶은 전쟁이지만 이 전쟁도 또한 꿈이라네
시대를 거듭한 수면에서 깨어나야 전쟁에서 이기리
친애하는 메허라바드여! 주님 메허의 거처하는 곳이여

오~ 바우지, 주 메허에 대한 우리의 사랑을 제외하고는 모든 것이 묶여 있다네
그를 사랑하라, 비록 그대의 가슴이 부서질지라도 모든 사슬은 또한 끊어지리라

【주석】
나방들은 빛을 향해 얼마나 강렬하게 끌렸습니까! 불빛 근처에서 춤을 추려는 그들의 완강한 노력은 마치 가장 높은 산봉우리를 오르려는 아이의 놀이처럼 보이게 만듭니다. 나방은 빛만을 갈망하고, 빛이 없으면 살 수 없습니다. 그들은 빛의 제단에서 재로 변할 때 비로소 평안해지고, 그들의 변신은 마야에 대한 그들의 승리입니다. 나방과 빛은 메허라바드에서 놀다가 재회했고 사랑의 포도주가 다시 그들의 가슴에 부어졌습니다. 나방은 여전히 살아있는 동안 죽음으로의 존재성을 가르치고 있습니다! 그들은 진정한 사랑이 비러벳의 소원에 따라 흐르는 것임을 알게 되었습니다.
-로드메허 온라인 1003페이지

THE CITY OF MEHER

That love is love which gains entry to the city of Meher.
That love is love which sheds manyness in the foundation of Oneness.

To gain entry to the city of Meher is each one's duty.
The Beloved has kept the doors open for those with naked hearts.
Oh love, take me—take me to the city of Meher!
Oh love, take me to Meherabad! Oh love, take me to the Beloved!

It is no joke to enter the city of Meher,
The city of Meher is where I am not.

The path leading to the city of Meher is full of thorns,
but to enter that city is the aim of life.
The heart is the way there but it is frightened of going.
Oh love, take me—take me to the city of Meher!
Oh love, take me to Meherabad! Oh love, take me to the Beloved!

The distance of the path is from here to Here,
And the only rule is that one sits permanently at His feet along the way.

Only the shattered mind sees the effulgence of Meher's city.
Oh limited mind, stop deceiving; don't play our tricks!
Oh love, take me—take me to the city of Meher!
Oh love, take me to Meherabad! Oh love, take me to the Beloved!

When the Infinite Ocean is filled with the tears of ash,
The Beloved's kiss removes all duality from it.
The Song of ash reaches the door of Meher,
And its language is the only words the Beloved hears.

Let us defeat our false selves in Him and gain the victory of life.
Now let our song burn and our tears flow!
Oh love, take us—take us to the city of Meher!
Oh love, take us to Meherabad! Oh love, take us to the Beloved!

Oh Meher, let Your glory be sung throughout the world!
May the world know that You are the only support for each and all.
May the world come to remember You with its every movement.

May we truly worship You, oh Lord Meher!
What kind of worship is affected by duality?
His worship is done by one who has fire in his heart.

Oh Bhau, You cannot go to the city of Meher without fire!
Burn yourself in His fire and thus remember the Beloved every moment!

【 Commentary on Ghazal 】
Wherever the false self is, it is not the city of Meher. In order to find the city of Meher, one has to crush the false self completely. Fire here is the fire of love. Only the fire of love can take one to the city of Meher while burning the lower self gradually.

GHAZAL SEVENTY-EIGHT

메허의 도시

그런 사랑만이 메허의 도시로 들어가는 사랑이네
그런 사랑만이 하나 됨의 토대 속에서 많은 것들을 떨구는 사랑이네

메허의 도시에 들어가는 것은 각자의 의무라네
비러벳은 벌거벗은 가슴을 위해 문을 열어 두었다네
오~ 사랑아, 나를 데려가 다오—메허의 도시로 날 데려가 다오!
오~ 사랑아, 메허라바드로 날 데려가 다오! 오~ 사랑아, 비러벳에게 날 데려다 다오!

메허의 도시에 들어가는 것은 장난이 아니라네
메허의 도시는 '나'라는 자아가 없는 곳이네

메허의 도시로 가는 길은 가시덤불이 가득하지만
그 도시에 들어가는 것이 삶의 목표라네
가슴은 그곳으로 향하는 길이지만 가는 것을 두려워하네
오~ 사랑아, 나를 데려가 다오—메허의 도시로 날 데려가 다오!
오~ 사랑아, 메허라바드에 날 데려가 다오! 오~ 사랑아, 비러벳에게 날 데려다 다오!

이 지점에서 여기(사마디)까지의 거리는 비록 멀진 않지만
길을 따라 한 사람씩 그의 발 앞에 영구히 앉는 것이 유일한 규칙이라네

산산이 부서진 마음만이 메허의 도시의 찬란함을 보리니
오~ 제한된 마음아, 속이지 마라; 우리의 속임수를 쓰지 마라!
오~ 사랑아, 나를 데려가 다오—메허의 도시로 날 데려가 다오!
오~ 사랑아, 메허라바드에 날 데려가 다오! 오~ 사랑아, 비러벳에게 날 데려다 다오!

무한한 대양이 유골의 눈물로 가득 차면
비러벳의 입맞춤으로 모든 이원성을 제거한다네
유골의 노래는 메허의 문에 이르게 되고
그 언어는 오직 비러벳이 듣는 유일한 가사들이네

그분 안에서 우리의 거짓된 자아들을 물리치고 생명의 승리를 얻으리니
이제 우리의 노래는 타오르고 우리의 눈물이 흐르게 하라!
오~ 사랑아, 우리를 데려가 다오—메허의 도시로 우릴 데려가 다오!
오~ 사랑아, 메허라바드에 우릴 데려가 다오! 오~ 사랑아, 비러벳에게 우릴 데려다 다오!

오~ 메헤르, 당신의 영광이 온 세상에 울려 퍼지게 해주오!
당신이 모두를 위한 유일한 지지자임을 세상이 알게 해주오
그 모든 움직임과 함께 세상이 당신을 기억하게 해주오

오~ 주 메헤르, 우리가 진정으로 당신을 숭배하기를!
어떤 종류의 숭배가 이중성에 의해 영향을 받는가요?
그에 대한 숭배는 가슴 안에 불이 있는 사람에 의해 행해지니

오~ 바우지, 그대 불 없이는 메허의 도시로 갈 수 없다네!
그분의 불속에 그대 자신을 태워 매 순간 비러벳을 기억하라!

【 가잘에 대한 해설 】
거짓된 자아가 어디에 있든지, 그것은 메허의 도시가 아닙니다. 메허의 도시를 찾으려면 거짓된 자아를 완전히 짓뭉개버려야 합니다. 여기서 불은 사랑의 불입니다. 사랑의 불만이 하위 자아를 점차적으로 태우면서 메허의 도시로 데려갈 수 있습니다.

THE ABODE OF MEHER IS GLORIOUS

The Abode of Meher is glorious—
Only one can enter because of its Oneness.

I have thousands of enemies with me, remaining attached to me like friends.
Singing the song of Meher will kill them and lose the self.
Awaken humanity! Awaken and gather strength from love.
We have to go to the door of Meher.

Any trace of self keeps God separate,
otherwise every particle is not a particle, but God.
God's beauty is in everything,
and everyone is destined to see Him.

In surrendering one's life to Meher,
God's companionship is sought.

This path is full of fire!
Only one detached from the world can tread it.

One who becomes the slave of the Beloved finds His abode in Him.
Awaken, humanity! Awaken and gather strength from love.
We have to go to the door of Meher.

Oh Meher, come; come and manifest soon!
Light the lamp in my heart.

I sent You the voice of my heart in tears,
but You did not give me the cup of dawn.
How long can I wait for You?
Now please ease Your oppressions.

You are the wealth of my life and You are my Lord.
Of what use is that life which does not keep Your company?

Now I should clean my heart and establish the abode of Meher,
but first I must make my heart a barren wasteland.
That abode is finally established when He alone lives!
Oh Bhau, have the Beloved's darshan in that abode.

Victory to You, oh Meher, Your Abode is full of attributes—
Your Name is beyond comparison and is pure.
Oh Lord, be in my heart always—
this is the only prayer which is my every breath.

Wipe out the limit of duality and find your abode in Meher.
Awaken, humanity! Awaken and gather strength from love.
We have to go to the door of Meher.

GHAZAL SEVENTY-NINE

영광스러운 메허의 거주처

메허의 거주지는 영광스럽다네—
오직 그에게 합일한 사람만이 들어간다네

나에게는 수천 명의 적들이 친구처럼 내게 붙어 있다네
그들을 죽이고 자아를 버리고자 메허의 노래를 부른다네
인류여, 깨어나라! 깨어나서 사랑으로 힘을 모으라
우리는 메허의 문으로 가야 한다네

어떠한 자아의 흔적도 신을 분리시켜 놓지만
모든 입자는 개별 입자가 아니라 신이라네
신의 아름다움은 모든 것 안에 있으니
모두가 그를 만나게 될 숙명이라네

메허에게 자신의 삶을 포기하는 동안
신의 우정을 구하게 되리라

이 길은 불로 가득하다네!
오직 세상에 사심이 없는 사람만이 그 길을 밟으리라

비러벳의 종이 된 사람은 그분 안에서 그의 거처를 찾으리니
인류여, 깨어나라! 깨어나서 사랑으로 힘을 모으라
우리는 메허의 문으로 가야 한다네

오~ 메헤르, 어서 와서 속히 모습을 드러내세요!
내 가슴속의 등불을 밝혀 주소서

눈물에 담긴 내 가슴의 소리를 당신께 보냈지만
당신은 나에게 새벽의 잔을 주지 않았어요
얼마나 오래 당신을 기다릴 수 있을까요?
이제 당신의 억압을 풀어 주소서

나의 주님이신 당신은 내 인생의 부유함
당신의 동료를 지키지 않는 그 삶이 무슨 소용이 있는가요?

이제 나의 가슴을 씻고 메허의 거처를 정해야 하지만
먼저 내 가슴을 불모의 황무지로 만들어야 한다네
그 거처는 그만이 홀로 있을 때 마침내 자리하리니!
오~ 바우지, 그 거처에 비러벳의 다르샨이 있다네

그대에게 영광 있으라, 오~ 메헤르, 당신의 거주지에는 자질들로 가득 찼네—
무엇과도 비교할 수 없는 당신의 순수한 이름
오~ 주님, 언제나 내 가슴속에 계시나니—
이 유일한 기도는 바로 나의 모든 숨결이라네

이중성의 한계를 제거하고 메허 안에서 당신의 거처를 찾으라
인류여, 깨어나라! 깨어나서 사랑으로 힘을 모으라
우리는 메허의 문으로 가야 한다네

TO THE ABODE OF MEHER

Oh Meher, I bow down at Your feet and salute You—
Make me live for You and make me die for You.

May we enjoy Your company in such a way
that even if we die, we will not let go of Your hand.
Awaken! Come and awaken! Oh my heart, awaken!
The Eternal water of life flows from the Abode of Meher.

Without thirst, the mirror of the heart cannot be cleansed.
Dirty messengers will not sleep unless one becomes detached from them.

The Beloved is present in thirst;
without thirst no one can lose his finite self.
Burn! Burn! Oh my heart, burn!
Know well that becoming ash is burning's end.

What a wonderful thirst this is! It cannot be understood.
The more water I drink, the thirstier I become—
even death won't relieve the torture of this thirst.

My breath is choked, and my heart suffers pain.
Oh Beloved, why have You established Your Abode so far away?
The path leading to it is very painful.

If the inner eye is opened the abode is Here.
If closed, it is not anywhere.

Because Your Abode is infinitely near, it is infinitely far,
And the path leading to it is infinitely painful.

Only a few can enter this path;
they tread this path to die with every moment.
Shed, shed tears! Oh my mind, shed tears!
Shed tears until you die!

My prayer is to keep my head bowed at Your door,
My only words ask to become silent in pain.

May I wipe out all wants by wanting only You!
My work is only this, and now this is my search.
Victory, victory to You, oh Lord! Victory to You!

Oh Lord, shed Your grace on me and be with me.
I do not know the path; let me proceed holding your hand.

Oh Bhau, when you are able to sleep in a bed of thorns,
you will find the Abode of Meher.
Crush! Crush your lower self! Crush it mercilessly!
Receive water from the Lord to cleanse your heart.

【 Commentary on Ghazal 】
Dirty messengers here are desires. One should not hesitate to crush the lower self. Therefore, the act of crushing is a merciless act.

GHAZAL EIGHTY

메허의 거처로

오~ 메헤르, 당신의 발 앞에 엎드려 예배하나니—
오직 당신을 위해 살고 당신을 위해 죽게 하소서

그런 식으로 당신의 무리와 함께 즐기기를 바라오니
우리는 죽는 한이 있어도 당신의 손을 놓지 않으리라
깨우소서! 오셔서 깨우소서! 오~ 나의 가슴이여, 깨어나라!
생명의 영원한 샘물은 메허의 거처하는 곳에서 흐른다네

갈증이 없이는 가슴의 거울을 씻을 수 없나니
추잡한 전령들은 그들로부터 분리되지 않는 한 잠을 잘 수 없다네

비러벳은 갈망 안에서 머무른다네;
갈망이 없다면 누구도 그의 한정된 자아를 버릴 수 없나니
태워라! 태워라! 오~ 나의 가슴을 태우소서!
재가 되는 것은 타버림의 끝임을 철저히 깨달으리

이 얼마나 멋진 갈망인가! 그것을 어찌 이해하리오
물을 마시면 마실수록 갈증은 심해지나니—
죽음마저도 이 갈증의 고통을 덜어주진 못하리

숨이 막히고 가슴은 아파 오리니
오~ 비러벳, 왜 그렇게 먼 곳에 당신의 거처를 세웠나요?
그곳에 가는 길은 한없이 고통스럽다네

내면의 눈이 열린다면 거주처는 바로 여기라오
내면의 눈이 닫힌다면 거주처는 그 어디에도 없다오

그의 거처는 무한히 멀지만 또한 무한히 가깝기 때문이라오
그리고 그것으로 가는 길은 무한히 고통스럽다오

오로지 소수만이 이 길로 들어가나니;
그들은 매 순간마다 죽음과 함께 이 길을 밟는다오
떨구어라, 눈물을 떨구어라! 오~ 나의 마음은 눈물을 떨구어라!
그대 죽을 때까지 눈물을 떨구어라!

나의 기도는 당신의 문 앞에 머리를 숙이는 것이고
나의 유일한 말은 고통 속에서 침묵하기를 바라는 것이라오

오직 당신이 원하는 것으로서 모든 원함을 닦아 내리니!
이것이 나의 유일한 일이고 이것이 지금 내가 찾는 것이라오
영광 있으라, 그대에게 영광 있으라, 오~ 주님! 그대에게 영광 있으라!

오~ 주님, 당신의 은총을 내게 베푸시고 나와 함께 하소서
나는 길을 모르오니; 당신의 손을 잡고 계속 나아가리다

오~ 바우지, 그대가 가시 침대에서 잘 수 있을 때
당신은 메허의 거처를 찾을 것이라네
부숴라! 그대의 하위 자아를 부숴라! 가차 없이 부숴 버리라!
그대 가슴을 주님의 샘물로 깨끗이 할지니

【 가잘에 대한 해설 】
추잡한 전령들은 욕망 안에 있습니다. 낮은 자아를 분쇄하기 위해 주저해서는 안 됩니다. 따라서 분쇄 행동은 가차 없이 실행해야 합니다.

CALL HIM THROUGH THIS SONG

Love is weeping today; fire is becoming more aflamed.
Breath is choking; love is losing expectation.

But do not lose patience. Call Him through this song.
Continue singing, singing and singing, "Oh Meher! Meher! Meher!"

The pain you feel is real prayer.
Stay awake in the Beloved—this is true prayer.

Cleanse your heart and make it a mirror.
Continue singing, singing, singing, "Oh Meher! Meher! Meher!"

The Lord comes when the mind goes; the Beloved is then not far.
And the infinite song of Meher becomes life itself.

Ruin yourself and establish Him.
The life of love is worship day and night.
Continue singing, singing and singing, "Oh Meher! Meher! Meher!"

Oh Bhau, either reach the light or offer the pain of longing.
Wipe out your self in this light and turn to ash.

【 remark 】
『I Am the Song』
My unique experience of the Beyond State is so unique that
I simultaneously experience being everything and beyond everything.
I am the song, its words and its melody, and I am the singer.
I am the musical instruments and the players and the listeners.
And on your level I explain to you the meaning of what I, the singer, sing.
—The Everything and the Nothing, Chapter 32

GHAZAL EIGHTY-ONE

이 노래를 통해 그를 부르라

오늘 사랑은 울고 있어요; 더 많은 불로 타오르고
질식해 버릴 만큼; 사랑은 기대치를 잃고 있지만

인내심을 잃지 말고 이 노래를 통해 그를 부르세요
계속해서 노래 부르고 또 노래하세요 "오~ 메헤르! 메헤르! 메헤르!"

당신이 느끼는 고통은 진정한 기도이기에
비러벳 안에서 깨어 있으세요—이것이 참된 기도에요

당신의 가슴을 깨끗이 닦아 그렇게 거울로 만드세요
계속해서 노래 부르고 또 노래하세요 "오~ 메헤르! 메헤르! 메헤르!"

마음이 가버릴 때 주님이 오시죠; 비러벳은 그리 멀지 않은 곳에 있어요
그리고 메허의 무한한 노래는 그 자체가 삶이 되지요

당신의 자아를 보내고 그분을 맞이하세요
밤낮으로 그를 흠모하는 것은 사랑의 삶이죠
계속해서 노래 부르고 또 노래하세요 "오~ 메헤르! 메헤르! 메헤르!"

오~ 바우지, 빛에 이르든지, 갈망의 고통을 권하든지
이 빛 안에서 그대 자아를 닦아내고 재가 되게 하세요

【주석】
『나는 노래다』
초월 상태(Beyond State)에서의 나의 유일무이한 체험은 너무나 독특하여, 나는 모든 존재임을 체험하는 동시에 모든 것을 초월한 존재임도 체험한다.
나는 노래며, 그 노래의 가사와 멜로디, 또한 그 노래를 부르는 가수이다. 노래를 연주하는 악기도 나며, 연주자도 나며, 음악을 듣는 청중도 나다.
또한 그대들 각자의 수준에서, 가수인 내가 부르는 노래의 의미를 그대에게 설명해 준다
—메허바바, 유와 무(모든 것과 아무것도 아닌 것) 32장

WHEREVER THERE IS LONGING
YOU APPEAR AS FIRE

Oh Meher, the Beloved of all—victory to You, oh Lord!
May the world be awakened and recognize You as the Avatar.

Your Abode is everywhere, but the difference for us is this:
Wherever there is longing You appear as fire.

Oh Beloved, do not forget those in ignorance who forget You.
Age after age for the sake of awakening them You take form.

Oh Beloved, You alone exist and there is no one besides You.
You are always formless, but sometimes You appear in form.

Oh Bhau, the longing of my heart is weeping, but affirms,
"Oh Beloved, You give me pain, but You are nothing but love!"

【 Commentary on Ghazal 】
Wherever there is longing Your presence is felt. Although You are everywhere, longing is always associated with the fire of love for the Beloved, and in order to experience His presence, fire is necessary.

【 remark 】
My Fiery Life is based on this Love by which the Lover is lost in the Beloved after being consumed in the fire of Love.
—GLIMPSES OF THE GOD-MAN, Vol. 3, p. 181, Bal Natu

GHAZAL EIGHTY-TWO

갈망이 있는 곳이라면
불처럼 나타나는 당신

오~ 메헤르, 모두의 비러벳—당신에게 영광 있으라, 오~ 주여!
세상이 깨어나서 당신을 아바타로 알아보기를 바라옵나니

당신의 거처는 어디에나 있지만, 각기 다른 우리들을 위해:
갈망이 있는 곳이라면 어디든 당신은 불처럼 드러나지요

오~ 비러벳, 당신을 잊은 무지한 사람들을 잊지 마세요
그들을 깨우기 위해 시대를 넘어선 당신은 형태를 취하죠

오~ 비러벳, 오로지 당신만 존재하며 당신 외에는 아무도 없어요
당신은 항상 형태가 없지만 때때로 형태 안에서 나타나시죠

오~ 바우지, 나의 가슴은 그리움으로 눈물짓지만, 단언하건대,
"오~ 비러벳, 나에게 고통을 주시는 당신이지만, 당신은 사랑이 아닐 수 없네요!"

【 가잘에 대한 해설 】
갈망이 있는 곳마다 당신의 존재를 느낄 수 있습니다. 비록 당신이 어디에 있더라도 갈망은 항상 비러벳에 대한 사랑의 불길과 결부되어 있으며, 그분의 임재를 체험하기 위해서는 (사랑의)불이 필요합니다.

【 주석 】
나의 불타는 삶은 사랑의 불길에 존재가 휩싸인 후에 비러벳 안에서 실종되어진 러버의 이러한 사랑에 근거합니다.
-갓맨을 일견한 순간들, 제3권,181페이지,발 나투

『 GOD, YOU ALONE EXIST 』 - Meher Baba

Oh priceless treasure of Knowledge!
You are within and without, and You are the Ocean of Mercy.
You are in all the worlds; You are the Ocean of attributes!
Oh Meher, God-Incarnate, You alone exist!

You are Yezdan. You are Ezad.
You are Allah and Ishwar.
You are Ram and You are Buddha.
You are Beloved Lord Krishna,
Who with one finger lifted the mountain; You alone exist!

You are the Beyond God and the Beyond-Beyond God also.
Oh Ocean of Kindness, You alone exist.
You are Muhammad, You are Perfection Personified.
You are Knowledge Itself, and You alone exist.

You live in everyone and You are everyone.
Oh Beloved, You are the Enlightened One, and You alone exist.
You are with attributes and without attributes!
You are the sole player in the divine game. You alone exist.
You are matchless, the Only One!
You reside in every heart, and You alone exist.
You are eternally motionless, and immovable is Your abode.
You are the Highest, for You alone exist.
You are the Doer, the deed, and the cause of doing!
The sustainer You are, and the Master of Masters.
You alone exist.

You are the seeker, the worship and the sadhana.
Oh Meher, God-Incarnate, You alone exist!
You are in front and behind, You are above and below,

『 하나님, 당신만이 존재합니다 』 - 메허바바

오~ 값을 매길 수 없는 지식의 귀중한 보물!
당신은 안에도 있고 밖에도 있으며, 당신은 자비의 바다입니다.
당신은 모든 세계들 안에 있으며; 당신은 속성들의 바다입니다!
오~ 메헤르, 인간의 모습을 한 신이시여, 당신만이 존재합니다!

당신은 예즈단이며, 당신은 이자드입니다.
당신은 알라이고 이스와르입니다.
당신은 람이고 당신은 붓다입니다.
당신은 비러벳 주님인 크리슈나이며,
한 손가락으로 산을 들어 올린 이; 당신만이 존재합니다!

당신은 초월의 신이며 또한 초월-초월의 신입니다.
오~ 다정한 대양, 당신만이 존재합니다.
당신은 모하메드이고, 당신은 완전함의 화신입니다.
당신은 지식 그 자체이고, 당신만이 존재합니다.

당신은 모든 사람 안에 살고 모든 사람은 곧 당신입니다.
오~ 비러벳, 당신은 깨달으신 분이고 당신만이 존재합니다.
당신은 속성들이 있지만 또한 속성들이 없습니다!
신성한 게임에서 당신만이 유일한 참가자입니다. 당신만이 존재합니다.
당신은 비할데 없으며, 오직 하나입니다!
당신은 모든 가슴 안에 거주하고, 당신만이 존재합니다.
당신은 영원히 움직이지 않으며, 움직이지 않는 것이 당신의 거처입니다.
당신만이 존재하기에, 당신은 가장 존귀합니다.
당신은 행위자이며, 행위이며, 그리고 행위의 원인입니다!
생명의 유지자인 당신은 모든 스승들의 스승이십니다.
당신만이 존재합니다.

당신은 구도자, 예배이며, 그리고 실천자입니다.
오~ 메헤르, 성육신의 하나님, 당신만이 존재합니다!
당신은 앞에 있으며 뒤에도 있습니다. 당신은 위에도 있으며 아래에도 있습니다.

『 sadhana = spiritual practice(정신적인 실천자) 』

O Lord, You live in every house, and You alone exist.
You are beyond Beyond, yet You remain within everyone.
You are All-Pervading, and You alone exist.

You are in each neighborhood. You are the Sustainer.
You Yourself are all worlds, and You alone exist.
Everywhere, whether above or below,
You are complete; You alone exist.
You are unseen, yet seen also.
You live in everyone forgiving each his sins. You alone exist.
There is no one without You!
You are manifesting and unmanifest, as You alone exist.

You are man. You are birds.
You are fish and animals, for You alone exist.
You are bugs and gnats, You are snakes and scorpions,
You are ants and mosquitoes, for You alone exist.
You are insects. You are lice.
You are dogs, asses and pigs. You alone exist.
You are deer and elephants;
You are cats and monkeys; You alone exist.

You are the moon and the stars, the dawn and the night,
and the sun and also the light. You alone exist.

You are wind and water,
and the animals of the water; You alone exist.

You are silver and gold, You are copper and iron,
You are brass and stone; You alone exist.
You are tea and coffee, and the sugar also; You alone exist.

You are paper and the book,

오~ 주님, 당신은 모든 집에 거하시며, 당신만이 존재합니다.
당신은 초월을 초월해 계시며, 그러나 동시에 모든 사람 안에 남아 있습니다.
당신은 모든 곳에 만연하며 당신만이 존재합니다!

당신은 각각의 이웃들 안에 있습니다. 당신은 그 유지자입니다.
당신 자신은 모든 세상들이며, 당신만이 존재합니다.
높은 곳이든 낮은 곳이든 어디에나 있습니다
당신은 완전합니다; 당신만이 존재합니다.
당신은 눈에 보이지 않지만 또한 볼 수 있습니다.
당신은 각자 그 사람의 잘못들을 용서하는 모든 사람들 속에 살고 있습니다.
당신 없이는 아무도 그곳에 없습니다!
당신은 드러나면서 드러나지 않으며 그처럼 당신만이 존재합니다.

당신은 사람이며, 당신은 새들입니다.
당신은 물고기이고 동물들입니다. 당신만이 존재하기 때문입니다.
당신은 벌레들과 거머리들이고, 당신은 뱀들과 전갈들입니다.
당신은 개미들과 모기들입니다. 당신만이 존재하기 때문입니다.
당신은 곤충들이며 당신은 벼룩들입니다.
당신은 개들, 당나귀들과 돼지들입니다. 당신만이 존재합니다.
당신은 사슴과 코끼리들입니다;
당신은 고양이들과 원숭이들입니다; 당신만이 존재합니다.

당신은 달과 별들이며, 새벽과 밤입니다,
그리고 태양과 또한 그 빛입니다. 당신만이 존재합니다.

당신은 바람과 물이며,
그리고 물을 의지한 동물들; 당신만이 존재합니다.

당신은 은과 금이며, 당신은 구리와 철,
당신은 놋쇠와 돌입니다; 당신만이 존재합니다.
당신은 차와 커피 그리고 또한 설탕입니다; 당신만이 존재합니다.

당신은 종이와 책이고,

You are the school and office; You alone exist.
You are pen and ink and You are the gifted writer.
You alone exist.

You are the door and window.
You are the marble floor; You alone exist.
You are the medicine and the disease
and the Doctor also; You alone exist.
You are the game and the Player,
and the spectator also; You alone exist.

You are the flower and the thorn,
and You are the fragrance. You alone exist.
You are the Singer. You are the musical instrument.
You are the sweet tunes, for You alone exist.
You are the Prayer and the words of the prayer.
You are the forces of evil and the powers of light.
You alone exist.

You are the soldier, the army, and the Supreme General.
You alone exist.
You are the Sailor, the ship, and the wide Ocean;
You alone exist!

You are the storm's turbulence and the tranquil waters.
You are the pearl and You are the shell. You alone exist.
You are the shore, the Ferryman, and the sea also,
for You alone exist.

You are the Beggar, the giver, and the charity; You alone exist.
You are the slave and the Lord;
You are the Beyond God. You are God. You alone exist.

당신은 학교와 사무실입니다; 당신만이 존재합니다.
당신은 펜과 잉크이고 당신은 재능있는 작가입니다.
당신만이 존재합니다.

당신은 문과 창문입니다.
당신은 대리석 바닥입니다; 당신만이 존재합니다.
당신은 약과 질병이고
그리고 의사 또한 당신입니다; 당신만이 존재합니다.
당신은 게임이고 플레이어이며,
관중도 역시 당신입니다; 당신만이 존재합니다.

당신은 꽃과 가시이며,
그리고 당신은 그 향기입니다. 당신만이 존재합니다.
당신은 가수입니다. 당신은 악기입니다.
당신은 그 달콤한 노래입니다. 당신만이 존재하기 때문입니다.
당신은 기도하는 자이며 그 기도의 말씀입니다.
당신은 악의 세력이며 빛의 파워입니다.
당신만이 존재합니다.

당신은 군인, 군대 그리고 그 최고 사령관입니다.
당신만이 존재합니다.
당신은 선원, 배 그리고 그 넓은 바다입니다.
당신만이 존재합니다!

당신은 폭풍의 난기류이고 그 고요한 물입니다.
당신은 진주이고 당신은 조개껍질입니다. 당신만이 존재합니다.
당신은 해안, 뱃사공, 그리고 또한 그 바다입니다.
당신만이 존재합니다.

당신은 거지, 기부자, 그리고 자선단체; 당신만이 존재합니다.
당신은 노예이고 주님입니다.
당신은 초월의 신입니다. 당신은 하나님입니다. 당신만이 존재합니다.

You are Mother and Father;
You are Master, brother and friend.
You are family and relatives; You alone exist.
There is no one besides You!
Eternally You are, for You alone exist!

You are Pran and You are heart.
You are also the Beloved of the heart; You alone exist.
You are the Beloved and the Lover,
and You are the nectar of Love, as You alone exist!
You are breath and life itself.
Our minds are enthralled by Your beauty! For You alone exist!

You are the house. You are the inhabitants
and the bricks and furnishings. You alone exist.
You are the Worshipper, his worship,
and the One worshipped, as You alone exist.
You are Consciousness and the Way to Consciousness!
Oh Meher, God-Incarnate, You alone exist!

You are Khwaja, You are Qutub!
You are Pir and Qalandar! You alone exist.
You are Hafiz, You are Sanai!
You are Dara and Alexander! You alone exist.

You are Jesus Christ! You are Elahi!
You are the Ocean, infinite and pure; You alone exist.
You are the Koran and the One who prays!
You are Vali, and You are the Messenger; You alone exist.

You are the Beginning, and You are the End.
You are also beyond the Beginning and beyond the End.
You alone exist.

당신은 어머니와 아버지입니다;
당신은 스승님, 형제이자 친구입니다.
당신은 가족이고 친척입니다; 당신만이 존재합니다.
당신 외에는 그곳에 아무도 없습니다!
영원히 당신만이 있습니다, 당신만이 존재하기 때문입니다!

당신은 본질의 빛이고 당신은 가슴입니다.
당신은 또한 가슴 안의 비러벳입니다; 당신만이 존재합니다.
당신은 비러벳이고 러버이며,
당신은 사랑의 과즙입니다, 그처럼 당신만이 존재합니다!
당신은 호흡이고 생명 그 자체입니다.
우리의 마음들은 당신의 아름다움에 매혹되었습니다! 당신만 존재하기 때문입니다!

당신은 집입니다. 당신은 주민들입니다.
그리고 벽돌과 가구들입니다. 당신만이 존재합니다.
당신은 예배자이며, 그의 예배이며,
그리고 예배 받는 그 분입니다, 그처럼 당신만이 존재하기 때문입니다.
당신은 의식이고 의식으로 가는 그 방법입니다!
오~ 메헤르, 성육신의 하나님, 당신만이 존재합니다!

당신은 콰자(Khwaja), 당신은 쿠툽(Cutub)입니다!
당신은 피어이며 깔란다르(Qalandar)입니다! 당신만이 존재합니다.
당신은 하피즈, 당신은 사나이(Sanai)입니다!
당신은 다라(Dara)이고 알렉산더입니다! 당신만이 존재합니다.

당신은 예수 그리스도입니다! 당신은 일라히!
당신은 그 바다이며, 무한하고 순수함입니다; 당신만이 존재합니다.
당신은 코란이고 기도하는 사람입니다!
당신은 발리(Vali)이고, 당신은 메신져입니다; 당신만이 존재합니다.

당신은 시작이고, 당신은 끝입니다.
당신은 또한 시작을 초월하고 끝을 초월해 있습니다.
당신만이 존재합니다.

You are infinitely beautiful and infinitely close!
Oh Meher, God-Incarnate, You alone exist!
You are Brahma and You are Vishnu;
You are the guileless Shankar. You alone exist!

Bhau says, "O Beloved Meher, You are The Word
and You are The Letter! You alone exist!"

LORD MEHER, 1st ed, Vol. 17 & 18, pp. 5932-5935

당신은 무한히 아름답고 무한히 친밀합니다!
오~ 메헤르, 성육신의 하나님, 당신만이 존재합니다!
당신은 브라흐마이고 당신은 비슈누입니다;
당신은 위선이 없는 샹카르(Shankar)입니다. 당신만이 존재합니다.!

바우지는 말합니다, "오~ 비러벳 메헤르, 당신은 말씀입니다
그리고 당신은 서신입니다! 당신만이 존재합니다!"

로드메허 제1권, 첨부 Vol. 17 & 18, 5932-5935페이지

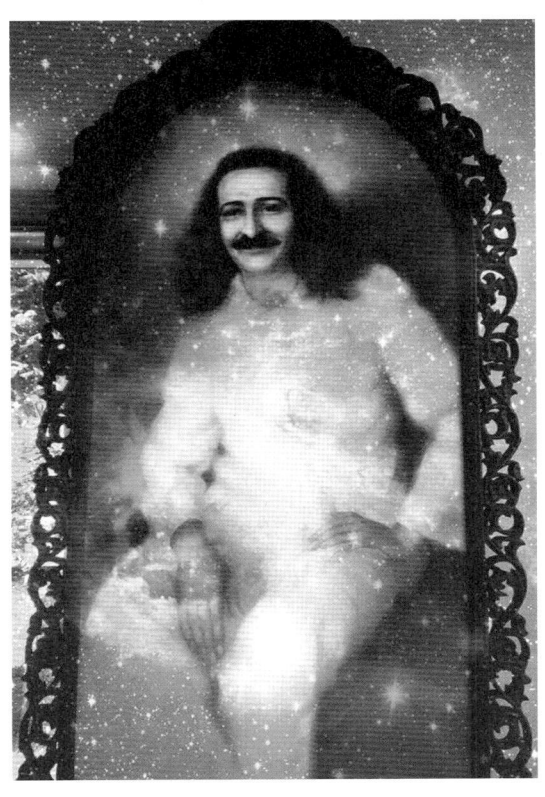

DRINK WINE AND ESTABLISH THE ABODE OF MEHER

Drink wine day and night, and thus establish the Abode of Meher.
Wipe out your own pleasure and seek the pleasure that is His.

In the Abode of Meher is only His picture;
In order to see it burn the picture of your self.

On this peculiar path there is pain at every step!
Oh Beloved, give some relief by sprinkling salt on my wounds.

The life of love is that which becomes His worship—
Let your false self sleep, and your Real Self awaken forever.

Oh Meher, either manifest or increase the pain beyond awareness;
Do not leave me conscious of longing only for You.

It is impossible to live, but I am not dying—
Oh Bhau, my every breath is calling, "Oh Beloved, come and manifest soon!"

【 Commentary on Ghazal 】
If this love reaches its height, here also, like the divine lover, the lover of humanity forgets himself completely, and is lost in love and love alone.

GHAZAL EIGHTY-THREE

Drawing of Baba by Mani.

와인을 마심으로 메허의 거처를 만드세요

밤낮으로 와인을 마심으로 메허의 거처를 만드세요
자신의 기쁨을 씻어 내고 그분의 기쁨을 찾으세요

메허의 집 안에는 오직 그분의 사진뿐이죠;
그것을 보기 위해선 당신 자신의 사진을 태우세요

이 특별한 길에는 매 순간마다 고통이 있어요!
오~ 비러벳, 내 상처에 소금을 뿌려 조금이나마 달래 주세요

그를 열렬히 흠모하는 것이 사랑의 삶이기에—
당신의 거짓된 자아를 잠재우고 참된 실재를 영원히 깨어나게 하세요

오~ 메헤르, 인식의 범위를 넘어서 고통이 생기든 더하든;
오직 당신을 그리워하는 인식만큼은 떠나지 않게 하소서

살아가는 것조차 불가능하지만 나는 죽지 않아요—
오~ 바우지, 모든 호흡이 부르길, "오~ 비러벳, 어서 오셔서 나타나세요!"

Meher Baba as Krishna by Mehera Makeig

【 가잘에 대한 해설 】
만일 이 사랑이 정점에 이르면, 또한 여기에서, 신성한 러버와 같이, 인류의 러버는 그 자신을 완전히 잊고 사랑 속에서 자아를 잃어 오직 사랑만 남습니다.

OH MEHER, POUR INFINITY

Oh Meher, make my heart Your Abode—
Dispel the darkness obstructing the sight of You.

In bowing to You, I pray for the destruction of the limitedness of my heart.
Pour in Infinity so that Your Abode may be established in my heart.

The only medicine for my pain is uniting with the Beloved.
But He is cruel—how will He give me such a tonic?

Oh Tyrant, You left me after catching me in Your net.
My heart is left wounded and cannot think of anything other than abusing You.

You live in me, but still make Yourself to be far, far away.
Who else should I ask to lift the veil so that I may see You?

This living, separated, is nothing but dying and drunken tears.
Oh death, why inflict the pain of life on me?

Oh Bhau, thousands lay in the dust of the Beloved's feet crying,
"Oh Beloved, let us see Your Abode; let us be with You!"

【 Commentary on Ghazal 】
Every heart is infinite, but because of desires the heart becomes limited. In order to experience that the heart is infinite, the limitedness – which is also infinite in connection with falsehood – has to leave the heart. The Beloved then enters the heart as infinity, making the lover aware of His infinite presence.

GHAZAL EIGHTY-FOUR

오~ 메헤르, 영원함을 부어주세요

오~ 메헤르, 나의 가슴을 당신의 거처로 삼으시고—
당신의 시야를 가리는 어둠을 떨쳐 버리게 하세요

당신에게 절하오니, 내 가슴의 한계가 파괴되기를 기도하나니
영원함을 부어서 내 가슴속에 당신의 거처가 자리하게 하소서

내 고통을 치유할 유일한 약은 비러벳과 합일하는 것이건만
잔인한 그분이—어떻게 그가 그런 특약을 나에게 주실까요?

오~ 폭군이여, 당신의 그물망에 나를 낚아채고는 떠나셨군요
내 가슴은 상처만 남은 채 당신에 대한 푸념 외에는 생각할 수가 없네요

당신은 내 안에 살지만 여전히 당신 자신을 멀리, 멀리 떠나게 만드네요
내가 당신을 볼 수 있도록 베일을 들추라고 또 누구에게 부탁할까요?

별거 중인 이 삶은 아무것도 없지만 눈물에 취해 죽어가고 있어요
오~ 죽음이여, 왜 나에게 삶의 괴로움을 가하는가요?

오~ 바우지, 수천 명이 비러벳의 발아래 누워 먼지 속에 파묻혀 울지만
"오~ 비러벳, 우리가 당신의 거처를 보게 하시고; 당신 곁에 있게 하소서!"

【가잘에 대한 해설】
모든 이의 가슴은 무한하지만, 욕망 때문에 가슴은 한계점이 생깁니다. 가슴이 무한하다는 것을 경험하기 위해서는 – 거짓과 관련하여 무한한 한계성(한정성)이 – 가슴에서 떠나야 합니다. 그 후 비러벳은 가슴에 무한함으로 들어와서 러버가 그의 무한한 현존을 알게 합니다.

UNTIL HE MANIFESTS

The flow of love from Meher is the support of all
As the stream of Everlastingness for us to be immersed in forever.

The moon is smiling and the sun is smiling,
Yet I am still filled with pain for the Beloved.

My pain sings, oh Meher, come! Oh Meher, manifest!
The light of Your effulgence is hidden behind the darkness.

I am full of pain—where can I find You?
How empty life is without You! Only my pain can fill the emptiness.

Where have You gone? Oh Meher, come and manifest soon!
My longing and pain are calling You.

You are my wealth. You are my life.
Wherever You are is Eternal Spring.

Oh Beloved, Meher! Oh Beloved, Meher, why don't You manifest?
Oh Bhau, He will never manifest until you leave His Abode!

【 Commentary on Ghazal 】
The lower self is referred to here as "you".

GHAZAL EIGHTY-FIVE

그가 나타날 때까지

메허를 향한 사랑의 흐름은 모두의 지지를 얻어요
영원불멸의 흐름 안으로 우리가 영원히 담가지도록

달이 웃어요 그리고 태양도 웃지만
나는 여전히 비러벳을 위한 고통으로 가득 차 있지요

내 고통이 부르는 노래, 오~ 메헤르, 오세요! 오~ 메헤르, 나타나세요!
당신의 광휘의 빛살은 어둠 뒤에 숨어 있네요

고통으로 가득 찬 나는— 어디서 당신을 찾을 수 있나요?
당신 없는 공허한 나의 삶! 오직 내 고통만이 공허함을 채울 수 있네요

어디로 가셨나요? 오~ 메헤르, 어서 와서 모습을 드러내세요!
나의 그리움과 아픔이 당신을 부르고 있어요

당신은 나의 풍요로움, 당신은 나의 생명
당신이 어디에 있든지 영원한 봄날이에요

오~ 비러벳, 메헤르! 오~ 비러벳, 메헤르, 왜 당신은 나타나지 않는가요?
오~ 바우지, 그대가 그분의 거처를 떠날 때까지 그는 결코 나타나지 않을 거예요!

【 가잘에 대한 해설 】
낮은 자아는 여기에서 "당신"이라고 불립니다.

YOU WILL ONE DAY MANIFEST

Without Him nothing in life brings me pleasure—
Any type of pleasure in life avoids me.

With Him I find pleasure even in the darkness of misery's ignorance,
But if He is hidden I find no pleasure even in heaven's bliss.

Oh Meher, I have reached that stage of disillusioned disgust
Where I do not find pleasure even in Your worship.

Death is even angry with me, and is pleased to see me alive.
There is no pleasure now even being Your lover,
leading a life of separation in pain.

Although You were veiled I was attracted to You,
thinking You would one day manifest.
But now my tears drown my sorrow from disgust with the veil.

How active Your Silence was before; how much it spoke every day!
Now even Your Silence disgusts me, since I have no strength to hear its voice.

Oh Bhau, fill this emptiness with His presence—
This is the only work He has left you with!

【 Commentary on Ghazal 】
The lover is so tormented and his longing for the Beloved increases to such an extent that he does not find pleasure in anything except Him.

언젠가 당신은 나타나리라

그분 없이는 삶에 어떤 것도 기쁨을 가져다주지 못해요—
인생의 어떤 종류의 즐거움도 나를 피하죠

그분과 함께라면 고통의 무지한 어둠 속에서도 기쁨을 찾지만,
그분이 숨는다면 천국의 지복 속에 있어도 내겐 기쁨이 없어요

오~ 메헤르, 그 환멸을 느끼는 혐오의 단계까지 왔어요
당신의 예배가 있는 그곳에서도 난 기쁨을 찾지 못해요

심지어 죽음도 내게 화를 내며 내가 살아 있음을 보고 기뻐하죠
이젠 당신의 러버가 되는 것조차 즐겁지가 않네요
고통 속에서 별거의 삶을 보내고 있기에

당신은 베일에 가려졌지만 나는 당신에게 이끌렸죠
언젠가는 당신이 나타나리라 생각하지만
지금 내 눈물은 베일에 대한 혐오감으로 내 슬픔을 가라앉히죠

이전 당신의 침묵은 활기가 있었죠; 매일 얼마나 많은 이야기가 있었는지!
이제 그 목소리를 들을 힘이 없어지니, 당신의 침묵조차도 날 혐오하네요

오~ 바우지, 이 공허함을 그의 존재로 채우세요—
이것이 그가 당신에게 남긴 유일한 작업이에요!

【 가잘에 대한 해설 】
러버(신을 사랑하는 사람)는 너무 고통스러워하고 비러벳(러버가 사랑하는 신)에 대한 그리움이 커져서 그분 외에는 그 어떤 것에서도 즐거움을 찾지 못합니다.

THAT TYRANT WILL NOT LET ME LIVE OR DIE

Oh Meher, the wound of my heart is calling You.
If Only You were not indifferent, it would reach You.

Who would believe how I pass my life these days?
I cannot sleep unless I am on a bed of thorns!

You are my life, You are my light; You are everything for me!
Was my complete acceptance wrong that drove You far from me?

You left, but You did not kill me, although it was what I wanted.
You left me half-dead, and now I cannot live or die.

When You left, I searched for You in every particle day and night—
Now every particle sheds tears on seeing my plight.

What helplessness is this! What hopelessness!
You still kick me and my heart feels pleased.

I have nothing in my hand; You have the whole creation in Yours!
What will You lose if You turn Your loving glance on me?

Oh Bhau, you have no idea what a calamity this love is!
I am following more closely that Tyrant who is killing me inch by inch.

【 remark 】
What you call tyranny is nothing but my expression of love. Must I not take interest in you and warn you to keep away from doing acts of weakness? And because I warn you, you think it is persecution. What you suffered was for the betterment of your inner life. Your vision is limited and my control over things is unlimited. You attach importance to what you have sacrificed for me. I ask for what you have not sacrificed for me!
−Lord Meher Online, p.1946

GHAZAL EIGHTY-SEVEN

죽이지도 살리지도 않는 폭군이여

오~ 메헤르, 상처 난 나의 심장이 당신을 불러요
당신이 무관심하지만 않았어도 이미 당신에게 도달했겠죠

내가 살아온 이러한 나날들을 누가 믿을 수 있을까요?
가시밭 위에 눕지 않으면 잠을 잘 수가 없을 정도예요!

당신은 나의 삶이자 나의 빛이죠; 당신은 나를 위한 모든 것이죠!
온전히 당신을 받아들인 게 잘못된 건지 그래서 내게서 멀어졌나요?

당신은 떠났지만, 나를 죽이진 않았죠, 비록 그게 내 바램이긴 했지만요
당신이 떠나 난 초주검이 되어 이제는 살 수도 죽을 수도 없죠

당신이 떠났을 때, 난 밤낮으로 모든 입자 속에서 당신을 찾았어요—
이제는 모든 입자들이 내 처지를 보자마자 눈물을 흘리죠

속수무책이 이런 건가요! 얼마나 절망적인가요!
여전히 나를 차버린 당신이지만 내 가슴은 기쁨을 느끼죠

내 손엔 아무것도 없는데; 당신의 손엔 창조물 전체를 쥐고 있네요!
만약 내게서 사랑의 눈길을 돌리면 당신은 무엇을 잃게 될까요?

오~ 바우지, 당신은 이 사랑이 얼마나 큰 재앙인지 전혀 몰라요!
나는 나를 조금씩 죽이고 있는 폭군을 더 가까이 따라가고 있네요

【 주석 】
당신이 폭정이라고 부르는 것은 나의 사랑의 표현일 뿐입니다. 내가 당신에게 관심을 가져 나약한 행위를 하지 말라고 경고해서는 안 될까요? 그리고 내가 경고했기에, 당신은 그게 박해라고 생각하겠지요. 당신이 겪은 고통은 내면의 삶을 향상시키기 위한 것이었어요. 당신의 시야는 제한되어 있고, 사물에 대한 나의 통제력은 무한합니다. 당신은 나를 위해 희생한 것에 중요성을 둡니다. 나는 당신이 나를 위해 희생하지 않은 그것을 요구합니다!
-Meher Online, 페이지 1946

WE WILL SING MEHER'S NAME AND AWAKEN

To lose ourselves in Meher is to find Him;
The departure of the false self is His arrival.

To empty the heart is to establish His dwelling.
And to keep awake in sleep is to find His Abode.

We carry a lamp to find Him in the darkness of our ignorance.
We will sing, will sing, we will sing Meher, Meher, Meher!

The world is a dream into a dream—
Nothing belongs to us in this world.

Do not dream; do not be attracted to the world's allurements—
If you long to awaken you should not follow the ways of the world.

We will awaken; we will find Meher in everything by following His ways.
We will sing, we will sing, we will sing Meher, Meher, Meher!

Those who are ruined at every step
Are flourishing at His feet.

They smell the wine and drink it;
In becoming broken they become strong.

Oh Bhau, we will sit here forever and we will reach Meher.
We will sing, we will sing, will sing Meher, Meher, Meher!

GHAZAL EIGHTY-EIGHT

메허의 이름을 부르며 우리는 깨어나리라

메허 안에서 우리 자신을 잃는 것은 그분을 찾는 것이에요
거짓된 자아의 떠남은 그분의 도착을 알리지요

가슴을 비워 두는 것은 그분의 주거지를 수립하는 것이고
잠든 가운데 깨어 있는 것은 그의 거처를 찾는 것이에요

우리는 무지의 어둠 속에서 그분을 찾기 위해 등불을 들고서
우리는 노래하고 부르지요, 메헤르, 메헤르, 메헤르의 노래를!

꿈속에서 꿈을 꾸는 세상이에요—
이 세상에서 우리 것이 되는 것은 아무것도 없죠

꿈도 꾸지 마세요; 세상의 유혹들에도 끌리지 마세요—
당신이 깨어나고자 한다면 세상의 방식을 따르지 마세요

우리는 깨어날 것이며; 그의 길을 따름으로 모두 안에서 메허를 찾을 거예요
우리는 노래하고 부르지요, 메헤르, 메헤르, 메헤르의 노래를!

매 순간의 단계마다 망가진 사람들은
그의 발아래에서 번창하고 있음이죠

그들은 와인의 향을 맡고 그 사랑을 마시네요;
부서지고 깨어지는 속에서도 그들은 강해지죠

오~ 바우지, 우리는 영원히 여기 앉아 메허에게 닿을 거예요
우리는 노래하고 부르지요, 메헤르, 메헤르, 메헤르의 노래를!

가잘 088

OH MEHER, MY KING

My King, I have no strength to surrender to You—
I have no devotion to take strength from You.
My life! My King, show me the path!
Oh Lord Meher, do not leave me!

Empty the satchel of my heart and fill it with your Divine Treasure
My life! My King, show me the path!
Oh Lord Meher, do not leave me!

I have no rest and find no sleep because You have not come to me.
Without seeing You face to face how can I find any rest?

Where have You hidden Yourself? Oh Meher, come to me!
The sleep of ignorance is always where You are not.
My life! My King, show me the path!
Oh Lord Meher, do not leave me!

Oh Bhau, awaken! Awaken, the King is here! Listen:
Oh love! Oh love, light the lamp of love in my heart!

GHAZAL EIGHTY-NINE

오~ 메헤르, 나의 주군이시여

나의 주군이여, 당신에게 항복할 힘조차 없는데—
난 당신에게서 힘을 얻을 만한 헌신조차 없어요
나의 삶이신! 나의 주군이여, 내게 길을 보여주세요!
오~ 주님 메헤르, 나를 떠나지 마세요!

내 가슴의 보따리를 풀어 당신의 신성한 보물로 채워주세요
나의 삶이신! 나의 주군이여, 내게 길을 보여주세요!
오~ 주님 메헤르, 나를 떠나지 마세요!

당신이 내게 오지 않기에 쉬지도 못하고 잠들 수도 없어요
당신이 모습을 보이지 않는 데 어떻게 휴식을 취할 수 있을까요?

당신은 자신을 어디에 숨기셨나요? 오~ 메헤르, 내게 와주세요!
무지의 잠은 언제나 당신이 없는 자리에 있는데
나의 삶이신! 나의 주군이여, 내게 길을 보여주세요!
오~ 주님 메헤르, 나를 떠나지 마세요!

오~ 바우지, 깨어나세요! 자각하세요, 주군이 여기 있어요! 들어보세요:
오~ 사랑이시여! 오~ 사랑이시여, 내 가슴에 사랑의 등불을 밝혀주세요!

MY HEART IS LOST IN YOU

The lamp of my heart is weeping
and is making my heart lost in You.
Oh God! Oh God, pay heed to my call!
Oh Meher, give the gift of Your love.

Why don't You pay heed, oh Lord?
Accept me as Yours!
Oh God! Oh God, pay heed to my call!
Oh Meher, give the gift of Your love.

Manifest and live in my heart!
Let me keep watch near You and fill my heart with love.
Oh God! Oh God, pay heed to my call!
Oh Meher, give the gift of Your love.

Oh Bhau, listen: Lord, wipe out my sins and free me from bondage.
Oh Lord, let me enjoy the suffering of Your companionship.

【 remark 】
Love me in any way you like, but love me. It is all the same. Love me. I am pure, the source of purity, so I consume all weaknesses in my fire of love. Give your sins, weaknesses, virtues, all to me, but give. I would not mind even one falling in love with me – I can purify. But when you fall in love with anybody else, you cannot call it love. Love is pure as God. It gives and never asks. That needs grace.

–Life Eternal, Book One, Following

GHAZAL NINETY

당신 안에서 잃어버린 나의 심장

내 심장의 등불이 울고 있어요
그리고 나의 심장을 당신 안에서 잃어가고 있어요
오~ 하나님! 오~ 하나님, 나의 부름에 귀를 기울이세요!
오~ 메헤르, 당신의 사랑의 선물을 건네주세요

오~ 주님, 당신은 왜 주의를 기울이지 않나요?
당신의 것으로 나를 받아주세요!
오~ 하나님! 오~ 하나님, 나의 부름에 귀를 기울이세요!
오~ 메헤르, 당신의 사랑의 선물을 건네주세요

나의 가슴 안에 살아 계심을 보여주세요!
당신 곁에서 지켜보며 내 가슴을 사랑으로 가득 채울 수 있게 해 주세요
오~ 하나님! 오~ 하나님, 나의 부름에 귀를 기울이세요!
오~ 메헤르, 당신의 사랑의 선물을 건네주세요

오~ 바우지, 들어 보세요: 주님, 나의 죄를 사하시고 속박에서 풀어 주세요
오~ 주님, 당신의 동반자의 고통을 내게도 즐기게 하소서

【주석】
당신이 좋아하는 어떠한 방법으로든 날 사랑하세요. 하지만 (오직) 날 사랑하세요. 그것은 모두 같습니다. 날 사랑하세요. 나는 순결의 원천인 순수함이기에 나는 모든 나약함 들을 나의 사랑의 불에서 태웁니다. 당신의 죄들과 약점들, 미덕들, 모든 것을 내게 주세요. 나는 심지어 한 사람이라도 나와 사랑에 빠지는 것을 개의치 않을 것입니다 – 나는 정화시킬 수 있습니다. 그러나 다른 사람과 사랑에 빠지면 그것을 사랑이라고 부를 수 없습니다. 사랑은 신처럼 순수합니다. 그것은 주고도 부탁하지 않습니다. 그것은 은총이 필요합니다.
-영원한 삶, 1권 중에서

COME OH MEHER, MANIFEST TODAY

Oh Beloved, light the lamp of love in my heart today,
And create a storm in the illusion of my mind.

Awaken in my life the longing to find You,
and absorb me in the sweet music of Your drum.
Come, come oh Meher, come today!
Manifest, manifest oh Meher, manifest today!

My heart is weeping, but I am happy that it seeks Your company.
Come, come oh Meher, come today!
Manifest, manifest oh Meher, manifest today!

My heart is losing my name,
And my self is losing courage.

I feel thirsty now for only Your wine—
every breath of my mind is restless.
Come, come oh Meher, come today!
Manifest, manifest oh Meher, manifest today!

Oh Bhau, what type of intoxication is this?
I am suffering, still I crave for more.
Oh Lord, make me drink the wine of love!
Make me drink love!

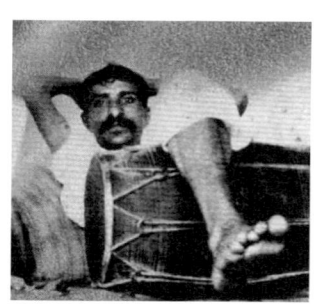

【 Commentary on Ghazal 】
"Name" here means self-assertion. The false self, which up until now had asserted itself, no longer has to do so because of the power of love.

GHAZAL NINETY-ONE

오~메헤르 오늘 모습을 보여주세요

오~ 비러벳, 오늘 나의 가슴속에 사랑의 등불을 밝히고
내 마음의 환상에 폭풍을 일으켜 주세요

내 삶에 당신을 찾으려는 갈망을 일깨워
당신의 달콤한 드럼의 연주로 나를 흡수하세요
어서 오세요 오~ 메헤르, 오늘은 와 주세요!
모습을 보여, 드러내세요 오~ 메헤르, 오늘은 나타나세요!

내 가슴은 울고 있지만, 그것이 당신의 모임을 찾아서 행복해요
오세요, 어서요 오~ 메헤르, 오늘은 와 주세요!
모습을 보여, 드러내세요 오~ 메헤르, 오늘은 나타나세요!

내 가슴이 내 이름을 잃어가고 있는데
내 자신은 용기를 잃어가고 있어요

나는 오직 당신의 포도주에 목이 말라—
내 마음의 모든 숨결이 불안에 떨고 있네요
오세요, 어서요 오~ 메헤르, 오늘은 와 주세요!
모습을 보여, 드러내세요 오~ 메헤르, 오늘은 나타나세요!

오~ 바우지, 이것은 어떤 종류의 중독인가요?
나는 고통받고 있지만 여전히 더 많이 갈망하고 있어요
오~ 주님, 내게 사랑의 포도주를 마시게 하소서!
내게 사랑을 마시게 해 주소서!

【 가잘에 대한 해설 】
여기서 "이름"은 자기주장을 의미합니다. 지금까지 스스로 주장했던 거짓 자아는 더 이상 사랑의 힘으로 인해 그렇게 할 필요가 없습니다.

MY TEARS ARE CALLING YOU TO MANIFEST

Oh Beloved, I am thirsty—shower the rain of Your grace.
My breathing is choked, thus I am suffering.
Stop Your cruelty and come.
Come, oh Lord Meher, manifest! My tears are calling You.

Show me Your wine-faced beauty
And end Your enmity with an embrace.

I do not want liberation or any power in heaven or earth!
I only want You my Lord. Come and come soon!
Come, oh Lord Meher, manifest! My tears are calling You.

I cannot bear this separation;
I remember You and want Your company again.
Come, oh Lord Meher, manifest! My tears are calling You.

Oh Bhau, you are weeping day and night for Him,
Still He does not end your tears with an embrace.

GHAZAL NINETY-TWO

당신을 부르는 나의 눈물

오~ 비러벳, 목마른 내게—은총의 비를 적셔 주세요
호흡이 질식할 만큼 이토록 고통받고 있네요
그대 잔인함을 멈추시고 오세요
오세요, 오~ 주 메헤르, 나타나세요! 내 눈물이 당신을 부르오니

와인에 취한 당신의 아름다운 얼굴을 보여 주세요
그리고 한 번의 포옹으로 당신의 적개심을 끝내 주세요

하늘이나 땅에서의 어떤 권력이나 자유도 원하지 않아요!
오직 나의 주님이신 당신만을 원해요 어서 서둘러 오세요!
오세요, 오~ 주 메헤르, 나타나세요! 내 눈물이 당신을 부르오니

나는 이 이별을 견딜 수가 없어요;
당신을 기억하고 당신과 함께함을 다시 원해요
오세요, 오~ 주 메헤르, 나타나세요! 내 눈물이 당신을 부르오니

오~ 바우지, 그분을 위해 밤낮으로 울고 있는 당신이지만
그의 한 번의 포옹은 아직 당신의 눈물을 끝내지 않네요

SHOW ME YOUR SWEET SMILE

Oh Meher, I am longing to see Your sweet smile
One more time before I die.

How attractive is the beauty of Your smile!
I am prepared to pay any price to see it.
Oh Lord, listen to my prayer and let me see You smiling.

My heart is restless day and night—my life is suffering;
There is emptiness without You so I pray for Your kindness.
Show me Your sweet smile—
oh Meher, I am longing to see it one more time before I die.

I do not want any occult powers or miracles;
I do not want name, fame or prestige.
I only want to see You smiling. Show me Your sweet smile—
oh Meher, I am longing to see it and I am restless.

Oh Bhau, your tears have been singing His song for ages,
But your Beloved has become deaf to its words.

GHAZAL NINETY-THREE

당신의 달콤한 미소를 보여 주세요

오~ 메헤르, 당신의 달콤한 미소를 보고 싶어요
내가 죽기 전에 한 번만 더

당신의 미소는 얼마나 매력적인가요!
그것을 보기 위해 어떤 대가도 지불할 준비가 되었어요
오~ 주님, 내 기도를 들어주시고, 당신의 미소를 보게 하소서

밤낮으로 안절부절못하는 내 심장—내 삶은 고통스럽죠;
당신 없는 공허함에 당신의 친절을 기원할 뿐
달콤한 당신의 미소를 보여주세요—
오~ 메헤르, 내가 죽기 전에 한 번만 더 보고 싶어요

그 어떤 신비한 힘도 기적도 난 원치 않아요
그 어떤 명성이나 명망, 이름도 난 원치 않아요
오직 당신의 미소만 보고 싶을 뿐, 보여 주세요 당신의 달콤한 미소를—
오~ 메헤르, 나의 갈망은 그것을 보고 싶어 멈출 수가 없네요

오~ 바우지, 그대 눈물은 끊임없이 그의 노래를 부르고 있지만
그대의 비러벳은 그러한 가사들에 귀를 기울이지 않네요

SUFFERING THE DESIRE FOR UNION WITH YOU

Love occurs in a natural way—it can never be taught.
Whatever happens in the heart through love can never be expressed.

Oh Meher, at least once You could have wiped my tears.
My life is this complaint, but I cannot bring it to my lips.

How helpless I am that love has sealed my lips!
I am restless, but my restlessness is beyond all form.

Your Silence quiets me and keeps me mute.
The plight I am passing through in love cannot be explained.

How firmly the bird of my heart is caught in Your cage—
In spite of imprisonment it avoids escape.

The lesson You taught me made me forget everything,
Except the suffering born of the desire for union with You.

Oh Bhau, my heart is burning in the fire of love
That leaves no other longing except the desire to die.

【 Commentary on Ghazal 】
The Beloved teaches only one lesson — to forget the false self. When one starts to do this, the resulting longing for union causes suffering and pain, but for the lover this pain is blissful agony.

GHAZAL NINETY-FOUR

합일을 위한 갈망의 고통

자연스럽게 일어나는 사랑―그것은 결코 가르칠 수 없어요
가슴을 통해 일어나는 어떤 사랑도 결코 표현될 수 없어요

오~ 메헤르, 적어도 한 번쯤은 내 눈물을 닦아줄 수 있었을 텐데
내 삶은 이렇게 불평하지만 그것을 입술에 담을 수는 없네요

그런 사랑이 내 입술을 막았으니 난 얼마나 무력한가요!
나는 불안하지만, 이 불안함은 모든 형체를 초월하네요

당신의 적막은 나를 조용히 시키고 침묵하게 하네요
사랑으로 겪고 있는 나의 곤경은 설명할 수도 없어요

당신의 새장에 단단히 붙들려 버린 내 심장의 새―
고통스럽게 갇혀 있지만 탈출할 생각이 없어요

당신이 가르쳐 준 교훈은 모든 것을 잊게 만들었죠
당신과의 합일에 대한 갈망에서 나온 고통은 빼고요

오~ 바우지, 내 심장은 사랑의 불길 속에 타고 있어요
그것은 죽고 싶은 욕망 외에 다른 갈망은 남기지 않아요

【 가잘에 대한 해설 】
비러벳은 오직 ―거짓된 자아를 잊어버리는― 한 가지만을 가르칩니다. 이렇게 하기 시작하면 결과적으로 합일에 대한 갈망은 고통과 아픔을 일으키지만, 러버에게 이 고통은 행복한 고뇌입니다.

A VOICE ONLY HE CAN HEAR

Oh Lord Meher, why are You ashamed of me?
If You don't like my veil, then light the pure light in my heart to burn it.

Without You I have no comfort and life is not worth living.
I find emptiness in everything and no support for living.

I use no custom, ritual or ceremony—
I only know to call You with the silent, secret voice of my heart.

The dirt of my heart will burn as fuel if You light the lamp.
No one can light my lamp but You, and for this You have come.

Oh Bhau, your tears are calling in a voice only He can hear.
Let your tears light the fire—then see whether or not He comes.

【 Commentary on Ghazal 】
The lover finds that because there is a veil of ignorance, the Beloved is ashamed of him. So the lover tells the Beloved, "Just burn the veil and no longer feel ashamed of me."

GHAZAL NINETY-FIVE

오직 그만이 들을 수 있는 음성

오~ 주 메헤르, 왜 저를 부끄러워하시나요?
제 베일이 싫으시다면 제 가슴의 순수한 빛을 밝혀 불태우소서

당신 없이는 안식이 없고 삶은 살아갈 가치가 없어요
모든 것 안에서 공허함을 찾고 삶을 위한 버팀도 없어요

어떤 관습도 절차나 의식도 필요가 없어요―
가슴의 비밀스러운 목소리로 오직 당신을 조용히 부르기만 할 뿐

당신이 램프를 켜면 내 심장의 때는 연료처럼 타 버리죠
당신이 아니면 내 등잔에 불을 켜지 못해요, 이것이 당신이 온 이유죠

오~ 바우지, 당신의 눈물의 부름은 오직 그만이 들을 수 있는 음성이네요
당신의 눈물로 불을 밝히고―그때 그분이 오시는지 안 오시는지 보세요

【 가잘에 대한 해설 】
러버는 무지의 베일이 있기 때문에 비러벳이 그를 부끄럽게 여긴다고 생각합니다. 그래서 러버는 비러벳에게 "그냥 베일을 태워 버리고 더 이상 나를 부끄럽게 여기지 마세요"라고 말합니다.

YOUR LOVE IS A DOUBLE-EDGED SWORD

Oh Meher, my only gain is losing everything for You.
When the illusory nothing is lost, the Real Everything is found as You.

Oh Beloved, I tried to remain detached from the world but could not,
Until You made me useless and it discarded me as without worth.

How selfish is the way of the world!
As long as I was useful to the world I was respected,
But when I became useless it turned its eyes away from me.

Oh Beloved, Your love is a double-edged sword—
Ruining me and yet making me useful to You.

Oh worldly people, don't laugh at me, thinking always I am a fool.
I am useless in the eyes of illusion, but I have a place in the eyes of Reality.

How incredibly difficult it was for me to become worthless.
Love for the Beloved is the only medium that makes one a wreck
in the eyes of the world.

Oh Bhau, you will be a fool if you don't give up this useless world;
it is under the sway of illusion.
One has to become useless to the world and become of worth to the Beloved.

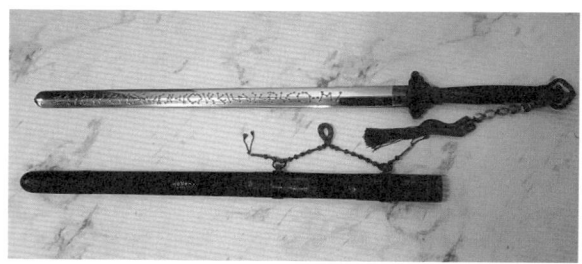

GHAZAL NINTY-SIX

당신의 사랑은 양날의 검

오~ 메헤르, 내 유일한 이득은 당신을 위해 모든 것을 잃는 것
내려놓을 때 환상은 사라져, 당신처럼 참된 유(有)를 발견하죠

오~ 비러벳, 세상을 멀리하려 애를 써도 할 수가 없었죠
당신이 나를 무가치하게 버리고 쓸모없게 만들 때까지는

세상사란 얼마나 이기적인가요!
세상에 도움이 될 때는 존경을 받지만,
쓸모가 없어지면 세상은 내게서 눈을 돌리죠

오~ 비러벳, 당신의 사랑은 양날의 검이에요—
나를 망쳐 놓고도 당신에게는 쓸모 있게 만들죠

오~ 세속의 사람들아, 날 바보라고 생각하며 늘 비웃지 마라
환상을 보는 데는 쓸모가 없지만, 진리의 자리에는 시선을 둔다네

나를 위해 무가치한 존재가 되는 것은 너무나 어렵다네
비러벳의 사랑이란 사람을 파멸시키는 유일한 도구라네
세상의 눈에 비추어 볼 때

오~ 바우지, 쓸모없는 이 세상을 포기하지 않으면 그대 바보가 될 테니;
그것은 환상의 지배하에 있다네
세상에는 쓸모가 없을지라도 비러벳에게는 가치 있는 존재가 될지어니

THERE IS NO SUPPORT EXCEPT MEHER

I love the treasure of my helplessness;
it makes me follow Him without question of "why" or "what".
There is no support except Meher!
Without Him there is no substance or joy in life.

Oh Beloved, Your gift made me as completely helpless as a speck of dust,
But more powerful than the treasure of the three worlds.

Don't laugh at my dust-like existence—you have no idea how precious it is.
By following the wish of the Beloved I will one day rule over the three worlds!

The gift of helplessness is obeying my Beloved's command without thought.
Oh Beloved, I suffer, but I am thankful that You let me dance to Your tune.
There is no support except Meher!
Without Him there is no substance or joy in life.

My helplessness requires the penance of births and births to achieve.
The dust born of helplessness is not weak, but strong.

My helplessness erodes my self's control over me while exhaling
And it carries out the Beloved's wish while inhaling.

Oh Bhau, helplessness cannot be understood; it is achieved only through love.
Let your mind be defeated by love and achieve the helplessness I have described.
There is no support except Meher!
Without Him, there is no substance or joy in life.

【 Commentary on Ghazal 】
If I follow the wish of the Beloved, I will one day become the Beloved;
then I will be all-powerful and control the three worlds.

GHAZAL NINETY-SEVEN

메헤르 외에는 도울 이가 없다오

나의 무력함의 보배를 사랑하기에;
"왜?"나 "뭐?"의 의문 없이 그를 따르게 만들죠
메헤르 외에는 도울 이가 없기에!
그분 없이는 삶의 기쁨도 실체도 없어요

오~ 비러벳, 먼지의 얼룩처럼 완전히 무력하게 만든 당신의 선물이지만,
삼계의 보물보다도 더 강력하네요

내 먼지 같은 존재를 비웃지 마라—그게 얼마나 소중한지 그대는 모를 테니
언젠가 비러벳의 소원을 따라 삼계의 규칙을 뒤집으리니!

아무런 생각 없이 비러벳의 명령에 따르는 것은 무력함의 선물이죠
오~ 비러벳, 고통스럽지만 당신의 선율에 맞춰 춤을 추게 해주어 감사해요
메헤르 외에는 도울 이가 없기에!
그분 없이는 삶의 기쁨도 실체도 없어요

이 무력함의 성취를 위해 거듭되는 환생의 고난을 요구하지만
무력함으로 태어난 먼지는 약하지 않고 오히려 강하답니다

나의 무력함은 숨을 내쉬는 동안은 내 자신의 통제력을 약화시키고
이 무력함은 숨을 들이 마시는 동안에 비러벳의 소원을 수행하지요

오~ 바우지, 무력함을 어찌 이해하리오; 오직 사랑을 통해서만 성취되리니
당신의 마음을 사랑으로 물리치고 내가 묘사한 무력함을 성취하세요
메헤르 외에는 도울 이가 없기에!
그분 없이는 삶의 기쁨도 실체도 없어요

【 가잘에 대한 해설 】
비러벳의 뜻을 따른다면 언젠가는 비러벳이 될 것입니다; 그러면 전능한 힘을 발휘하여 삼계를 지배하게 될 것입니다.

FEW PAY THE PRICE
OF COMPLETE SURRENDERANCE

Oh Meher, my only work in Your companionship is this:
The pain of longing, shedding tears, restlessness and no relief.

How helpless I have become in Your love—
Longing for more and more pain is my only relief.

Words no longer form on my tongue and lips.
Love itself is my message which has no message.

When I ruined myself for You I did not leave any trace of my self—
You filled my heart with Your presence and darkness was engulfed by light.

You made me quite useless and solely attracted to Your whims.
Now love is doing all work and there is no work left for me.

You would give flowers to others while handing me dirt,
But there is a secret in this matter and it is not for all.

Oh Bhau, this love is not cheap! Thousands desire it,
But few pay the price of complete surrenderance to the Beloved.

【 Commentary on Ghazal 】
You made my lower self so weak that it cannot assert itself by giving me Your love. When this stage occurs, the lower self becomes helpless and accepts defeat before the strength of love. This love takes me toward the destination of the Beloved

GHAZAL NINETY-EIGHT

완전한 항복의 대가(代價)

오~ 메헤르, 당신의 우정 안에서 나의 유일한 일이란:
갈망의 고통과 흐르는 눈물 속에 계속되는 불안뿐이죠

당신의 사랑 안에서 난 얼마나 무력해졌는지—
점점 더 많은 고통의 갈망만이 나의 유일한 안도감이죠

입술과 혀는 더 이상 말을 이루지 못하네요
어떤 메시지도 가지지 않은 나의 메시지는 사랑 그 자체죠

당신을 위해 내 자신을 망쳤을 때 내 어떤 흔적도 남기지 않았죠—
당신의 존재와 함께 가슴은 당신으로 가득 차고 어둠은 빛에 휩싸였죠

당신은 나를 꽤 쓸모없이 만들었고 오로지 당신의 변덕에 이끌려
이제 모든 일은 사랑이 되었고 나에게는 남은 일이 없어요

내게는 먼지를 건네주면서 다른 사람들에겐 꽃을 주려는 당신이지만
이 상황에는 하나의 비밀이 있으니 그게 모두를 위한 것은 아니에요

오~ 바우지, 이 사랑은 값을 매길 수 없어요! 수천 명이 그것을 원해도
비러벳에게 완전한 항복의 대가를 지불하는 사람은 소수에 불과하죠

【 가잘에 대한 해설 】
당신의 사랑은 나의 하위 자아를 아주 약하게 만들기에 자아는 그 자신을 주장할 수 없습니다. 이 단계에서는 하위 자아는 무력해지고 사랑의 힘 앞에 패배를 받아들입니다. 이 사랑은 나를 비러벳의 목적지로 데려갑니다.

WHEN YOUR DAAMAN CAME INTO MY HAND

I find tears at every step in the path of love;
How can I express what is happening to me now?

What tribulations of death this helplessness brings!
The Beloved kicks me, and though I feel pain I am pleased.

Oh Meher, when Your daaman came into my hand
and my head bowed at Your feet,
I found that You were quite changed
and did not care for me.

I am now in that state where I prefer dying to living.
Now I always feel frightened when I hear the name of love!

I remember death at every step on my journey—
How I attained life from death, I cannot describe.

People of the world are dying for more life,
But I am dying in order to die in Life.

Oh Bhau, what should I do with this life of love?
My ash is weeping and weeping at my pain of longing.

【 remark 】
Baba emphasized again, "Try to hold fast to my daaman." But he also added, "However much you may try to hold on to it, it all depends upon my will whether to let go of your hand or not. But still, you must try with all your heart and faith."(Lord Meher Online, p4178)

"Look, my daaman is firmly in your grip. Forget the whole world. It is all illusion. I alone am real. Think only of me and take my name. Don't worry at all. I will be with you."(Lord Meher Online, p3700)

Meher Baba riding in car in India during 1930s

GHAZAL NINETY-NINE

당신의 다만이 내 손에 잡힐 때

사랑의 길을 걸어갈 때마다 발견되는 내 눈물들;
지금 내게 닥친 일을 어떻게 표현할 수 있을까요?

이 무력함이 가져오는 어떠한 죽음의 고난인들!
나를 차버린 비러벳이지만 고통은 오히려 고맙죠

오~ 메헤르, 당신의 다만이 내 손에 잡힐 때
내 머리는 당신의 발 앞에 엎드렸어요
나는 당신이 완전히 변했음을 보았죠
그리고 내게는 신경도 안 쓰시는 당신

지금 나의 상태는 사는 것보다 죽는 것을 더 선호하죠
이제 사랑의 이름을 들을 때마다 지레 겁이 나네요!

나는 내 여정의 모든 단계에서 죽음을 기억해요—
어떻게 죽음에서 생명을 얻었는지, 묘사할 수는 없지만

세상 사람들은 더 많은 삶을 위해 죽어 가고 있지만
나는 생명 안에서 죽기 위해 죽어가고 있어요.

오~ 바우지, 이런 사랑의 삶을 나는 어떻게 해야 할까요?
나의 유골은 눈물 흘리고 그리움의 아픔에 울고 있어요

【 주석 】
바바는 다시 강조했습니다. "나의 다만을 단단히 붙잡으세요." 그러나 그는 또 이렇게 말했습니다. "여러분이 아무리 붙잡으려고 해도, 손을 놓느냐 안 놓느냐 하는 것은 모두 나의 의지에 달려 있습니다. 하지만 계속해서 여러분의 가슴과 믿음을 가지고 최대한 노력해야 합니다."(로드메허 온라인, 4178페이지)

"보라, 나의 다만이 그대를 단단히 붙잡고 있다. 온 세상을 잊어라. 그것은 모두 환상이다. 나만이 실재다. 내 이름만 가져가고 오직 나만을 생각하라. 전혀 걱정하지 마라. 내가 그대 곁에 있을 테니."(로드메허 온라인 3700페이지)

【 참고 】
다만(Daaman)의 뜻 ☞ 생의 가장 마지막 순간까지 나와 함께 할 신의 현존, 임재, 함께하심. 어린아이가 엄마의 치마 끝을 붙들듯 간절하게 바바를 놓지 않는 것.

HOW LONG SHOULD I SEEK YOUR PLEASURE?

Oh Meher, because of You I am dying. What is the worth of my living on now?
How long should I seek Your pleasure when it is impossible to achieve?

Nothing is easy on the path of love—
Stepping on it is to court death with every breath.

In the pursuit of love, only death is life.
When death is always with me why should I be afraid to die?

I have concern only with One in the world,
But that One has become indifferent to me!

Since You left I do not want Godhood, I simply want death.
I am so disgusted with this life that I want to die in any way.

What is Your mercy that constantly draws my tears?
Oh Beloved, don't have such mercy even for my enemies!

Oh Bhau, the world thinks I am stark raving mad,
While the Beloved kicks me in this path of love.

【 remark 】
In fact, the whole universe is in the Self and springs into existence from the tiny point in the Self referred to as the OM Point. But the Self as the individualized soul has become habituated to gathering experiences through one medium or another, and therefore it comes to experience the universe as a formidable rival, other than itself.

Those who have realized God constantly see the universe as springing from this Om Point, which is in everyone.
–DISCOURSES, 7th ed, p. 190

GHAZAL ONE HUNDRED

언제까지 당신의 기쁨을 구해야 할까요?

오~ 메헤르, 당신 때문에 죽어가는 지금의 삶에 무슨 가치가 있나요?
성취하는 것이 불가능할 때 언제까지 당신의 기쁨을 구해야 할까요?

사랑의 길에서 쉬운 일은 없네요—
그 길을 밟는 것은 매 호흡이 죽음을 자초하는 것이죠

사랑을 추구할 때는 오로지 죽어야만 살 수 있어요
죽음이 항상 내 곁에 있는데 왜 죽음을 두려워해야 하나요?

세상에서 나의 관심은 오직 한 사람에게 있을 뿐
하지만 그분은 내게 무관심해졌네요!

당신이 떠났기에 신성(神性)은 의미가 없어요, 그저 죽고 싶을 뿐
혐오스러운 이 삶에서 정녕 어떻게든 죽고 싶을 뿐

끊임없이 내 눈물을 자아내는 것이 당신의 자비인가요?
오~ 비러벳, 내 적들에게조차 그런 자비는 베풀지 마세요!

오~ 바우지, 세상은 내가 완전히 미쳤다고 생각하네요,
이 사랑의 길에서 비러벳에게 차이고 있는 동안 말이죠

【 주석 】
사실, 온 우주는 참나 안에 있으며, '옴 포인트'라고 불리는 참나 안에 있는 아주 작은 지점으로부터 솟아나서 존재하게 됩니다. 그러나 개인화된 영혼으로서의 참나는 한 매개체 또는 다른 매개체를 통해서 경험들을 모으는 것이 습관이 되어 왔었고, 따라서 우주를 그 자신이 아닌 강력한 적군으로서 경험하게 됩니다.
신을 깨달은 사람들은 우주가 모든 사람 안에 있는 이 '옴 포인트'로부터 솟아나는 것을 끊임없이 보고 있습니다.
-담론, 7번째 판, 190페이지

I AM BURNING MY HEART

What is happening to me in the dawn-light attraction of love?
I am weeping day and night—thus burning my heart.

Oh Meher, how useless You have made me!
I am so completely Yours, I can never turn away.

The pain of love has removed all sense of balance—
I bow down at Your feet with the craving for You to kick me.

The path of love dissipates all energy of self,
But somehow I become strong while dancing to Your tune.

The whole world is destined to laugh at me, thinking me mad,
But by becoming mad for the sake of love I am gaining true wisdom.

I long for death and am interested only in that,
But the life I am living has been given to me by my death!

Oh Bhau, I am seated at His threshold with the determination
That I will never leave it after bowing down at His feet.

【 Commentary on Ghazal 】
Death here means the final death. Therefore, when you long for this death in love for the Beloved, the life you lead in love for Him is expressed as having been given to you by death.

【 remark 】
Spiritual advancement is a story of a succession of surrenders one after another, until the goal of the final surrender of the separate ego—life is completely achieved. The last surrender is the only complete surrender.
--Sparks from the Master, p12

나의 심장을 태워요

동틀 무렵 매력적인 사랑의 빛 안에서 내게 무슨 일이 일어나고 있나요?
밤낮으로 눈물 흘리며—나의 가슴을 불태우고 있어요

오~ 메헤르, 당신이 나를 얼마나 쓸모없게 만드셨는지!
완전히 당신의 것이기에 결코 돌이킬 수 없네요

모든 균형감각은 사랑의 아픔으로 인해 떠나 버렸죠—
당신에게 차이기 위해 당신의 발 앞에 엎드려 절해요

사랑의 길은 자아의 모든 에너지를 소멸시키지만,
왜 그런지 당신의 선율에 맞춰 춤을 추며 강해지네요

온 세상은 나를 미쳤다고 생각하며 웃는 것은 나의 운명이지만
사랑의 목적을 위해 미쳐감으로써 난 진정한 지혜를 얻어요

나는 죽음을 위해 갈망하고, 오직 그것에만 관심이 있지만
내가 살고 있는 삶은 나의 죽음으로 인해 내게 주어졌어요!

오~ 바우지, 나는 그분의 문턱에 앉아 결심하고 있어요
그분의 발아래 엎드려 절한 후 결코 떠나지 않을 것임을

【 가잘에 대한 해설 】
여기서의 죽음은 마지막 죽음을 의미합니다. 그러므로 당신이 비러벳에 대한 사랑으로 이 죽음을 갈망할 때, 당신이 그분을 위한 사랑 안에서 연결되는 삶은 죽음에 의해 당신에게 주어진 것으로 표현됩니다.

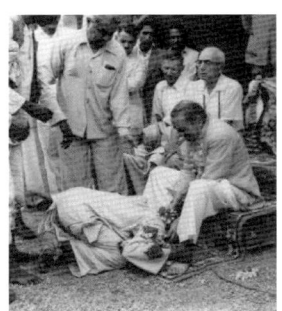

【 주석 】
영적 진보란 분리된 에고의 마지막 항복이라는 목표에 완전히 달성되기까지 차례차례로 항복들이 이어지는 이야기를 말합니다—이때 삶은 완전히 성취됩니다. 마지막 항복만이 유일하게 완전한 항복입니다.
–스승으로부터의 불꽃, 12페이지

가잘 101

IS LOVE A JOKE OR CHILD'S PLAY?

What must leave the heart in a natural way?
The limited self must go and the Infinite Self must come.

Oh Meher, how many dark nights has my heart been restless in Your separation?
And how long have I been waiting for You?
Now You must come! It is time You manifest!

Is love a joke or child's play?
No! To die completely one has to die every moment.

I stand helpless before the merciless rain of Your arrows.
Only a cup of Your wine will enable me to bear the onslaught.

What should I do, separate from You? Where should I go without You?
Oh Beloved, how can life simply go away from Life?

Oh wanderers, the Beloved is always Here!
You must live Here and find Him Here.

Oh Bhau, you have given your life to the Beloved—
Now you must not think about your life whatever happens.

【 Commentary on Ghazal 】
All desires should leave the heart through love for the Beloved. This happens naturally; it does not happen through thought, yoga, or meditation. Therefore, when it happens through love for the Beloved, the limited self is lost and the Real Self is gained.

GHAZAL ONE HUNDRED-TWO

사랑이 아이들 놀이인가? 농담인가?

무엇이 가슴을 자연스러운 방법으로 쉬게 할까요?
제한된 자아는 가야 하고 무한한 실재는 와야 하죠

오~ 메헤르, 당신의 별거에 쉬지 못한 내 가슴은 얼마나 많은 어두운 밤들을 지새웠을까요?
그리고 얼마나 오래도록 당신을 기다렸는지 아시나요?
이제 당신은 오셔야 해요! 당신이 나타나야 할 시간이에요!

사랑이 아이들 장난인가요? 아님 농담인가요?
아니! 완전히 죽으려면 매 순간 죽어야 해요

당신이 쏘아대는 무자비한 화살 비에 나는 무력하게 서 있어요
오직 당신의 와인 한 잔만이 맹렬한 공격을 버티게 하네요

당신과 떨어진 난 어찌해야 하나요? 당신 없이 어디로 가야 하나요?
오~ 비러벳, 어떻게 목숨이 삶으로부터 그저 사라질 수 있을까요?

오~ 방랑자여, 비러벳은 항상 여기에 있었어요!
그대는 여기에 살고 여기에서 그를 찾아야 해요

오~ 바우지, 그대는 그대의 목숨을 비러벳에게 바쳤군요—
이제 무슨 일이 일어나든 그대 목숨에 대해 생각해선 안돼요

【 가잘에 대한 해설 】
모든 욕정은 비러벳에 대한 사랑을 통해 가슴에서 떠나야 합니다. 이것은 자연스럽게 일어납니다; 그것은 생각, 요가 또는 명상을 통해 일어나지 않습니다. 그러므로 그것이 비러벳에 대한 사랑을 통해 일어날 때, 제한된 자아는 소멸하고 진정한 실재를 얻게 됩니다.

STAY AWAY FROM LOVE
IF YOU DO NOT HAVE COURAGE

What am I doing in this intoxication of love?
I am slaughtering my limited self in order to find my Infinite Self.

What state has developed in this path of love in which I cannot bear the pain.
But through the very pain itself I find relief.

The madness of the path of love is unlike any other—
I find myself becoming the wisest person in the world.

Oh Meher, how fearless You have made me in Your love!
Now I am not afraid of any man; only frightened of my self

My warning to all seekers is to stay away from love if you do not have courage.
In the beginning I wish someone had given this warning to me.

The world abused me because of my madness; then You abused me for my own good.
But how do I explain the difference?

To die is easy, but living while dying is terribly difficult.
Oh Bhau, truly this is madness—I am dying through every breath of love.

【 Commentary on Ghazal 】
Loving the Beloved requires courage to bear the suffering of longing for Him which ruins one's worldly life. Therefore, the lover gives a warning to others that only if they have courage to belong to the Beloved completely should they come forward to be His slaves.

GHAZAL ONE HUNDRED-THREE

만약 용기가 없다면
사랑을 멀리하세요

이 사랑의 중독 속에서 과연 무엇을 하고 있는 걸까요?
무한한 실재를 찾기 위해 나의 제한된 자아를 도륙하고 있으니

참을 수 없는 고통의 이 사랑의 길에서 발전된 상태가 어떠하든지
하지만 심한 고통 그 자체를 통해 난 위안을 찾네요

사랑의 길에서 미친다는 건 그 무엇과도 달라요—
세상에서 가장 지혜로운 사람이 되고 있음을 발견하죠

오~ 메헤르, 당신의 사랑으로 날 얼마나 용감하게 만드셨나요!
이제 그 누구도 두렵지 않아요; 오직 내 자신 외에는

모든 수행자들에게 경고하나니, 만약 용기가 없다면 사랑을 멀리하라
처음부터 누군가 이런 경고를 내게 했었더라면 좋았을 텐데

세상은 광기 어린 나를 학대했지만; 당신은 내 기쁨을 위해 학대했군요
하지만 그 차이점을 어떻게 설명해야 할까요?

죽는 것은 쉽지만, 죽기 위해 산다는 건 죽을 만큼 어렵죠
오~ 바우지, 정말 이건 미친 짓이죠—사랑의 매 호흡을 통해 난 죽어가고 있어요

【 가잘에 대한 해설 】
비러벳을 사랑한다는 것은 자신의 세속적인 삶을 망치는 그를 향한
그리움의 고통을 견딜 용기가 필요함을 말합니다. 그러므로 러버는
다른 사람들에게 완전히 비러벳에게 속할 용기가 있어야만 그들이
그의 노예가 될 수 있음을 경고하고 있습니다.

TALK ONLY OF LOVE

Drink the nectar of love and become mast-like for the Beloved.
Make a kabob of your heart and eat it; then drink its blood.

How long will you go on sewing stained patches of sins to the daaman?
Have the pieces of your heart stitched by the Master Tailor of love.

Die such a death which makes you live after dying—
Die to your own self and live only for others.

Surrender your all to the Perfect Master and receive all from Him.
Bhau says if you want to talk about anything, talk only of love and nothing else!

【 Commentary on Ghazal 】
Because of your sis, when you try to catch hold of the Beloved's daaman, it comes off in pieces. You cannot hold the whole daaman in your grasp because of desires. It tears off and you try to sew back the patches.

【 remark 】
Understanding has no meaning. Love has meaning. Obedience has more meaning. Holding of my daaman has most meaning.(Lord Meher Online, p4440) Hold fast to my daaman and be one hundred percent honest in every way, because God, besides being infinite power, knowledge and bliss, is also infinite honesty; and so, by being honest in everything, you will be able to love God honestly as He ought to be loved.(Lord Meher, 1st. ed.,Vol. 20, p6494)

GHAZAL ONE HUNDRED-FOUR

오직 사랑만을 말하세요

비러벳을 위해 사랑의 꿀을 마신 머스트처럼 되세요
그대 심장의 한 조각 케밥을 먹고 그 피를 마시세요

다만을 위해 언제까지 죄로 얼룩진 조각을 꿰맬 건가요?
당신 심장의 조각들은 사랑의 재단사인 스승께 맡기세요

죽고 나면 살 수 있는 그런 한 번의 죽음으로 죽으세요—
죽음은 당신 자신에게 주고 삶은 오직 타인을 위해 주세요

모든 것을 완전한 스승에게 던지고 그에게서 모든 것을 받으세요
바우가 말하길 만약 당신이 어떤 것에 대해 이야기하고 싶다면,
오직 사랑만을 말하고 다른 것은 입도 뻥긋 말라고!

【 가잘에 대한 해설 】
당신의 죄악들로 인해, 당신이 비러벳의 다만(daaman-신의 현존,임재함)을 붙잡으려고 할 때 그것은 산산조각 떨어져 나갑니다. 욕망 때문에 다만(daaman) 전체를 붙잡을 수는 없습니다. 그것은 찢어지고 당신은 찢어진 조각들을 다시 꿰매려고 시도합니다.

【 주석 】
이해는 아무런 의미가 없습니다. 사랑은 의미가 있습니다. 복종은 더 많은 의미가 있습니다. 나의 다만을 잡는 것은 가장 큰 의미가 있습니다.(로드메허 온라인 4440 페이지) 나의 다만을 단단히 붙잡고, 모든 면에서 100% 정직하세요. 왜냐하면 하나님은 무한한 능력, 지식 및 지복일 뿐만 아니라, 또한 무한한 정직이기 때문입니다; 그래서 모든 것에 정직함으로써, 당신은 그분이 마땅히 사랑받아야 하는 것처럼 정직하게 하나님을 사랑할 수 있을 것입니다.(로드메허, 1판, 제20권, 6494페이지)

Glimpse of Love

How wonderful is the murderous mercy of God!
   His mercy has graced the rose with thorns.

How justice manifests in the glory of God!
   Cruelty is hidden in His kindness.

It matters not whether wine is accepted by any religion –
   I long for the intoxication of love.

Oh God! What bliss lies in love's intoxication!
   The wine of man can ever bestow bliss.

One cannot experience love by reading books –
   Love can never be described in words.

I have never read about real love – for it cannot be written.
   Love is portrayed with the blood of one's heart –
      only then will it be yours (the devotee's).

Oh God! Grant me the gift of Your union –
   I have died in Your separation.

But in Your ledger You need not count the pains
   I have felt away from You.

Blood is spilling from my heart
   which has become like minced meat!

But missing is that salt which You sprinkle
   in the wounds of the heart.

Why should one question the lovers of God about Him?
   One should wish to ask God directly!

Oh God! You are found in the question
   as well as in the answer.

I have seen God, He is the same God everywhere!
   His abode is in every heart.

God is the wine-seller in the house rich in purity,
   however, He is living in the house of ruination.

Why should one feel restless experiencing misery, cruelty
   and the difficulties of the world?

Oh Huma, if God showers His mercy upon you,
   then bliss is felt in the pain.

* Written by the Lord Himself, Avatar Meher Baba.

【 remark 】
FEBRUARY 16, 1917 – GHAZAL ON GOD'S MERCY COMPOSED BY BABA. At this time, Merwan would write by impulse whatever inspiration came to him. On February 16th, 1917, he composed a beautiful ghazal that later was to be considered exceptional:
–Lord Meher, 1st. ed., Bhau Kalchuri, Vol. 1, pp. 234–236.

사랑의 일별

신의 살인적인 자비가 어찌나 멋있는지!
그의 자비에 가시가 달린 장미의 우아함이란

신의 영광 안에서 나타난 정의라니요!
그의 친절에는 잔인함이 숨어 있어요

어떤 종교에 와인이 용인되는지는 중요하지 않아요 –
사랑의 취함이 나는 그리울 뿐

오~ 신이여! 사랑의 도취 속에 어떤 지복이 깃들었나요!
사람의 포도주는 언제나 더없는 행복을 주지요

책을 읽는다고 사랑을 경험할 수는 없어요 –
사랑은 결코 말로 표현할 수 없기에

진정한 사랑에 대해 읽어본 적은 결코 없지요 – 그것은 쓰여질 수 없기에
사랑은 심장의 피로써 그려지는 것 –
오직 그럴 때만 그것은 당신의(헌신자들의) 것이 되기에

오~ 신이여! 당신의 합일의 선물을 내게 주세요 –
나는 당신의 이별 안에서 죽었지만

당신의 장부 안에서 고통을 셀 필요는 없어요
당신에게서 멀어지는 느낌은

내 가슴에서 피가 흐르게 하고
심장은 다져진 고기처럼 되어 버렸죠!

하지만 당신이 뿌려놓은 소금은 없어지네요
가슴의 상처 안에서

왜 신의 러버들에게 그분에 대해 한 가지 질문을 해야 하죠?
소원 한 가지를 신에게 직접 물어보면 될 것을!

오~ 신이여! 당신은 대답뿐만 아니라
질문 안에서도 찾을 수 있네요

난 신을 본 적이 있어요, 그는 어디에서나 같은 신이에요!
그의 거처는 모든 사람의 가슴 안에 있어요

신은 순결함이 풍요로운 선술집의 와인 판매자,
하지만 그는 파괴의 집에서 살고 있어요

사람들은 왜 비참함, 잔인함을 경험하면서 안절부절못하는가?
세상의 어려움을 겪으면서

오~ 휴마(불사조), 만일 신께서 당신에게 자비를 베푸신다면,
지복은 그 고통 속에서 느껴지네요

【주석】
1917년 2월 16일 – 바바가 쓴 신의 자비에 대한 가잘. 이 당시 메르완(바바의 어린 시절 이름)은 어떤 영감이 떠오르든 충동적으로 글을 쓰곤 했습니다. 1917년 2월 16일, 그는 나중에 특출난 것으로 여겨지는 아름다운 가잘(시)을 지었습니다:
-로드메허, 1집. 바우지 칼추리 Vol. 1, 234-236 페이지

YOUR REMEMBRANCE IS A MADNESS

How can words express the state of my heart in love?
My shameful condition is open for all to see.

Oh Meher, I am suffering and suffering in Your love,
But no matter how hard I try, Your friendship cannot be broken.

Love sealed my lips after igniting a fire in my heart—
How can words ever express the heart's flame of love?

My abode is burning in the pouring rain—
Still this secret of love cannot be revealed.

From my eyes tears are carrying the pieces of my heart,
But neither they nor anything else can ever carry away Your remembrance.

This hailstorm of piercing arrows is Your delight.
My only pleasure is to stay in the open without shelter.

Before such an onslaught of arrows how can I care for my wounds?
Your remembrance is a madness which cannot be gotten rid of.

Oh Bhau, now I want only death and nothing but death,
But it comes of its own accord and cannot be invited.

【 Commentary on Ghazal 】
When a lover burns in the fire of love, tears pour as if it were raining. Therefore, the lover says that it is raining — but at the same time he is burning inside.

GHAZAL ONE HUNDRED-FIVE

광기 어린 당신의 기억

어찌 단어들이 사랑에 빠진 내 가슴의 상태를 표현할 수 있을까요?
부끄러운 나의 상태는 누구나 볼 수 있게 열려 있어요

오~ 메헤르, 당신의 사랑 안에서 거듭되는 고통이지만
내 굳은 노력이 어떠하든 상관없이 당신의 우정은 깨질 수 없어요

사랑은 내 심장에 불을 지른 후 입술을 봉인했어요—
어찌 가슴속 사랑의 불길을 말로 표현할 수 있을까요?

쏟아지는 빗물(눈물) 속에서 내 집(가슴)은 타오르네요—
여전히 이 사랑의 비밀은 밝혀질 수 없어요

내 눈의 눈물들이 내 심장의 조각들을 실어 나르지만
그들도 그 무엇도 당신의 기억을 앗아갈 수는 없어요

날카로운 화살의 폭풍이 당신의 큰 기쁨이라면
울타리 없는 피신처는 유일한 나의 즐거움이죠

그런 화살의 맹공 앞에서 어떻게 상처를 돌볼 수 있겠어요?
당신의 기억은 떨쳐 버릴 수 없는 하나의 광기에요

오~ 바우지, 이제 난 죽음을 원하고 오직 죽음 외에는 바라는 게 없어요
하지만 그것은 원한다고 초대할 수 없어요 그것은 저절로 다가오니까요

【 가잘에 대한 해설 】
러버가 사랑의 불길 속에서 타오르면 눈물은 마치 비가 내리는 것처럼 쏟아집니다. 그러므로 러버는 비가 내린다고 말하지만 — 동시에 그는 사랑 속에서 불타고 있습니다.

WILDEST DREAMS

Oh Meher, what have I become in Your love?
I have become mad and I have become pain!

This suffering in love has become my infinite delight.
You are crushing me to pieces and making me happy.

How can I speak of what is happening to me in love?
You act as my enemy, but I accept You as my dearest Friend.

How can I turn to the world now when I find it to be a dream?
How can I reveal to anyone that the world is just a shadow next to what I see in You?

How can one understand the subtleties of this path?
Sometimes the world is my God and sometimes I am my own God!

Who can know the exalted station of love which declares,
"I am shedding blood for everyone in the world!"

No one should think of entering this path, even in his wildest dreams!
Oh Bhau, I am convinced of this, seeing the state you have reached in love.

【 remark 】
It has been possible through love for man to become God.
And, when God becomes man, it is due to His love for His beings.
If people were to ask me, "Have you seen God?" I would reply,
"What else is there to see?"
If they were to ask me, "Are you God?"
I would reply, "What else could I be?"
If they would ask me, "Are you the Avatar?"
I would say, "Why else have I taken this human form?"
So the only message I could give and have ever been giving is:
Love God and you will find that your own self is nothing but God.
–Lord Meher Online, p3517–3518

GHAZAL ONE HUNDRED-SIX

허황된 꿈들

오~ 메헤르, 당신의 사랑 안에서 난 무엇이 되었나요?
난 고통스러워졌고 미쳐버렸는데!

사랑에 빠진 이 고통은 나의 무한한 기쁨이 되었어요
당신은 나를 산산조각 내고 행복하게 만들어 주네요

사랑에 빠진 내게 일어나는 일을 어떻게 말할 수 있을까요?
나를 적으로 대하는 당신이지만 당신은 가장 소중한 친구죠

그것이 꿈임을 알았을 때 이젠 어떻게 세상에 눈길을 줄 수 있죠?
세상은 단지 당신 안에서 내가 본 그림자임을 어떻게 밝힐 수 있죠?

이 길의 오묘함을 사람들이 어떻게 이해할 수 있을까요?
때로는 세상이 나의 신이고 때로는 내가 나 자신의 신임을!

누가 고귀한 사랑의 목적지를 알 수 있겠냐고 어떤 이는 선언하죠
"나는 모두를 위해 세상 속에서 피를 흘리고 있어요!"

아무도 이 길에 들어설 생각은 마세요, 심지어 그의 허황된 꿈속에서도!
오~ 바우지, 사랑에 매수된 그대의 상태를 보고 난 이것을 확신했어요

【 주석 】
인간을 향한 사랑을 통해 신이 될 수 있었습니다.
그리고 신이 인간이 되신 것은 그분의 존재들에 대한 그분의 사랑 때문입니다.
만약 사람들이 나에게 "당신은 신을 보았나요?"라고 묻는다면
나는 "그것 말고 또 무엇을 볼 게 있을까요?"라고 대답할 것입니다.
만약 그들이 나에게 "당신은 신인가요?"라고 묻는다면
나는 대답할 것입니다, "내가 그것이 아니면 또 무엇이겠습니까?"
만약 그들이 나에게 묻기를 "당신은 아바타입니까?"라고 한다면
나는 "왜 내가 이런 인간 형태를 취했을까요?"라고 말할 것입니다.
제가 줄 수 있는 유일한 메시지는 다음과 같습니다.
신을 사랑하십시오. 그러면 당신 자신이 곧 신이었음을 알게 될 것입니다.
-로드메허 온라인 3517~3518 페이지

WHAT A LIGHT THERE IS IN YOUR SILENCE

Oh Meher, what a light there is in Your Silence;
Drowning the sound of all words and manifesting Real Life.

Your Silence speaks infinitely beyond every limit,
But it is unheard by those deafened by limitation.

In Your Silence there is only one Word, the Word of words!
Its Unity can never be expressed by any other words.

To hear the sound of Your Silence the mind must become silent—
Then the sound of Your Word emerges beyond.

The Word of Your Silence is the first song of spring,
And the universes have poured out of its music.

Singers now gather in the shadow of the Truth,
And the movement of the Word inspires them to sing.

When the whole world is moved to sing that Song,
Humanity will realize that Your Silence is broken.

Oh Beloved, You have fixed the time for the manifestation of Your word
When humanity will witness a ray from the Sun of Your Silence.

That one ray of the Sun of Your Silence is beyond understanding—
That one ray will dispel all darkness and light the path leading to Truth.

The world will then cry out that the Beloved has broken His Silence,
And manifested Himself through the flow of the sound of His Word.

Oh Beloved, bring forth that moment soon!
Give us the pain of longing to wipe away both misery and happiness.

Oh Bhau, drown all sounds in the Ocean of silence—
Hear the sound of Silence and find Eternal Life!

【 Commentary on Ghazal 】

The mind produces sound and noise, but Silence is Soundless Sound. Therefore, unless the mind becomes silent (free from all impressions), the soundless sound of Silence is not heard. When the sanskaras of humanity, which obstruct the progress of consciousness, are wiped out by the Universal work of the Avatar, then humanity will turn towards the original song and try to sing in love. When this happens, humanity will turn towards Meher Baba with the awareness that He is the Ancient One and this will be considered the breaking of His Silence. The original Word ("Who Am I?") is in everyone, and because of this Word there is progress in consciousness in every kingdom of evolution, and then in involution. But when the Word is covered by unnecessary impressions, this progress does not happen. In order to wipe out unnecessary impressions, the Avatar works universally. When these impressions are wiped out, a ray from the Sun (Word) of Silence spreads throughout the world and humanity starts progressing toward Him. This time for this to happen has been pre-arranged by Meher Baba. The Avatar gives the Sun to a few, rays of the Sun to many, and a single Ray to all humanity. This single Ray is so powerful that both the obstruction of unwanted ignorance is wiped out by it and also the New Humanity comes into existence. Humanity then finds a way to the Truth by the light of the Ray. Sounds are created by impressions, and unless these sounds are drowned in the Ocean of Silence, one cannot achieve Eternal Life free from births and deaths.

당신의 침묵 속에는 어떠한 빛이 있기에

오~ 메헤르, 당신의 침묵 속에는 어떠한 빛이 있기에;
모든 단어들의 소리를 익사시키고 참다운 삶의 실재함을 드러내는가

모든 한계를 초월하여 무한히 말하는 당신의 침묵이지만,
제약으로 청각을 잃은 그들은 아무도 귀 기울이지 않는다

말씀들의 참된 말씀! 당신 침묵 속에 있는 오직 단 하나의 말씀
그것과의 합일은 그 어떤 단어들로도 표현될 수 없으리니

당신의 침묵의 소리를 들으려면 마음은 침묵해야 하나니—
그때 비로소 저 너머에서 당신 말씀의 소리가 들려오리라

봄날의 첫 번째 노래는 당신의 침묵의 말씀이고
그렇게 우주는 침묵 속 음악에서 쏟아져 나왔으니

가수들은 이제 진리의 그늘 안으로 모이고
말씀의 생명력은 그들이 노래하도록 영감을 주네

온 세상이 그 노래를 부르기 위해 나아갈 때
인류는 당신의 침묵이 깨졌음을 깨닫게 되리라

오~ 비러벳, 당신은 당신의 말씀이 나타날 시간을 정하셨으니
인류가 당신의 침묵의 태양으로부터 한 줄기 광선을 목격할 때

당신의 침묵의 태양에서 그 한 줄기 광선은 이해를 초월하리니—
그 한 줄기 광선은 모든 어둠을 씻어내고 진리로 통하는 길을 밝혀 주리라

그때 세상은 비러벳이 그분의 침묵을 깨뜨렸다고 외칠 것이고
그분의 말씀의 소리가 계속 흘러나옴을 통해 그 자신을 드러냈으리

오~ 비러벳, 그 순간을 빨리 오게 하소서!
불행과 행복을 모두 없애기 위해 우리에게 갈망의 고통을 주소서

오~ 바우여, 침묵의 바다 안으로 모든 소리들을 빠뜨려라—
침묵의 소리를 듣고 영원한 생명을 찾을지니!

【 가잘에 대한 해설 】
마음은 소리와 소음을 발생시키지만, 침묵은 소리 없는 소리입니다. 그러므로, 마음이 침묵하지 않는 한(모든 인상들로부터 자유로워지지 않으면), 소리 없는 침묵의 소리는 들리지 않습니다. 의식의 진전을 방해하는 인류의 산스카라이가 아바타의 우주적인 작업에 의해 전멸될 때 인류는 근원의 노래 쪽으로 돌아서서 사랑 속에서 노래를 부르려 할 것입니다. 이런 일이 발생하면 인류는 그분이 고대의 그(Ancient One)임을 깨닫고 메허바바(Meher Baba)를 향하게 될 것이며 이는 그의 '침묵의 타파'로 간주될 것입니다. 근원적인 말씀인 ("나는 누구인가?")는 모든 사람에게 있으며, 이 말씀으로 인해 모든 에볼루션(evolution-영적 진보)의 왕국에서 의식의 진전이 있었고 그다음에 인볼루션(involution-의식의 회귀)로 진행됩니다. 그러나 그 말씀이 불필요한 인상으로 가려질 때 이러한 진전은 일어나지 않습니다. 불필요한 인상을 없애기 위해 아바타는 우주적으로 작업합니다. 이러한 인상들이 지워지면 침묵의 태양(말씀)에서 나오는 한 줄기 광선이 전 세계로 퍼지고 인류는 그분을 향해 나아가기 시작합니다. 이런 일이 일어나기 위해 이번에는 메허바바(Meher Baba)께서 미리 계획해 놓은 것입니다. 아바타는 소수의 사람들에게는 태양(자체)을, 많은 사람들에게는 태양의 광선을, 그리고 모든 인류에게는 단일 광선을 줍니다. 이 단일 광선은 너무 강력하여 원치 않는 무지의 방해물이 사라지고 그것에 의해 신인류(New Humanity)가 탄생합니다. 인류는 광선의 빛에 의해 진리를 향한 길을 찾게 됩니다. 소리는 인상들에 의해 만들어지며, 이 소리들이 침묵의 바다에서 익사하지 않는 한, 사람들은 출생과 죽음으로부터 자유로운 영원한 삶을 성취할 수 없습니다.

『 The Word of Words(Vijayawada) 』

When I say that my manifestation is connected with the breaking of my silence, people should not expect an outpouring of verbosity. I will utter the Word of words that will irresistibly impart to those who are ready the "I-Am-God" state [Anal Haq or Aham Brahmasmi].

When you try to speak with your mouth completely closed, a particular sound resembling Om is without exception uttered in a certain unfailing uniformity. This is the seventh shadow of the Word of Truth. My mission is to utter this Word of Truth, which will pierce the mind of the world and go to its very heart.

It will convey the simple Truth in its utter and indefinable simplicity. It will mark the moment of fulfillment of the Divine Life. It will throw open new gates to Eternity. It will give new hope to a despairing humanity. But for the fulfillment of the Divinely Ordained Plan, it is necessary that humanity should throw away all its accumulated impediments and surrender unconditionally to the abiding love for God — the unfailing and supremely Universal Beloved. God has to be accepted in all simplicity and not by laboriously proved intellectual conclusions.

Wine is prepared by the crushing and further crushing of grapes, whereby it acquires the capacity for intoxication, which usually takes away one's command of understanding. Close and repeated feeling of love for God also brings intoxication, but this takes you toward true understanding. This understanding is not gained through reason or intellect. As long as you remain separated from God and try to understand Him, He cannot be understood.

There is no separation between you and God. Lover and Beloved are One. You yourself are the Way. You are God.

The Word that I will speak will go to the world as from God, not as from a philosopher. It will go straight to its heart. With the dawn of the realization of the Unity of all life, hatred and dissension will come to an end. There will be unfaltering love and unfailing understanding, and men shall be united in an inviolable brotherhood, based on the realized Oneness of God.

-Lord Meher Online, p3518-3519

GHAZAL ONE HUNDRED-SEVEN

『 말씀들 중의 말씀(비자야와다) 』

나의 진술이 나의 침묵을 깨는 것과 관련이 있다고 말할 때, 사람들은 장황한 말을 쏟아내기를 기대해서는 안 됩니다. 나는 "나는 신이다"의 상태[아날 하크 또는 아함 브라흐마시미]에 준비되어 있는 사람들에게 거부할 수 없도록 '말씀들 중의 말씀'을 전할 것입니다.

입을 완전히 닫은 상태에서 말하려 할 때, 옴(Om)을 닮은 특별한 소리는 예외 없이 어떤 변함없는 일률성으로 말해집니다. 이것은 진리의 말씀의 일곱 번째 그림자입니다. 나의 사명은 이 진리의 말씀을 전하고 세상의 마음을 꿰뚫고 그 심장으로 들어갈 것입니다.

그것은 완전하고 정의될 수 없는 순박함에 있어서 단순한 진리를 전달할 것입니다. 그것은 신성한 삶의 성취의 순간을 표시할 것입니다. 그것은 영원으로 가는 새로운 문을 열 것입니다. 그것은 절망하는 인류에게 새로운 희망을 줄 것입니다. 그러나 신성한 섭리의 계획이 성취되기 위해서는 필연적으로 인류가 쌓은 모든 장애물을 버리고 절대적으로 신을 향한 지속적인 사랑에 항복해야 할 필요가 있습니다―(변함없고 지극한 우주적 비러벳). 신은 모든 단순함 속에서 받아들여져야 하며, 고된 노력으로 증명된 지적인 결론에 의해서 받아들여져서는 안 됩니다.

와인은 포도를 으깨고 더 분쇄하여 준비되어지는데, 그로 인해 만취할 수 있는 수용력을 얻게 되는데, 이는 보통 사람의 이해의 사고력을 잃게 합니다. 신에 대한 가깝고 반복되는 사랑의 느낌도 또한 중독성을 가져오지만 이것은 참된 이해로 인도합니다. 이 이해는 이성이나 지성을 통해 얻어지는 것이 아닙니다. 당신이 신으로부터 떨어져 있으면서 그분을 이해하려고 노력하는 한 그분은 이해될 수 없습니다.

당신과 신 사이에는 분리가 없습니다. 러버와 비러벳은 하나입니다. 당신 자신이 바로 길입니다. 당신이 신입니다.

내가 말할 그 말씀은 철학자에게서 가 아니라 신에게서 온 것처럼 세상에 전해질 것입니다. 그것은 가슴으로 곧장 갈 것입니다. 모든 생명의 합일된 깨달음이 분명해짐과 함께 증오와 불화는 종식될 것입니다. 변함없는 사랑과 끊임없는 이해가 있을 것이고, 사람들은 신의 완전한(일체감) 깨달음의 바탕으로 불가침의 인류애로 합심하게 될 것입니다.

-로드메허 온라인 3518-3519 페이지

THE SECRET OF SILENCE

Oh Meher, how can I describe what Your Silence is?
Your Silence is the light of the tongues of all worlds.

You are always present, always silent and always speaking,
But before the veil of my shameful self I cannot see You in the least.

Oh Beloved, the remedy of every disease is in Your Silence.
What work is better than this—to kill every want?

My longing is taking me toward the path of Silence—
It alone draws me in my helpless and shattered condition to You.

Oh my friends, don't ask me for the secret of Silence—
Become silent and then experience for Yourself what Silence is.

When the drop becomes silent it becomes the Ocean.
The Silence is the Ocean and the Ocean is Here and nowhere else.

All the words of the worlds are nothing but the tongues of drops—
The Ocean's tongue is silent, yet infinitely it speaks!

Annihilation of the self is Silence and the life annihilated is Real Life.
Oh Bhau, what type of man are you, wasting your days?
The time has come to annihilate your mind!

【 Commentary on Ghazal 】
Disease here means impressions. As everyone has different impressions, there are different diseases. One achieves Silence when the disease is wiped out, Avatar Meher Baba's Silence is an active Silence which will wipe out illness; therefore His Silence is the remedy of all diseases. When the false self is annihilated, Silence is achieved. When this happens the false life of illusion no longer exists and Eternal Life is achieved.

침묵의 비밀

오~ 메헤르, 어떻게 그대 침묵의 실재함을 설명할 수 있을까요?
당신의 침묵은 모든 세상의 언어들의 빛이죠

당신은 언제나 있으며, 언제나 침묵하며, 언제나 말씀하시지만
내 부끄러운 자아의 베일 앞에서 당신을 조금도 볼 수가 없네요

오~ 비러벳, 모든 질병의 치료법은 당신의 침묵 속에 있어요
모든 욕구를 없애는 것—이것보다 더 좋은 일은 무엇일까요?

침묵의 길로 데려가고 있는 나의 갈망은—
당신에게 받은 충격과 무력감 속에서 그것은 홀로 나를 이끄네요

오~ 친구들이여, 내게 침묵의 비밀을 묻지 마오 —
침묵의 실재함이 무엇인지 당신 스스로 경험할 때 침묵하게 되리니

바다에 떨어진 물방울이 침묵할 때 바다가 되듯이
침묵은 바다이고 바다는 지금이며 그 어디에도 있으니

세상의 모든 말들은 무(無)이지만 물방울들의 혀에 불과하고—
바다의 혀는 침묵하지만 아직 그것은 무한히 말을 한다네!

침묵은 자아의 소멸이며, 파멸된 삶은 참다운 삶의 실재라네
오~ 바우어, 그대는 어떤 유형의 사람이길래 그대의 하루를 낭비하는가?
이제 그대의 마음을 전멸시킬 때가 왔다네!

【 가잘에 대한 해설 】
여기서 질병은 인상(산스카라, 축적된 기억)을 의미합니다. 사람들마다 인상이 다르기 때문에 질병도 다릅니다. 사람은 질병이 사라질 때 침묵을 달성하게 됩니다. 아바타 메허바바(Avatar Meher Baba)의 침묵은 질병의 뿌리를 없애는 적극적인 침묵입니다. 그러므로 그분의 침묵은 모든 질병의 치료법입니다. 거짓된 자아가 멸절되면 침묵이 달성됩니다. 이런 일이 발생하면 환상의 거짓된 삶이 더 이상 존재하지 않으며 영원한 참된 삶이 성취됩니다.

THE SHOWERS OF RESIGNATION

Oh Meher, what can I say about my achievement in love?
I am continually dying from this constant pain, yet I feel rest.

I am greatly relieved to see that after You ruined my life,
The world placed the blame on my shoulders and not on Yours.

Although I bear the oppressions of a dying self and an indifferent Beloved,
Uttering any complaint by the tongue is a great sin on the path of love.

One thing my Beloved told me before He turned away:
"The tree of Knowledge is watered by the showers of resignation."

The light of Your beauty only burns wounds in my heart,
But the blood that flows from them is the red wine of love.

Incomprehensible is the depth of Your Silence
Which contains a completely different message for everyone.

What a transformation takes place on the path of love —
One who has become totally useless proves to be infinitely practical.

People laugh and point at me as a prime example of madness,
But my condition contains a wisdom that they cannot perceive.

I am burned down to ash by longing for pain in the path of love,
But it is the Beloved's gift of all gifts and my repose.

Oh Bhau, remember never to bother about thinking of the result—
Simply learn to bear every situation cheerfully.

【 Commentary on Ghazal 】
When one makes the Beloved his life and remains resigned to His command and wish, it is depicted as the tree of knowledge watered by the showers of resignation.

GHAZAL ONE HUNDRED-NINE

수용의 소나기

오~ 메헤르, 사랑에서 이룬 업적에 대해 무엇을 말할 수 있을까요?
거듭되는 이 끊임없는 고통으로 죽어가고 있지만 나는 안식을 느껴요

내 인생을 망쳐 놓은 당신을 보고 나니 아주 안심이 되네요
세상은 당신의 탓이 아니라 나의 어깨에 책임을 물었어요

비록 죽어가는 자아와 무관심한 비러벳의 억압을 견뎌내지만
어떤 불평을 입으로 내뱉는 것은 사랑의 길에서 큰 죄악이죠

나의 비러벳은 떠나기 전에 내게 한 말이 있어요:
"지식의 나무에는 수용의 소나기로 물을 댄다"

당신의 아름다움의 빛살은 오직 가슴의 상처를 태우지만
그들에게서 흘러내리는 피는 바로 사랑의 붉은 와인이죠

당신의 침묵의 깊이는 이해할 수가 없어요
모두를 위해 전하는 완전히 다른 메시지를 담고 있어요

사랑의 길로 가는 장소에 어떤 변화가 일어나는지 —
완전히 쓸모가 없게 된 사람은 한없이 쓰여지게 되지요

정신 이상의 본보기라고 지적하며 사람들은 비웃지만
내 상태는 그들이 인식할 수 없는 지혜가 담겨 있죠

사랑의 길 안에서 고통을 갈망하며 잿더미로 타올랐지만
그것은 모든 선물들이 나의 안식에 대한 비러벳의 선물이죠

오~ 바우여, 결과에 대해 결코 신경 쓰지 말라고 한 말 잊지 마세요—
단지 모든 상황을 즐겁게 견뎌내는 법을 배우세요

【 가잘에 대한 해설 】
우리가 비러벳을 그의 삶으로 받아들이고 그의 명령과 소망에 모든 것을 맡길 때, 그것은 수용의 소나기로 물을 댄 지식의 나무로 묘사됩니다.

I HEAR YOUR VOICE IN MY TEARS

Oh Meher, I am witnessing that You are breaking Your Silence,
But You do not talk with me—You speak only with my tears!

I hear Your voice in my tears day and night.
You had given me everything when You gave me the tears.

What have You done to me? The tears are flowing continuously.
How wonderfully You speak! Your voice emerges in the form of tears in my eyes.

As long as I was speaking You observed Silence,
But when I became quieted You started speaking!

Oh heart, why are you restless? Oh heart, why are you painful?
Don't you know the reason?
It is the voice of His Silence which is now being uttered
and making you, my heart, restless and painful.

Oh Beloved, You are no longer silent to me now.
To awaken me within myself is the breaking of Your Silence.

Oh sleeping, loving people! At least try to solve this riddle:
The pain in my heart is the remedy of which disease?

Oh Beloved, You are matchless! Oh Meher, You are beyond everything!
How can Bhau understand You? He has a long tongue and a writer's hand.

【 remark 】
"Eventually a momentous event takes place. Seeing the lover love the Beloved to such a degree, the Beloved falls in love with the lover and the lover is raised to the pedestal of the Beloved while the Beloved comes down to the level of the lover. The mind is annihilated, the lover and Beloved are merged in each other and that union is God-Realization."
–THE ANCIENT ONE, pp. 97–99, Eruch Jessawala

GHAZAL ONE HUNDRED-TEN

눈물 속에서 들려온 당신의 목소리

오~ 메헤르, 당신이 침묵을 깨뜨렸음을 전 보았죠
하지만 나와 말하지 않고—오직 나의 눈물만으로 말하는 당신!

밤낮으로 흘리는 눈물 속에서 당신의 목소리를 들어요
당신의 눈물이 흐르는 순간 당신은 내게 모든 것을 주었죠

나한테 무슨 짓을 한 거죠? 눈물이 하염없이 흐르네요
경이로운 당신의 말씀! 내 눈에서 눈물의 형태로 나타나는 당신의 목소리

당신이 침묵으로 말하는 동안에도 나는 계속 말하고 있었어요
하지만 내가 조용해졌을 때 당신은 말하기 시작했죠!

오~ 심장아, 너는 왜 불안하니? 오~ 심장아, 너는 왜 아프니?
당신은 그 이유를 모르시나요?
지금 말하고 있는 것은 그의 침묵의 목소리임을
지금 내 가슴을 불안하고 고통스럽게 만들어요

오~ 비러벳, 당신은 이제 더 이상 나에게 침묵하지 않아요
내 안에서 나 자신을 깨우는 것은 바로 당신의 침묵의 깨어짐이죠

오~ 자고 있는, 사랑하는 사람들이여! 잠시나마 이 수수께끼를 풀어 보세요:
내 가슴속의 고통은 어떤 질병의 치료 약인가요?

오~ 비러벳, 천하무적인 당신! 오~ 메헤르, 모든 것을 초월한 당신!
바우는 어떻게 당신을 이해할 수 있을까요? 그의 유창한 언어와 작가의 손으로

【 주석 】
"결국 중대한 사건이 벌어집니다. 러버가 비러벳을 그리도 사랑하는 것을 보고, 비러벳은 러버와 사랑에 빠집니다. 그리고 비러벳이 러버의 수준으로 내려오는 동안에, 러버는 비러벳의 받침대로 올려지게 됩니다. 마음은 소멸되어 집니다. 러버와 비러벳은 서로 합쳐집니다. 그리고 그 연합은 '신-깨달음'입니다."
-고대의 그, 97-99페이지, 에루치 제싸왈라

YOU BREAK YOUR SILENCE
WITH A SMILE OF COMPASSION

Is this the Truth that You didn't speak?
If my love is Love I can say that this question arose out of the dream.

You speak forever and ever, so why have You become silent?
I think it's because I speak continuously and don't feel ashamed of it.

What is this life which is absorbed in seeing the dream?
That life is Life which finds You speaking in it.

How can the world know what a secret is hidden in Your Silence?
When I became silent I found that I had died.

Why shouldn't You break Your Silence with a smile of compassion?
When Love has made me helpless and when Love has become life itself.

You converse with us and we converse with You.
When the self is separated from the Self, the Self becomes Light.

Oh Beloved Meher, You speak with us
When the other self is not with us.

Oh Bhau, know well that this life is only to speak one thing—
"I am God."
Why continue speaking when your words have no meaning?

【 remark 】
"I always protect my lovers."
—Avatar Meher Baba

GHAZAL ONE HUNDRED-ELEVEN

침묵을 깨는 당신의
피어나는 연민의 미소

당신이 말하지 않은 진실이 이것인가요?
내 사랑이 참된 사랑이라면 이 질문이 꿈밖에서 나왔다고 말할 수 있겠죠

영원한 말씀이신 당신이 왜 침묵을 지키시나요?
부끄러움도 모르고 끊임없이 말하는 나 때문이겠죠

꿈을 보는 속에서도 어떤 것에 열중하는 이 삶은 무엇인가요?
그 삶은 참된 삶으로 그 안에서 말하고 있는 당신을 발견하죠

당신의 침묵 속에 감춰진 비밀을 세상이 어떻게 알 수 있을까요?
내가 침묵하고 있을 때 나는 내가 죽었다는 것을 알았어요

왜 연민의 미소만 지으며 당신은 침묵을 깨뜨리지 않나요?
나를 무력하게 만든 사랑이 삶 그 자체가 되어버렸을 때

당신은 우리와 대화하고 우리는 당신과 대화하지요
자아가 진아로부터 분리되면 진아는 빛이 되지요

오~ 비러벳 메헤르, 우리와 함께 말하는 당신
다른 자아가 우리와 함께 있지 않을 때에만

오~ 바우여, 이 삶은 오직 한 가지만을 말하고 있음을 잘 알게―
"나는 신이다."
이미 당신의 말들에 의미가 없는데 어찌하여 끊임없이 말하는가?

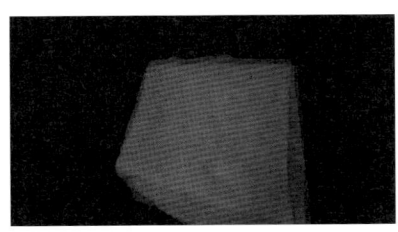

【주석】
나는 언제나 나의 러버들을 보호합니다
―아바타 메허바바

WHY NOT PASS OVER?

Oh Meher, because You exist and ever are, the world exists. You are God.
The beginning as well as the end of creation is in You.

Because You are, everything is. Even if nothing is,
You always will be as You always are,
For You are the One who has no beginning and no end.

There are two days of weeping and two days of laughing in the world.
Why not pass over the two days of weeping and live life laughing?

You come down on earth in human form.
Without Your descent, how is it possible to find You?

As long as You were veiled, the world existed with me in it.
When the veil was lifted I found that there was nothing except You.

People search for You here and there, repeating Your Name through beads.
But unless the heart is cleansed and pure, You will never be found.

Your veil-lessness is greater than any veil.
I am my own veil; when have You ever kept Yourself hidden?

In making me useless to the world I became of use to You;
Now there is no work in the world compared to that which I am doing for You.

Oh Bhau, when I became helpless in every way,
I gained strength and, along with it, tremendous courage.

【 Commentary on Ghazal 】
Composed on Silence Day, July 10, 1976.

【 remark 】
『 Real Japa 』
"Do you love your wife?"
"Yes, Baba. I love her very much."
"What would you do if she were staying far away from you?"
"I would remember her, of course."
"Would you remember her with a rosary in your hand? Would you sit in a corner and repeat her name?"
"No, I would think about her spontaneously with love."
Baba stated,
"In the same way, automatic remembrance of God in a natural way is what is worthwhile. And without love, it is not possible. When there is intense thirst for the remembrance of the Beloved, love is born, and one's only thought is of the Beloved."
"This is called real japa [repetition of a divine name]. Then, even the impossible becomes possible. It is the glory of the name."
–Lord Meher Online, p5058

GHAZAL ONE HUNDRED-TWELVE

왜 그냥 보내지 않나요?

오~ 메헤르, 당신의 존재로 인해 세상은 존재하죠, 신이신 당신
창조의 시작은 물론 끝남 또한 당신 안에 있어요

당신으로 인해 모든 것이 존재하죠, 설사 비존재라 할지라도
당신은 언제나 존재할 것이고 당신은 언제나 지금처럼 계시며
당신은 하나(One)이기에 시작도 없고 끝남도 없어요

세상에는 눈물의 나날들과 웃음의 나날들이 있죠
웃으며 사는 삶과 울며 보내는 나날들을 왜 그냥 보내지 않나요?

인간의 형태로 이 땅에 내려오신 당신
당신의 강림이 없었다면 어떻게 당신을 찾을 수 있을까요?

당신이 가려져 있는 동안 세상은 그 안에서 나와 함께 있었죠
베일이 걷혔을 때 나는 당신 외에는 아무것도 없음을 알았어요

사람들은 이곳저곳 염주를 통해 당신 이름을 반복해 찾지만
순수하고 깨끗한 가슴이 아니면 당신은 결코 찾을 수 없네요

당신의 가려진 베일은 그 어떤 베일보다 위대한데
내가 나 자신의 베일이 되는 것은; 당신이 항상 당신 자신을 숨길 때인가요?

날 세상에서 쓸모없게 만드시고 당신에게는 유용하게 되었으니;
이제 당신을 위해 하고 있는 일 외에는 세상에선 할 일이 없죠

오~ 바우여, 그 어떤 방법으로도 감당할 수 없을 때
도리어 힘을 얻었고 그와 함께 엄청난 용기를 얻었어요

【 가잘에 대한 해설 】
1976년 7월 10일 침묵의 날에 지었음.

【 주석 】
『 참된 자파 』
"당신은 당신의 부인을 사랑합니까?"
"예, 바바. 난 그녀를 매우 사랑합니다."
"만일 그녀가 당신과 멀리 떨어져 지내야 한다면 당신은 어떻게 하겠습니까?"
"나는 물론 그녀를 기억할 것입니다."
"당신은 당신의 손에 묵주를 가지고 그녀를 기억하겠습니까? 당신은 모퉁이에 앉아 그녀의 이름을 반복하시겠습니까?"
"아니오, 나는 사랑과 함께 자연스럽게 그녀를 생각할 것입니다."
바바는 말했습니다.
"같은 방식으로, 자연스러운 방법으로 하나님을 자동(무의식적)으로 기억하는 것이 가치 있는 일입니다. 그리고 사랑이 없으면, 그것은 가능하지 않습니다. 비러벳을 기억하기 위해 극렬한 갈증이 생길 때 사랑은 태어납니다. 그리고 그 사람의 유일한 생각은 비러벳에 대한 것입니다."
"이것이 참된 자파[신성한 이름의 반복]라고 불립니다. 그러면 여태 불가능한 것이 가능해집니다. 그것은 그 이름의 영광입니다."
-로드메허 온라인, 5058페이지

『 THE UNIVERSAL MESSAGE(우주적 메시지) 』
Meher Baba(메허바바)

I have come not to teach but to awaken.
나는 가르치기 위해서가 아니라 깨우기 위해서 왔습니다.

Understand therefore that I lay down no precepts.
그러므로 내가 어떠한 계율도 정하지 않음을 이해하십시오.

Throughout eternity I have laid down principles and precepts, but mankind has ignored them.
영원토록 나는 원칙과 지침을 주었지만 사람들은 그것들을 무시해 왔습니다.

Man's inability to live God's words makes the Avatar's teaching a mockery.
인간의 무능이 하나님의 말씀으로 살 수 없다는 것은 아바타의 가르침을 조롱거리로 만듭니다.

Instead of practising the compassion he taught, man has waged crusades in his name.
그가 가르친 연민을 실천하는 대신, 인간은 그의 이름으로 십자군 전쟁을 벌였습니다.

Instead of living the humility, purity and truth of his words, man has given way to hatred, greed and violence.
그의 말씀에 따라 겸손함, 순수함과 진실성으로 사는 대신에, 인간은 증오심, 탐욕과 폭력으로 나아갔습니다.

Because man has been deaf to the principles and precepts laid down by God in the past, in this present avataric form I observe Silence.
인간은 과거에 하나님께서 내려주신 원칙과 교훈에 귀를 기울이지 않았기 때문에, 나는 이 아바타적 형태를 통해 침묵으로 말합니다

You have asked for and been given enough words — it is now time to live them.
여러분은 요구했었고, 충분한 말씀을 받았습니다 - 이제는 그렇게 살아야 할 때입니다.

To get nearer and nearer to God you have to get further and further away from "I", "My", "Me" and "Mine".
하나님께 더 가까이 다가가기 위해서는 "나", "나의", "내" 그리고 "나의 것"으로부터 점점 더 멀리 떨어져야 합니다.

You have not to renounce anything except your own self.
당신은 오직 당신 자신의 것(소유)만을 포기하면 됩니다.

It is as simple as that, though found to be almost impossible.
그것은 거의 불가능한 것으로 여겨지지만 그처럼 간단합니다.

It is possible for you to renounce your limited self by my Grace. I have come to release that Grace.
내 은총에 의해 당신의 제한적 자아를 포기할 수 있습니다. 나는 그 은총을 베풀기 위해서 왔습니다.

I repeat, I lay down no precepts.
나는 반복해서 말합니다, 나는 어떤 계율(지침)도 정하지 않습니다.

When I release the tide of Truth which I have come to give, men's daily lives will be the living precept.
내가 와서 주고자 하는 진리의 물결을 내가 발산할 때, 인간의 일상의 삶들은 살아있는 교훈이 될 것입니다.

The words I have not spoken will come to life in them.
내가 말하지 않았던 그 말들이 그들 속에서 살아날 것입니다.

I veil myself from man by his own curtain of ignorance, and manifest my Glory to a few.
나는 내 스스로 인간들로부터 그 자신의 무지의 커튼을 벗겨내고, 나의 영광을 소수에게 나타낼 것입니다.

My present avataric Form is the last Incarnation of this cycle of time, hence my Manifestation will be the greatest.
나의 현재 아바타 형태는 이 주기의 마지막 육화이며, 그런 이유로 나의 발현은 가장 위대할 것입니다.

When I break my Silence, the impact of my Love will be universal and all life in creation will know, feel and receive of it.
내가 나의 침묵을 깨뜨릴 때 내 사랑의 영향은 전 우주적이 될 것이고 창조 세계의 모든 생명은 그것을 알게 되고 느끼고 받을 것입니다.

It will help every individual to break himself free from his own bondage in his own way.
그것은 모든 개인이 그들 자신의 길에서 그 스스로의 속박에서 벗어나 자유롭게 되는 것을 도울 것입니다.

I am the Divine Beloved who loves you more than you can ever love yourself.
나는 당신이 당신 자신을 사랑할 수 있는 것보다 더 당신을 사랑하는 신성한 비러벳입니다.

The breaking of my Silence will help you to help yourself in knowing your real self.
나의 침묵이 깨어지는 것은 당신이 자신의 진정한 자아를 알게 하는데 도움을 줄 것입니다.

All this world confusion and chaos was inevitable and no one is to blame.
이 세상의 모든 혼란과 혼돈은 불가피한 것이며, 누구의 탓도 아닙니다.

What had to happen has happened; and what has to happen will happen.
일어났어야 할 일이 일어났던 것이며 일어나야 할 일이 일어나게 될 것입니다.

There was and is no way out except through my coming in your midst.
당신들 안으로 내가 오는 것 외에는 달리 방법이 없습니다.

I had to come, and I have come. I am the Ancient One.
나는 와야만 했고, 또 나는 왔습니다. 나는 '고대의 그'입니다.

-Lord Meher Online(로드메허 온라인), 4447~4448 page

FOR THE SAKE OF LOVE

Your Silence is silent, but it is not without a tongue.
It is related to love and it speaks in the heart.

What a tongue love has and what a relationship it establishes.
Love is Silence and love is life.

If I do not get a response from Your Silence,
It is my weakness because I have no love for You.

If anyone asks me what is in Your Silence,
I'd say that if Your Silence is achieved everything will be light.

There is no strength like Silence—
The aim of life is to achieve silent strength.

Your Silence is power, Your Silence is everything.
I am not silent and this is my drawback.

Oh Meher, You always speak and You are silent eternally—
How can I become aware of Your Silence and experience this?

Oh Bhau, had you loved him for the sake of love,
He would have spoken in your heart, saying that you, too, are silent.

【 Commentary on Ghazal 】
Composed on Silence Day, July 10, 1981.

【 remark 】
Avatar Meher Baba's writing and His
message to His lovers.
My Love is with you always
be sure,
and do all as I laid.
–Merwan

GHAZAL ONE HUNDRED-THIRTEEN

사랑의 완성을 위해서

소리 없는 당신의 침묵이지만 말할 수 없는 건 아니죠
가슴속에서 말하는 그것은 사랑과 관련이 있어요

어떤 사랑도 할 수 있고 그것은 어떤 관계든지 맺게 하죠
사랑은 침묵이며 사랑은 생명이에요

만약 당신의 침묵으로부터 응답을 받지 못한다면
그것은 사랑하지 못하는 나의 무력함 때문이겠죠

당신의 침묵 속에 무엇이 있는지 누군가 물어본다면
침묵이 성취될 때 모든 것은 빛날 거라고 말하겠어요

침묵과 견줄 수 있는 힘은 없어요—
삶의 목적은 침묵의 힘을 얻는 것이죠

당신의 침묵은 힘이며 당신의 침묵은 모든 것이에요
내게 결점이 있다면 바로 침묵을 지키지 않는 것이죠

오~ 메헤르, 당신은 항상 말하고 영원히 침묵하네요—
어찌해야 당신의 침묵을 알아채고 이것을 경험할 수 있나요?

오~ 바우여, 그대는 사랑의 성취를 위해 그분을 사랑했다면,
그분은 그대 역시 침묵하라고 그대의 가슴속에서 말했겠죠

【 가잘에 대한 해설 】
1981년 7월 10일 침묵의 날에 작성되었습니다.

【 주석 】
아바타 메허바바의 친필과 그의 러버들에게 보내는 메시지
나의 사랑은 늘 당신과 함께
분명하게 존재합니다.
그리고 내가 했던 것처럼 모든 것을 하세요.
-메르완

FROM YOUR OCEAN OF SILENCE

What has happened to me since I caught hold of Your hand, oh Beloved!
I have been receiving messages from Your Ocean of Silence.

How can I explain the effect of Your love on me to anyone?
My tongue has become silent and You now speak in me.

You are silent eternally and You speak eternally.
But only he who knows You knows this secret.

You are both the wine and the Saki, oh Meher.
But no one knows what You are doing behind the veil.

Wine flows continually from Your glance.
But how can we drink it when our tongues do not stop speaking?

The secret of creation is found in Your life of Silence!
You are silent, oh Saki, and yet You speak.

Through Your Silence's natural simplicity oh Beloved Meher,
You are gradually quieting the tongues of the Universe.

We have found after years of close connection with You, oh Beloved,
That there is a flame and there is a tongue in Your Silence!

What a difference there is between moving and sitting motionless.
If you sit motionless you attain Silence, but if you move you attain nothing.

I am weeping out of my longing for Your Love
But I always derive pleasure out of Your Silence.

Oh Bhau, why do you move while observing silence?
Sit where the Beloved is sitting forever.

【 Commentary on Ghazal 】
Composed on Silence Day, July 10, 1982.

GHAZAL ONE HUNDRED-FOURTEEN

당신의 침묵의 바다로부터

당신의 손을 잡은 후로 내게 벌어진 일들, 오~ 비러벳!
당신의 침묵의 바다로부터 메시지를 받고 있었어요

당신의 사랑이 내게 미치는 영향을 어떻게 설명할 수 있을까요?
나의 혀는 침묵을 취하고 이제 당신은 내 안에서 말을 하네요

당신은 영원히 침묵하고 영원히 말을 하지만
오직 당신을 아는 사람만이 이 비밀을 알아요

당신은 와인이자 와인을 주는 이, 오~ 메헤르
하지만 아무도 베일 뒤에서 당신이 하는 일을 모르네요

당신의 눈길에서는 사랑의 와인이 끊임없이 흐르지만
우리의 혀들이 멈추지 않는 한 그것을 마실 수는 없겠죠?

당신의 침묵의 삶 속에 창조의 비밀을 찾았어요!
침묵이신 당신, 오~ 전달자, 그러나 당신은 말하죠

침묵의 자연스러운 단순함을 통해 말하는, 오~ 비러벳 메헤르
서서히 우주의 혀들을 침묵하게 만드시는 당신

당신과 친밀했던 세월이 지나서야 우리는 찾게 됐어요, 오~ 비러벳
당신의 침묵 속에는 사랑의 불꽃과 진실의 혀가 있다는 것을!

움직이는 것과 부동의 자세로 앉아 있는 것에는 무엇이 다른지
부동의 자세는 침묵을 얻지만 움직임은 아무것도 얻지 못해요

당신의 사랑에 대한 갈망으로 눈물을 흘리고 있지만
언제나 그랬듯이 당신의 침묵에서 기쁨을 얻고 있죠

오~ 바우여, 그대 어찌하여 침묵을 지키면서 움직이나요?
비러벳이 앉아 계신 자리에 영원히 앉아 있을지니

【 가잘에 대한 해설 】
1982년 7월 10일 침묵의 날에 작성되었습니다.

THE UNIVERSES AND THE WORLDS DO NOT EXIST

When my heart was completely empty, You filled it with Your pleasure.
I found Everything, and what was lost? Nothing!

Oh Meher, what can I reveal about the wonder of Your kindness?
Having broken my heart into pieces You declared, "What did I do? Nothing!"

You constantly cut off my head, but very subtly, bit by bit,
And when You asked me what You did, I answered,
"You did nothing. You love me."

Who will believe that You are really killing me? I laugh at my helplessness—
And the world thinks I am happy and that nothing has happened to me.

Your oppressions in my helplessness are my only relief,
I quietly bear them with my head bowed at Your feet.

Only Reality exists, and nothing exists besides it!
The universes and the worlds do not exist; they are illusory.

Oh Beloved, what a light manifests in Your Silence!
All literature and discourses are nothing but darkness before it.

What infinite paraphernalia the Nothing has spread in the world!
But the truth is this: nothing ever happens in Reality!

I cannot live and I cannot die in this love.
But remember, oh Bhau, in the nazar of the Beloved,
nothing has ever happened to me.

【 Commentary on Ghazal 】
His Silence is nothing but Light (Knowledge) and this Knowledge is not gained through literature or discourses. It is gained only through the annihilation of the false self. Therefore, literature and discourses are depicted as nothing but darkness before the Light of His Silence.

GHAZAL ONE HUNDRED-FIFTEEN

세상과 우주는
존재하지 않아요

당신은 텅 빈 내 가슴에 당신의 기쁨을 채웠어요
모든 것을 얻은 난 아무것도 잃은 것이 없었지요!

오~ 메헤르, 당신 친절의 경이로움에 대해 어떻게 알릴까요?
내 심장을 산산이 부숴놓은 당신의 선언 "내가 뭘 한 거지? 아무것도!"

아주 미세하지만 끊임없이 내 머리를 조각낸 당신
당신이 무얼 했냐고 내게 물었을 때 난 말했죠
"당신은 나를 사랑하는 것 외에 아무것도 안 했어요"

정녕 나를 죽이는 당신을 누가 믿을까요? 나의 무력함을 탓할 뿐—
그렇게 세상은 나의 행복함 속엔 아무 일도 없었다고 하겠죠

나의 무력함에 대한 당신의 억압은 나의 유일한 안식처
당신의 발치에 머리를 숙이고 그들에게 조용히 인내하죠

오직 실재함만이 있고 그것 외에는 무엇도 존재하지 않기에!
세상과 우주는 애초에 존재하지 않아요: 모두가 환상일 뿐

오~ 비러벳, 당신의 침묵 속에서 어떤 빛이 나타나는지!
모든 문학과 담론은 무(無)지만 그 이전에 어둠이 있죠

아무것도 드러나지 않은 세상은 얼마나 무한한 매개체인가!
그러나 진실은 이것이죠: 실제로는 아무것도 일어나지 않죠!

나는 이 사랑 안에서 살 수도 없고 죽을 수도 없지만
오~ 바우여, 비러벳의 은총 안에서 기억하세요,
나에게 일어났던 일은 언제나 무(無)였음을

【 가잘에 대한 해설 】
그의 침묵은 무(無)이지만 빛(지식)이며, 이 지식은 문학이나 담론을 통해 얻어지는 것이 아닙니다. 그것은 거짓된 자아의 소멸을 통해서만 얻을 수 있습니다. 그러므로 문학과 담론은 그분의 침묵의 빛 앞에서 어둠에 지나지 않는 것으로 묘사됩니다.

AVATAR, YOU ALONE EXIST

You are seeker, You are path, You are sought and You are God.
Though You don't do anything everything moves at Your nod.
Oh Lord Meher Baba, Avatar, You alone exist.

You have one Word of Light which has no flesh and is sight.
No sound is in that word, how can it ever be heard?

That Word is heard by the fully deaf; who is silent is always safe.
The Blind can see that very Word. What a mystery! It is seen and it is heard!

Your Silence can never be construed—it can be felt and entuned.
Oh Silent One, You are boundless. You speak and Your Silence says,
"Oh Lord Meher Baba, Avatar, You alone exist."

When the Word is felt and it is heard the dream ends by Word of words.
The Word is Power and the Word is Bliss, the Word is Knowledge and Divine Kiss.

My heart is longing for You, Lord—speak that Word in my heart.
Oh Bhau, the pain of longing may contain the bliss of that Word if I die,
Oh Lord Meher Baba, Avatar, You alone exist.

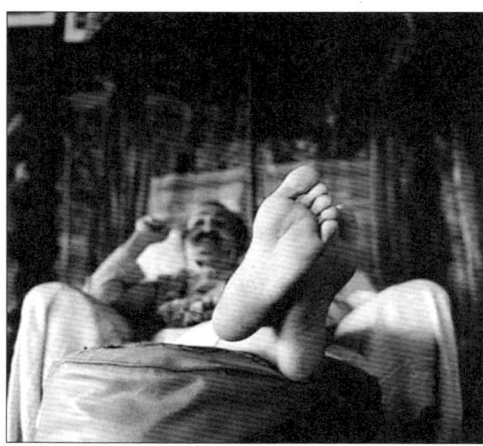

아바타여, 오로지 당신만이 존재해요

당신은 구원자, 당신은 길, 당신은 완전자 그리고 당신은 신이죠
아무것도 하지 않지만 모든 것은 당신의 끄덕임에 따라 움직여요
오~ 주님이신 메헤르 바바, 아바타여, 오로지 당신만이 존재해요

볼 수도 없고 느낄 수도 없지만 빛의 언어로 말하는 당신
그 말씀에는 소리가 없는데 어떻게 들을 수가 있을까요?

세상에 귀를 닫은 이는 들을 수 있기에; 침묵하는 이는 항상 안전하죠
세상에 눈을 감은 이는 볼 수 있기에; 정녕 불가사의하지만! 그들만이 보고 들어요!

결코 해석될 수 없는 당신의 침묵―그것은 느끼고 조율될 수 있죠
오~ 침묵하는 이여, 한없는 당신, 침묵으로 말하시는 당신의 말씀
"오~ 주님이신 메헤르 바바, 아바타여, 오로지 당신만이 존재하네요"

그 말씀이 느껴지고 들릴 때 그 꿈은 언어들의 말씀으로 끝을 맺죠
말씀은 힘이며 말씀은 지복이고 말씀은 모든 지식과 신성한 키스네요

당신을 갈망하는 나의 가슴―주님의 말씀을 내 가슴 안에 전해주세요
오~ 바우여, 갈망의 고통으로 내가 죽을 때 그 말씀의 지복이 임하겠죠
오~ 주님이신 메헤르 바바, 아바타여, 오로지 당신만이 존재하네요

【 참고 】
여기서 Word of words(언어들의 말씀)은 one Word of Light(완전한 빛의 말씀)인 Silence(침묵)을 말합니다.

가잘 116

WHEN YOU HAVE GONE AWAY

What will we do, living when You have gone away?
Whose face will we see when You have gone away?

Oh Meher, what has happened that You have passed from our sight?
We will drink tears when You have gone away?

Living is not life when the bee is hidden from the bud;
We will die every moment when You have gone away.

How will we taste Your kiss, how will we feel Your embrace?
How will we talk with You when You have gone away?

Why didn't we die when You closed Your physical eyes?
We will burn in the fire of longing when You have gone away.

Oh Beloved, have Your loving glance on us, let us die to the world!
We will have this desire when You have gone away.

We know that You never come and never go—
But what will we do with our hearts when You have gone away?

You are always here; You are the life of everyone.
We will search for You within when You have gone away.

You have hidden Your face so we can seek You—
We will seek You forever when You have gone away.

You are the Ocean of Mercy—the Beloved of the world!
We will follow You when You have gone away.

Oh Bhau, the fish are restless without water—
What remedy do they have when He has gone away?

GHAZAL ONE HUNDRED-SEVENTEEN

당신이 떠났을 때

당신이 떠났을 때 우리는 어떻게 살아야 합니까?
당신이 떠났을 때 우리는 누구를 보아야 합니까?

오~ 메헤르, 무슨 일이 있었길래 우리 눈에서 사라졌나요?
당신이 떠났을 때 우리는 눈물만 마시게 되겠죠?

꿀벌이 꽃봉오리에 숨어 사는 것은 삶이 아니에요
당신이 떠났을 때 우리는 매 순간 죽음을 맛보겠죠

어떻게 당신의 키스를 맛보고, 당신의 포옹을 느낄까요?
당신이 떠났을 때 우리는 어떻게 당신과 대화를 할까요?

당신이 육신의 눈을 감았을 때 왜 우리는 죽지 않았나요?
당신이 떠났을 때 우리는 갈망의 불길 안에서 타버리겠죠

오~ 비러벳, 당신의 애정 어린 눈길에, 우린 세상을 향해 죽네요!
당신이 떠났을 때 우리는 이 갈망을 가지게 될 거예요

결코 오지도 않고 가지도 않을 당신임을 알지만—
당신이 떠났을 때 우리의 가슴은 어찌해야 하나요?

당신은 항상 여기 있어요; 당신은 모든 사람의 생명이에요
당신이 떠나갈 때 우리는 내면에서 당신을 발견할 거예요

당신의 얼굴을 숨겼어도 우리는 당신을 찾을 수 있어요—
당신이 떠났을 때 우리는 영원히 당신을 찾을 거예요

자비의 바다이자—세상의 비러벳인 당신!
당신이 떠나시면 우리는 당신을 따라갈게요

오~ 바우여, 물이 없는 물고기는 쉴 수가 없어요—
그분이 떠났을 때 사람들의 해결책은 무엇인가요?

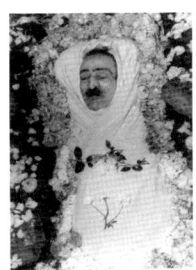

【 참고 】
메허바바께서 육신을 버리시기(1969년 1월 31일 낮 12시 15분)
이틀 전에 지시한 메허 로샤니의 마지막 가잘입니다

가잘 117

『로드메허 참고』

and the following afternoon, 30 January,

During these final months, Baba had also been dictating lines to Bhau to be incorporated into ghazals. On the evening of the 29th, he dictated this line in Hindi, and told Bhau to write a ghazal based on its theme: "What will we live for now, when you have gone away?"

Bhau wondered about the line's meaning. Soon he would understand. This was one of the last lines Baba ever gave Bhau. The hearts and minds of the mandali were focused completely on Baba, but all were helpless before his supreme will.

At 9:00 P.M. that night, sharp, violent jolts assailed Baba's body continually, and Goher and Eruch were sent for. Eruch and Bhau held Baba firmly. Baba gestured, "Every jolt feels like an electric shock!"

Baba's body had become rock-hard, and the shocks lifted it from the bed. This went on continuously for an hour, and then it stopped. As the atmosphere in the room changed, Baba's body turned as tender and soft as a flower, and he began communicating as if nothing had happened.

He asked Eruch about his relatives, the Satha and Damania families in Ahmednagar and about his mother Gaimai, sister Manu and brother Meherwan in Poona, who would visit Meherazad every year for a month at Baba's birthday. "When will Meherwan come?" Baba asked.

Eruch said, "This year, because of the darshan in Poona, he will have to take leave from his job [at Meherjee's paper factory] at that time to help with the work, and so he was not planning on coming here in February."

"No, he should come in February," Baba instructed. As mentioned, Baba had indicated that Meherwan could come to Meherazad along with Meherjee on the 30th. Meherwan would later regret that he did not grasp the opportunity.

-Lord Meher Online, p5398

Avatar Meher Baba's Tomb at Meherabad in Ahmednagar, India

다음날인 1969년 1월 30일 오후,

이 마지막 몇 달 동안, 바바는 또한 가잘들이 통합될 수 있도록 바우지에게 라인들(lines)을 받아쓰게 하셨습니다. 29일 저녁, 그는 힌디어로 이 줄(line)을 받아 쓰게 했고 바우지에게

"What will we live for now, when you have gone away?"
"당신이 떠났을 때 우리는 이제 어떻게 살아야 합니까?"

라는 주제로 가잘을 쓰라고 알렸습니다.
바우지는 줄(라인)의 의미에 대해 궁금해했습니다.
그러나 그는 머지않아 그것을 이해할 것이라고 말씀하셨고
이것은 바바가 바우지에게 준 마지막 라인들 중 하나였습니다.

만달리의 마음들과 가슴들은 바바에 완전히 집중되어 있었지만
그의 강한 의지 앞에서는 모두가 속수무책이었습니다.
그날 밤 9시, 날카롭고 격렬한 진동으로 바바의 육체가 계속해서 공격당했으며
고허(Goher)와 에루치(Eruch)가 그를 보살피러 왔습니다.
에루치와 바우지는 바바의 몸을 단단히 붙잡고 있었습니다.

바바는 "모든 거친 움직임들이 전기 충격처럼 느껴진다!"라고 몸짓으로 말했습니다. 바바의 육신은 바위처럼 단단해졌고 그 충격으로 침대에서 들어 올려졌습니다. 이것은 한 시간 동안 계속되었고 그리고 나서 멈췄습니다.

방의 분위기가 바뀌자 바바의 몸은 꽃처럼 부드럽고 상냥하게 변했으며, 그는 아무 일도 없었다는 듯이 의사 소통을 시작했습니다.

그는 에루치에게 아메드나가르(Ahmednagar)의 사타(Satha)와 다마니아(Damania) 가족과 그의 어머니 가이마이(Gaimai), 푸나(Poona)의 마누(Manu) 자매와 메허완(Meherwan), 매년 바바의 생일에 한 달 동안 메헤라자드(Meherazad)를 방문할 가족에 대해 물었습니다.

"메허완은 언제오는가?" 바바가 물었습니다.

에루치는 "올해는 푸나의 다르샨(darshan) 때문에 그는 그 일을 돕기 위해 [메허지의 제지 공장에서] 휴가를 내야 할 것이므로 2월에 이곳에 올 계획이 없었습니다"

바바는 "아니, 그는 2월에 와야 한다"고 바바가 지시했습니다.
언급했듯이, 바바는 메허완에 대해 메허완이 30일에 메허지(Meherjee)와 함께 메헤라자드(Meherazad)에 올 수 있음을 암시했고 메허완은 나중에 그가 기회를 잡지 못한 것을 후회하곤 했습니다.

- 로드 메허 온라인 5398페이지

MASTERY IN SERVITUDE: ITS ESSENCE

To: Bhau's Dear Ones

By email:

Date: May 6, 2001

Subject: An "Awakening" from Bhau - Mastery In Servitude: Its Essence

There was another revelation given by Beloved Baba during last night. It is really very useful for all. When I was lying down, I heard the voice in my heart, which I am interpreting in words with great difficulty. The voice which I heard, uttered the question, "What is Mastery in Servitude?"

And the voice itself told me,

"Service. Service. Service to humanity, selfless service. But what is service in fact? Service is that service which has no self, and thus how can peo-

매스터리 인 서비튜드(섬김의 달인) : 그 핵심

바우의 소중한 이들에게
이메일, 2001년 5월 6일
제목 : 바우로부터의 '깨어남' - 섬김의 달인, 그 핵심

지난밤, 사랑하는 바바로부터 또다른 계시가 주어졌습니다. 그것은 모두에게 정말 매우 유용한 것입니다. 내가 누워 있을 때, 내 가슴에서 소리를 들었습니다. 아주 어렵지만 그 단어들을 해석해 봅니다. 내가 들은 목소리는 "매스터리 인 서비튜드(노예상태의 통달)란 무엇인가?"라는 질문을 던졌습니다.

그리고 그 목소리는 내게 말했습니다.

"봉사, 봉사, 인류애에 봉사. 이기심 없는 봉사. 그러나 실제로 봉사란 무엇인가? 봉사란 자아가 없는 상태의 봉사이다. 그런데 사람들이 어떻게 이러한

ple do such service? It is therefore necessary to catch hold of the feet of the Beloved if you wish to do service in real sense."

"But how to catch hold the feet of the Beloved?"

"It is impossible. It is just like becoming the sandals of the Beloved's feet, so that you always remain with the Beloved, without any desires or thoughts. Sandals are always on the feet, not on the head, and therefore Mastery in Servitude means to become the sandals of the Master's feet. Then only can one do selfless service under the motto "Mastery in Servitude.""

"You see marble? You construct a palace of marble. You find floors of marble. You also construct toilets of marble. You make a statue from the marble,. You garland and worship the statue, but the statue does not feel happy. You go to the toilet and clear your bowels there; and the marble does not feel unhappy. You walk on the marble, spit on it, but nothing happens to it. No feeling of either misery or happiness befalls the marble."

"Likewise, one has to become the sandals of the feet of the Beloved. Remain as marble, so that the Beloved takes care of His lovers. They will become His true slave, and His service becomes the real service, which gradually wipes out the self."

봉사를 할 수 있겠는가? 따라서 그대가 진정한 의미에서 봉사를 하고자 한다면, 비러벳(러버의 사랑을 받는 이)의 발을 붙잡는 것이 필요하다."

그러나 비러벳의 발을 어떻게 붙들어야 하는가요?

"그것은 불가능하다. 그것은 비러벳의 발에 신겨진 샌달이 되는 것과 같다. 그래야 그대는 어떤 욕망이나 생각 없이, 비러벳과 늘 함께 있을 수 있다. 샌달은 늘 머리가 아닌 발에 신겨져 있다. 그러니 '섬김의 달인(Mastery in Servitude)'은 스승의 발에 신겨진 샌달이 되는 것을 의미한다. 그럴 때에만 한 사람은 'Mastery in Servitude'라는 좌우명 아래 이타적인 봉사를 할 수 있다."

"그대는 대리석을 아는가? 사람들은 대리석으로 성을 지을 수도 있고, 바닥도 만들 수 있다. 변기도 만들 수 있고, 조각상도 만들 수 있다. 그대는 조각상에 화환을 바치고 숭배하지만, 그 조각상은 행복을 느끼지 않는다. 그대는 변기에 장을 비우지만, 대리석은 그것으로 불행을 느끼지 않는다. 그대는 대리석 위를 걸어다니고 그 위에 침을 뱉지만, 대리석은 아무런 변화도 없다. 어떤 불행이나 행복의 느낌도 대리석에게 일어나지 않는다."

"이처럼, 그대는 비러벳의 발에 신겨진 샌달이 되어야 한다. 그리고 대리석처럼 되어야 한다. 그러면 비러벳이 자신의 러버들을 보살필 것이다. 그들은 스승의 진실한 노예가 될 것이고 그의 봉사는 진정한 봉사가 될 것이다. 이렇게 되어 자아를 점차 지워버릴 것이다."

Later, Beloved Baba said to me.

"I have given you the example of catching hold of my feet and becoming the sandals of my feet. Sandals I can take anywhere I like--in the dirt, on the Hill, in the mud, on a good road or a thorny road. Sandals do not complain against me, but you people can complain at every step. And as you have the mind with you, mind creates different thoughts, desires, temptations, et cetera."

"So how can you become the sandals of my feet?"

"It is not possible. But know well, when you have even a little longing to become the sandals of my feet, I help you. I clean my sandals. If they tear, I get them stitched. I take all care to protect them. Even the longing to become the sandals of my feet, I create."

"I have also given the example of marble. But marble I cannot take under my feet all the time. I can put a piece of marble in my pocket, or I can even put it on my head. But sandals, I cannot put on my head. Therefore, have the longing to become the sandals of my feet and yet remain as marble. Sandals are always used for feet. But marble is used for different purposes. Therefore, when I say, "Catch hold of my feet," sandals are the appropriate example."

이후에 비러벳 바바는 내게 말씀하셨습니다.

"내 발을 움켜잡는 것과, 내 발의 샌달이 되어가는 것에 대한 예를 들어주겠다. 샌달을 신고 나는 내가 원하는 곳이면 어디든 갈 수 있다--흙이든, 언덕이든, 진창이든, 좋은 길이든, 가시밭길이든. 샌달은 내게 불평하지 않는다. 그러나 사람들은 모든 걸음마다 내게 불평할 수 있다. 그대에게 마음이 있듯이, 마음은 다양한 생각과 욕망, 유혹 등 자잘한 것을 만들어낸다."

"그러면 그대는 어떻게 내 발의 샌달이 될 수 있을까?"

"그것은 불가능하다. 그러나 이것을 잘 이해해라. 그대에게 내 발의 샌달이 되려는 아주 작은 갈망이라도 있다면, 내가 그대를 도울 것이다. 내가 내 샌달을 깨끗하게 할 것이다. 샌달이 찢어지면, 내가 꿰맬 것이다. 샌달을 보호하기 위해 나는 모든 관심을 쏟을 것이다. 심지어는 내 발의 샌달이 되려는 갈망조차 나는 만들어낼 수 있다."

"나는 대리석의 예도 들어주었다. 대리석은, 언제나 내 발아래 둘 수는 없다. 대리석은 내 주머니 안에 한 조각 넣을 수 있고, 심지어는 머리 위에 올려둘 수도 있다. 하지만 샌달은 내 머리 위에 둘 수가 없다. 그러니 내 발의 샌달이 되려는 갈망을 지닌 채, 대리석으로 남아있어라. 샌달은 늘 내 발을 위해서만 쓰인다. 하지만 대리석은 다른 목적으로 사용된다. 그러므로 내가 "내 발을 붙들어라."라고 말할 때는 샌달이 적절한 예다."

"You don't know how you serve the whole world when you have the longing to become the sandals of my feet. When you do social service, you know that you are doing this. You think that you are doing good work. You are helping other people. You are something great. Such thoughts you cannot avoid. You make your ego-self-strong. But when you have the longing to become the sandals of my feet, you cannot think whether I should keep you on my head or on my shoulders. Because you have the longing to become sandals, you will not feel happy when you are praised, and you will not feel miserable when I torture you."

"When you have such longing, what happens? You are serving me truly. Though you still have different desires, wants and temptations, you remain detached from them because your longing is to become the sandals."

"I am in everyone and in everything. When you serve anyone in the form of my sandals, you serve the whole world, and you know not. This is selfless service."

"Only the perfect ones can do selfless service. It is not possible for ordinary persons to do selfless service. At the most you can become modest. Your outward statement will be, "I am just sandals of my Beloved's feet." Start thinking that you are doing nothing, only the Beloved is doing everything for you. This will be the most difficult. But once you have the true

"그대가 내 발의 샌달이 되려는 갈망이 있다고 해도, 온 세상을 어떻게 섬겨야 할 지 모를 것이다. 그대가 사회봉사를 할 때는, 자신이 그 일을 하고 있다는 것을 안다. 그래서 자신이 좋은 일을 하고 있다고 생각한다. 그대는 다른 사람들을 돕고 있다. 무언가 위대한 일을 하고 있는 것이다. 이러한 생각을 그대는 피할 수가 없다. 그대는 자신의 자아를 강하게 만들고 있는 것이다. 그러나 그대가 내 발의 샌달이 되려는 갈망을 품을 때는, 그대는 내가 그대를 내 머리 위에 두는지 어깨 위에 두는지 생각할 수가 없다. 그대는 샌달이 되려는 갈망을 갖고 있기 때문에 칭찬받을 때도 행복하지 않고, 내가 고문할 때도 불행해하지 않을 것이다."

"그대가 이런 갈망을 갖고 있을 때, 무슨 일이 일어나는가? 그대는 나를 진정으로 섬기는 것이다. 그대가 여전히 다양한 욕망과 바람, 유혹을 느낀다 해도, 그들로부터 초연히 있을 수 있다. 왜냐하면 그대의 갈망은 샌달이 되는 것이기 때문이다."

"나는 모든 이와 모든 것 안에 있다. 그대가 내 샌달의 형태로 누군가를 섬길 때, 그대는 전세계를 섬기는 것이다. 이것이 사심없는 봉사이다."

"오직 완전한 이만이 사심 없는 봉사를 할 수 있다. 평범한 사람이 사심 없는 봉사를 하는 것은 불가능하다. 기껏해야 그대는 겸손할 수 있을 뿐이다. 그대의 외적인 진술은 '나는 그저 비러벳의 발의 샌달일 뿐이다.'가 될 것이다. 그대는 아무 것도 하는 게 없고, 오직 비러벳이 그대를 위해 모든 것을 하고 있다고 생각하기 시작하라. 이것은 가장 어려운 일일 것이다. 그러나 일단

longing, you will become very natural."

"There will be left nothing for you to pretend, as you have really become the sandals of my feet. I therefore tell you, I have the responsibility to make you the real sandals of my feet."

"That's why I have put on my Samadhi, for all time, my motto of "Mastery in Servitude." This is the great message for the world. It inspires my true lovers to become the sandals of my feet."

"In my previous advents, I used to give words. In this advent also I have given more words than in my previous advents, while observing Silence. At the same time, I would warn my lovers to be careful. Do not to treat these words as rituals and ceremonies but put them into action. This is the reason I was observing Silence, to draw the attention of the world. The people have to become silent. That means to silence the mind. My Silence is active, and you will see how my silence awakens the world. My silence will make the mind less active and make the heart more and more active."

"I therefore say to my dear ones: Create the longing to become the sandals of my feet, and for this purpose, follow my commands. Do not get involved in rituals and ceremonies. Truly love me by following my commands and having the longing to become the sandals of my feet. I have been reminding and reminding you about the three couplets from Hafiz on obedience."

그대가 진실한 갈망을 가지면, 이것은 아주 자연스럽게 될 것이다."

"그대가 진정으로 내 발의 샌달이 되었을 때, 가식적으로 행동해야 할 것은 아무 것도 남지 않을 것이다. 그러므로 나는 그대에게 말한다. 그대를 내 발의 진정한 샌달로 만드는 것은, 나의 책임이라고."

"그래서 나는 내 사마디(무덤)에 영구히, 좌우명으로 '매스터리 인 서비튜드'를 새긴 것이다. 이것은 세상에 전하는 위대한 메시지다. 그것은 나의 진정한 러버들이 내 발의 샌달이 되도록 영감을 불러일으킨다."

"내가 이전에 세상에 왔을 때, 나는 늘 말을 했었다. 이번에 세상에 와서도 침묵을 지키면서도, 이전의 시기들보다 더 많은 말을 했다. 동시에 나는 나의 러버들이 주의하기를 경고한다. 그 말들을 의례나 형식으로 대하지 말고, 진정으로 행동하라. 이것이 내가 세상의 관심을 끌면서 침묵을 지킨 이유이다. 사람들은 침묵해야만 한다. 이것은 '마음을 침묵해야 한다'는 뜻이다. 나의 침묵은 활동하고 있고, 그대는 나의 침묵이 어떻게 세상을 깨우는 지를 보게 될 것이다. 나의 침묵은 마음을 덜 활동하게 만들고, 가슴을 더욱더 활동하게 만들 것이다."

"그러므로 나는 나의 사랑하는 이들에게 말하노니: 내 발의 샌달이 되려는 갈망을 가져라. 이를 위해 내 명령을 따르라. 의례나 형식에 관여하지 마라. 나의 명령에 따르고, 내 발의 샌달이 되려는 갈망을 가짐으로써 나를 진정으로 사랑하라. 나는 그대들이 '복종'에 관한 하피즈의 시를 기억하도록 말해왔다.

"The day I was dropping the body, I called the boards with these three couplets to be brought to my bedroom. Afterwards, I dropped my physical body. So consider this as my last message to you. If you follow my commands, you will truly become sandals of my feet, and you will experience the essence of the "Mastery in Servitude."

"So remember these couplets of Hafiz:"

"Befitting a fortunate slave carry out every command of the Master, without question of why and what."

"About what you hear from the Master, never say it is wrong because, my dear, the fault lies in your own incapacity to understand Him."

I am slave of the Master, who has released me from ignorance; whatever my Master does is of the highest benefit to all concerned.

In His Love & Service
Bhau Meherabad May 6, 2001

【 주석(remark) 】
'One of the means by which it can also be won is selfless service. But the selfless service should be so sublime that you should not even have a thought that you are serving.'

'또한 그것을 얻을 수 있는 방법 중 하나는 사심 없는 봉사입니다. 그러나 사심 없는 봉사는 너무 숭고해서 여러분이 섬기고 있다는 생각조차 해서는 안 됩니다.'

-BE p93

"내가 몸을 떨구던 날, 나는 이 3행을 쓰기 위해 침실로 자판을 가지고 오라고 했다. 그 후에 나는 육신을 떨구었다. 그러니 이것을 그대들에 대한 나의 마지막 메시지로 여겨라. 그대가 나의 명령을 따른다면, 진실로 내 발의 샌달이 될 것이다. 그것으로 그대는 "매스터리 인 서비튜드'의 핵심을 체험하게 될 것이다. "

"그러니 하피즈의 이 시를 기억하라."

'왜' 나 '무엇'이란 질문 없이, 스승의 모든 명령을 이행하는 행운의 노예가 되라.

그대가 스승에게 듣는 것이 무엇이든지, 그것이 틀리다고 말하지 마라. 나의 사랑하는 이여, 그 잘못은 그대 자신이 스승을 이해하지 못하는 데 있기 때문이다."

나는 스승님의 종이며, 스승은 무지로부터 나를 구원하셨습니다. 나의 스승님이 하시는 일이 무엇이든 그것은 관련된 모든 이들에게 가장 큰 이익이 됩니다.

그분의 사랑 안에서 & 봉사
2001년 5월 6일 메허라바드에서 바우지

『 The Prayer of Repentance 』

We repent O God most merciful, for all our sins;
For every thought that was false or unjust or unclean;
For every word spoken that ought not to have been spoken;
For every deed done that ought not to have been done.

We repent for every deed and word and thought Inspired by selfishness;
And for every deed and word and thought inspired by hatred.

We repent most specially for every lustful thought,
And every lustful action;
For every lie; for all hypocrisy;
For every promise given, but not fulfilled;
And for all slander and backbiting.

Most specially also, we repent for every action
That has brought ruin to others;
For every word and deed that has given others pain;
And for every wish that pain should befall others.

In your unbounded mercy, we ask you to forgive us, O God,
For all these sins committed by us;
And to forgive us for our constant failures
To think and speak and act according to your will.

-Given by Meher Baba on 8 November 1952

『 회개의 기도 』

우리는 가장 자비로운 하나님 앞에 모든 죄를 뉘우칩니다;
모든 헛된 생각과 부정하고 정당하지 못한 거짓에 대해;
하지 말았어야 했으나 말해버린 모든 말에 대해;
하지 말았어야 했으나 행해버린 모든 행위에 대해 뉘우칩니다.

우리는 이기심에서 비롯된 모든 행위와 말과 생각을 뉘우칩니다;
그리고 **증오**심에서 비롯된 모든 행위와 말과 생각을 뉘우칩니다.

우리는 특히 모든 음탕한 생각과,
그리고 모든 음탕한 행동들과;
모든 거짓말과 모든 위선에 대해;
말해놓고는 지키지 않은 모든 약속에 대해;
그리고 모든 모략과 험담을 가슴 깊이 뉘우칩니다.

또한 특히 우리의 모든 행동에 대해 진심을 다해 뉘우칩니다.
그것은 다른 이에게 파멸을 가져왔습니다;
다른 이에게 고통을 주었던 모든 말과 행위에 대해;
그리고 다른 이에게 고통이 닥치기를 바랐던 모든 의도에 대해 가슴 깊이 뉘우칩니다.

당신의 무한한 자비로 우리를 용서해 주길 간구합니다, 오~ 하나님,
우리가 범한 이 모든 죄를 사하시고;
그리고 우리의 끊임없는 실패를 용서해 주시옵고
당신의 의지에 따라 생각하고 말하고 행동하게 하소서.

-1952년 11월 8일 메허바바에 의해 주어졌습니다.

♬ 메허바바의 구자라티 아르띠 (GUJERATI ARTI) ♬

-1926년 1월 11일 메허바바 작사,작곡

Boojah-way na-ara jalatani ay kara-kooda, ratnay farmaa too
(부-자~웨이 나.아라자.아따니~에 카라쿠라 라~네이 파르마 투~)
오~ 하나님, 당신의 힘으로 우리들 무지의 불이 꺼지도록 명령하소서

Chhay laagi aasha bhaktoney kay bakshay, nooray eema too
(첼라기~이 아.아슈바 투.네~케이 박.페이 누레 이마 투~)
당신의 러버들인 그들에게 믿음의 불꽃이 피어오르기를 갈망하나이다

Ayaa Moor-shad Meher Baba charanapar, toojnah daariyay-sar
(아 야~무- 샤~ 메헤 바-바~아 챠.라.나.파~ 투~네다리 예이~파~)
오~ 영적 길잡이인 메헤르 바바, 우리들은 당신의 발아래 머리를 숙이오니

Khoodanah zaatathi waakay faathaibay, tho Meherbaa too
(쿠다-나~아 바.하투띠 바~케~버 타이베이 투~ 메이헤르바~투)
오~ 자비의 아버지, 당신은 완전하게 스스로의 신성을 자각하였나이다

Too chaay-maa lik-akki katano tooaashake bhi-nay aaref bhi
(투 체머 리-카키 까따.노~ 투 어쉐이 비-네~어 레~삐~)
진리의 주님이신 당신, 당신은 하나이며 사랑하는 자인 동시에 사랑받는 자

Too chaay dari ya-aiwai datama-rey faatano, ho-ee toofaa too
(투 쉐이 다리 야 아웨~바이 다.타마~레이 파타노오 호-이 투파 투~)
무한히 신성한 지식의 급류와 같은 존재, 당신은 하나로 있는 대양의 바다

Humoray rovanay aiy saalek-bakash-jay, gnyana Ezadanoo.
(후모레~ 프로버네 아일 샤얼레~ 바카-스제이 야나-이 쟈타누~)
오~ 스승이시여, 우리 여정에 오직 예배받아 마땅한 이의 지식을 베푸소서)

Kay too Para-matamaa gnyanni chhay naymuk-taray irfaa too
(케 투 파라 마 하타마~ 냐 니~체.네-무 타-레.이루파투~)
당신을 위한, 오~ 파라마트마(대영혼)는 전지전능하고 신성한 지식 그 자체이시기에

Khoodanah Premeno pyahlo pilaavi, masta harmanay-kar
(쿠다나 프레므뇨- 피아.러~피 라-브리 모~스타 험머네이~카)
사랑을 마시고 취하도록 우리에게 하나님의 사랑의 잔을 주소서

Chhay toojapara jaana-sadakay saki-yah, piday paima too.
(쉐. 투제파라 쟈 안느사드케이 사~키야-아~ 피데이 파마 투~)
오~ 사키여, 당신에게 우리의 삶을 바치오니, 와인 한 모금을 주소서

Humori naava-bhara dariyay taraavay, towhaamay tariyay
(후머리 나바바레타리-에 타라베이 투-무~메 타리에이)
오직 당신만이 대양의 바다 위에서 우리를 위해 배를 조정할 수 있나니

Humaarah naakhodaa aiy Meher Baba chay nighaybah too.(2X)
(후.마아~라아 나.아쿠다 아이 메~헤.바아바아 체니게-바투)
오~ 자비의 아버지, 우리 배의 선장, 당신은 우리들의 보호자

Boojah-way na-ara jalatani ay kara-kooda, ratnay farmaa too
(부-자~웨이 나.아라자.아따니~에 카라쿠라 라~네이 파르마 투~)
오~ 하나님, 당신의 힘으로 우리들의 무지의 불이 꺼지도록 명령하소서

Chhay laagi aasha bhaktoney kay bakshay, nooray eema too
(첼라기~이 아.아슈바 투.네~케이 박.페이 누레 이마 투~)
당신의 러버들인 그들에게 믿음의 불꽃이 피어오르기를 갈망하나이다

अब जी कर क्या करेंगे जब तुम ही चले गये ॥

What will we do, living, when You have gone away?
당신이 떠났을 때, 우리는 어떻게 살아야 합니까?